本书获得天津科技大学社科专项资

第三方市场合作影响研究
——基于贸易、投资、知识产权保护视角

唐卫红 著

知识产权出版社
全国百佳图书出版单位
—北京—

图书在版编目(CIP)数据

第三方市场合作影响研究：基于贸易、投资、知识产权保护视角／唐卫红著．— 北京：知识产权出版社，2024.8． — ISBN 978-7-5130-9506-8

Ⅰ．F125.4

中国国家版本馆 CIP 数据核字第 2024F98C52 号

责任编辑：赵　军　　　　　　　　责任校对：潘凤越
封面设计：纵横华文　　　　　　　责任印制：孙婷婷

第三方市场合作影响研究
——基于贸易、投资、知识产权保护视角
唐卫红　著

出版发行：	知识产权出版社 有限责任公司	网　　址：	http://www.ipph.cn
社　　址：	北京市海淀区气象路 50 号院	邮　　编：	100081
责编电话：	010-82000860 转 8127	责编邮箱：	zhaojun99668@126.com
发行电话：	010-82000860 转 8101/8102	发行传真：	010-82000893/82005070/82000270
印　　刷：	北京中献拓方科技发展有限公司	经　　销：	新华书店、各大网上书店及相关专业书店
开　　本：	720mm×1000mm　1/16	印　　张：	13.75
版　　次：	2024 年 8 月第 1 版	印　　次：	2024 年 8 月第 1 次印刷
字　　数：	248 千字	定　　价：	88.00 元
ISBN 978-7-5130-9506-8			

出版权专有　侵权必究
如有印装质量问题，本社负责调换。

内容摘要

第三方市场合作是中国企业与发达国家企业共同开发第三方市场的国际经济合作新模式，它源自全球大市场的形成和经济全球化的发展，旨在实现国家间的合作、互利、共赢。截至2023年8月，中国已与14个国家签署了第三方市场合作文件，在遵循市场经济原则下，以企业为主体，在"一带一路"沿线国家（以下简称沿线国家）开展以基础设施建设为主要领域的项目合作。第三方市场合作体现了市场经济开放性、竞争性的特点，聚合了合作各方的资源优势，联通了企业与市场的贸易投资机会，维护了市场竞争秩序，充分发挥市场的资源配置功能，实现第三方市场合作主体利益最大化、贸易投资关系稳定化，推进市场竞争公平有序化。

作为一种新的合作模式，本书探究中国为什么选择开展第三方市场合作？第三方市场合作的实践特征、内在逻辑、经济理性、运行机制、经济效应是什么？第三方市场合作会给参与国带来哪些利益？第三方市场合作的最优模式和最优方案是什么？第三方市场合作如何在沿线国家进行区域选择？从贸易、投资、知识产权保护角度测度第三方市场合作效应，具有重要的理论价值和现实意义。

本书围绕第三方市场合作主题，以测度第三方市场合作对贸易、投资和知识产权保护效应为研究目标，以第三方市场合作相关概念为研究边界，对第三方市场合作与三方合作进行概念辨析，阐释了第三方市场合作与贸易、投资、知识产权保护等概念间的相互关系，运用比较优势理论、要素禀赋理论、区域经济理论、投资发展路径理论、国际公共产品理论、协同理论、共生理论、博弈理论开展理论和实证研究。

通过简述第三方市场合作的历史沿革，分析全球和沿线国家基础设施建设供求关系，得出第三方市场合作存在必要性的结论；通过描述中国与14个国家的第三方市场合作事实，总结第三方市场合作实践特征；通过对第三方市场合作的长期和短期博弈分析，阐释其内在逻辑、经济理性和运行机制；通过建构合作决策模型，分析第三方市场合作的经济效应。

由此，结合第三方市场合作的本质属性和项目特点，通过CEPII数据库、国际货币基金组织数据库、联合国贸易发展数据库、世界银行 WGI、WDI 数据库、中国对外直接投资公报，以及世界知识产权组织、世界经济论坛全球竞争力报告获取贸易、投资和知识产权保护研究数据，使用多期 DID 模型、PSM-DID 模型，从贸易、投资、知识产权保护三个维度实证测度第三方市场合作的经济效应。

通过上述研究，获得以下研究观点：

1. 本书以比较优势理论、要素禀赋理论、区域经济理论和投资发展路径理论等经典的传统理论解释了第三方市场合作存在的合理性，以国际公共产品理论、协同理论、共生理论、博弈理论解释了第三方市场合作的专有属性和独有特征，得出第三方市场合作的合作基础、合作方案差异化基础、合作动力基础、合作形成基础、合作发展基础以及理性决策基础。

2. 本书通过对第三方市场合作的特征化事实分析，获得第三方市场合作以项目为依托，以基础设施为优先领域，以央企、国企为参与主体，在沿线国家开展项目数量、规模逐年递增，产品服务类、工程合作类、投资合作类、产融结合类、战略合作类五种合作类别丰富的结论。在此基础上，总结出第三方市场合作以项目为依托、合作基础扎实、合作领域及模式多样化、合作区域集中、合作机制完善的实践发展特征。

3. 本书从合作区域、合作领域、项目类别、合作机制角度，分析中法、中日、中美、中意、中新、中国和中东国家的第三方市场合作的国别典型化事实，得出第三方市场合作注重法律与机制建设、融资与项目并进，发挥行业协会、智库等多种机构的重要作用，总结战略对接的成功经验。

4. 本书以国际经济合作业务模式运行机制为内在要求，综合地缘经济、地缘政治与市场运行相互作用的特点，基于对第三方市场合作的事实判断，从合作共赢、平等发展、投资意愿、满足供需、契约精神等方面，认知第三方市场合作的丰富内涵。通过权衡政治、经济、文化、规则成本-收益关系，评估第三方市场合作的内部条件；通过对经济全球化、区域经济一体化、全球价值链结构性变化和贸易投资系统性演化的分析，评估第三方市场合作的外部条件。在此基础上，基于博弈理论对第三方市场合作进行长期和短期博弈分析，探究第三方市场合作的内在逻辑、经济理性和运行机制，分析第三方市场合作的经济效应。

5. 本书通过构建实证模型，从贸易、投资、知识产权保护三个维度测度第三方市场合作的经济效应。从研究结果来看，第三方市场合作对参与国彼此间双边贸易规模、中国对外直接投资规模、知识产权保护水平具有正向促进作用，但存在国别、区域和模式的异质性。从贸易、投资来看，第三方市场合作应优选亚洲、非洲及拉丁美洲的中低收入国家作为重点合作区域，首选工程合作类、投资合作类和战略合作类项目。从知识产权保护来看，第三方市场合作应优选西亚、南亚、非洲及拉丁美洲的中低收入国家作为重点合作区域，首选产品服务类、工程合作类和战略合作类项目。

6. 本书通过对第三方市场合作案例的分析，揭示了第三方市场合作的风险和收益。根据理论和实证研究结果，从贸易、投资、知识产权保护、经验比较四个层面提出中国推进和完善第三方市场合作的政策建议。

目　录

第 1 章　导论 ………………………………………………………… 1
  1.1　研究背景、目的和意义 ……………………………………… 1
      1.1.1　研究背景 ……………………………………………… 1
      1.1.2　问题提出 ……………………………………………… 6
      1.1.3　研究目的和意义 ……………………………………… 7
  1.2　研究方案设计 ………………………………………………… 8
      1.2.1　研究方法 ……………………………………………… 8
      1.2.2　研究内容和逻辑框架 ………………………………… 10
      1.2.3　研究的创新点 ………………………………………… 13
      1.2.4　研究的重点和难点 …………………………………… 14
  1.3　相关概念界定及关系解释 …………………………………… 15
      1.3.1　三方合作和第三方市场合作 ………………………… 15
      1.3.2　第三方市场合作与贸易的关系 ……………………… 17
      1.3.3　第三方市场合作与投资的关系 ……………………… 18
      1.3.4　第三方市场合作与知识产权保护的关系 …………… 18

第 2 章　理论基础与文献综述 ……………………………………… 20
  2.1　研究的理论基础 ……………………………………………… 20
      2.1.1　与第三方市场合作有关的经典传统理论 …………… 20
      2.1.2　与第三方市场合作有关的其他理论 ………………… 22
  2.2　国内外文献研究现状及述评 ………………………………… 28
      2.2.1　贸易效应相关的文献研究 …………………………… 28
      2.2.2　投资效应相关的文献研究 …………………………… 31
      2.2.3　贸易、投资相关的知识产权保护文献研究 ………… 33
      2.2.4　第三方市场合作相关的文献研究 …………………… 36
  2.3　本章小结 ……………………………………………………… 45

第 3 章　第三方市场合作特征化与典型化事实分析 ……………… 47
  3.1　第三方市场合作的历史沿革 ………………………………… 47

1

3.2 第三方市场合作的必要性 ····· 48
3.3 第三方市场合作的特征化事实 ····· 51
　3.3.1 第三方市场合作发展事实描述 ····· 51
　3.3.2 第三方市场合作实践特征总结 ····· 66
3.4 第三方市场合作的战略对接 ····· 69
3.5 第三方市场合作国别典型化事实与经验分析 ····· 74
　3.5.1 中法第三方市场合作特征与经验分析 ····· 74
　3.5.2 中日第三方市场合作特征与经验分析 ····· 75
　3.5.3 中美第三方市场合作特征与经验分析 ····· 76
　3.5.4 中意第三方市场合作特征与经验分析 ····· 76
　3.5.5 中新第三方市场合作特征与经验分析 ····· 77
　3.5.6 中国和中东国家第三方市场合作特征与经验分析 ····· 77
3.6 本章小结 ····· 80

第4章 第三方市场合作运行机制与理论模型构建 ····· 81
4.1 第三方市场合作的内涵认知 ····· 81
4.2 第三方市场合作的内生性动力与内部约束 ····· 83
　4.2.1 第三方市场合作的内生性动力 ····· 83
　4.2.2 第三方市场合作的内部约束 ····· 85
4.3 第三方市场合作的外源性动力 ····· 86
　4.3.1 经济全球化和区域经济一体化 ····· 86
　4.3.2 全球价值链的结构性变化 ····· 86
　4.3.3 贸易投资的系统性演化 ····· 87
4.4 第三方市场合作的短期博弈分析 ····· 88
　4.4.1 模型假设条件 ····· 88
　4.4.2 模型阐释 ····· 89
　4.4.3 模型分析 ····· 89
4.5 第三方市场合作的长期博弈分析 ····· 91
　4.5.1 模型假设条件 ····· 91
　4.5.2 模型分析 ····· 91
4.6 第三方市场合作的运行机理 ····· 93
　4.6.1 第三方市场合作的内在逻辑 ····· 93
　4.6.2 第三方市场合作的经济理性 ····· 96
　4.6.3 第三方市场合作的运行机制 ····· 99

目录

4.7 第三方市场合作决策模型和经济效应模型 ……………………… 101
  4.7.1 第三方市场合作决策模型 ……………………………… 102
  4.7.2 第三方市场合作经济效应模型 ………………………… 104
4.8 本章小结 ………………………………………………………… 106

第5章 第三方市场合作贸易效应及区域、模式优选研究 …………… 107
5.1 理论机制与研究假设 …………………………………………… 107
  5.1.1 第三方市场合作降低国际贸易成本 …………………… 107
  5.1.2 第三方市场合作通过"五通"建设影响贸易 ………… 108
5.2 计量模型设定和数据说明 ……………………………………… 110
  5.2.1 计量模型设定 …………………………………………… 110
  5.2.2 变量说明及数据来源 …………………………………… 111
  5.2.3 样本选择 ………………………………………………… 112
5.3 实证检验与结果汇报 …………………………………………… 114
  5.3.1 估计倾向得分 …………………………………………… 114
  5.3.2 匹配质量检验分析 ……………………………………… 115
  5.3.3 基准回归结果 …………………………………………… 117
  5.3.4 稳健性检验 ……………………………………………… 119
  5.3.5 异质性分析 ……………………………………………… 120
5.4 机制检验 ………………………………………………………… 123
  5.4.1 第三方市场合作对贸易成本的机制检验 ……………… 124
  5.4.2 第三方市场合作对"五通"建设的机制检验 ………… 124
5.5 区域及合作国家选择 …………………………………………… 125
  5.5.1 区域选择 ………………………………………………… 125
  5.5.2 合作国家选择 …………………………………………… 128
5.6 本章小结 ………………………………………………………… 129

第6章 第三方市场合作投资效应及区域、模式优选研究 …………… 131
6.1 理论机制与研究假设 …………………………………………… 131
  6.1.1 第三方市场合作对对外直接投资的作用机制 ………… 131
  6.1.2 第三方市场合作类型与中国对外直接投资 …………… 133
6.2 计量模型设定和数据说明 ……………………………………… 134
  6.2.1 计量模型设定 …………………………………………… 134
  6.2.2 变量说明及数据来源 …………………………………… 135
  6.2.3 样本选择 ………………………………………………… 136

3

6.3 实证检验与结果汇报 ……………………………………………… 138
6.3.1 基准回归结果 ……………………………………………… 138
6.3.2 稳健性检验 ………………………………………………… 139
6.3.3 内生性检验 ………………………………………………… 140
6.3.4 异质性分析 ………………………………………………… 142
6.4 机制检验 ……………………………………………………………… 146
6.5 区域和模式选择 ……………………………………………………… 147
6.6 拓展分析 ……………………………………………………………… 152
6.6.1 基准回归结果 ……………………………………………… 153
6.6.2 稳健性检验 ………………………………………………… 155
6.7 本章小结 ……………………………………………………………… 158

第7章 第三方市场合作知识产权保护效应及区域、模式优选研究 …………………………………………………………… 159
7.1 理论机制与研究假设 ………………………………………………… 159
7.1.1 第三方市场合作项目特征与知识产权保护水平 ………… 159
7.1.2 第三方市场合作类型与知识产权保护水平 ……………… 161
7.2 计量模型设定和数据说明 …………………………………………… 162
7.2.1 计量模型设定 ……………………………………………… 162
7.2.2 变量说明及数据来源 ……………………………………… 162
7.2.3 样本选择 …………………………………………………… 164
7.3 实证检验与结果汇报 ………………………………………………… 165
7.3.1 基准回归结果 ……………………………………………… 165
7.3.2 稳健性检验 ………………………………………………… 167
7.3.3 内生性检验 ………………………………………………… 168
7.3.4 异质性分析 ………………………………………………… 170
7.3.5 拓展分析 …………………………………………………… 173
7.4 本章小结 ……………………………………………………………… 175

第8章 结论与政策建议 …………………………………………………… 176
8.1 研究结论 ……………………………………………………………… 176
8.1.1 理论研究结论 ……………………………………………… 176
8.1.2 事实研究结论 ……………………………………………… 177
8.1.3 实证研究结论 ……………………………………………… 178
8.2 政策建议 ……………………………………………………………… 180

  8.2.1 贸易层面的政策建议 …………………………………… 180
  8.2.2 投资层面的政策建议 …………………………………… 181
  8.2.3 知识产权保护层面的政策建议 ………………………… 182
  8.2.4 经验比较层面的政策建议 ……………………………… 183
结　语 ……………………………………………………………………… 186
参考文献 …………………………………………………………………… 188

图　目　录

图 1.1　中国与沿线国家进出口贸易额和中国对沿线国家非金融类直接投资额 ⋯⋯ 2
图 1.2　中国企业在沿线国家专利申请公开量和授权公告量 ⋯⋯⋯⋯⋯⋯⋯⋯⋯ 2
图 1.3　"第三方市场合作"词频 ⋯⋯⋯⋯⋯⋯⋯⋯⋯⋯⋯⋯⋯⋯⋯⋯⋯⋯⋯⋯ 6
图 1.4　本书技术路线 ⋯⋯⋯⋯⋯⋯⋯⋯⋯⋯⋯⋯⋯⋯⋯⋯⋯⋯⋯⋯⋯⋯⋯⋯ 9
图 2.1　国际公共产品供求均衡 ⋯⋯⋯⋯⋯⋯⋯⋯⋯⋯⋯⋯⋯⋯⋯⋯⋯⋯⋯⋯ 23
图 2.2　第三方市场合作论文发文量 ⋯⋯⋯⋯⋯⋯⋯⋯⋯⋯⋯⋯⋯⋯⋯⋯⋯⋯ 37
图 2.3　第三方市场合作关键词共现 ⋯⋯⋯⋯⋯⋯⋯⋯⋯⋯⋯⋯⋯⋯⋯⋯⋯⋯ 38
图 2.4　第三方市场合作关键词聚类共现 ⋯⋯⋯⋯⋯⋯⋯⋯⋯⋯⋯⋯⋯⋯⋯⋯ 38
图 2.5　第三方市场合作关键词时线分析 ⋯⋯⋯⋯⋯⋯⋯⋯⋯⋯⋯⋯⋯⋯⋯⋯ 44
图 3.1　全球各行业基础设施当前需求量及未来趋势 ⋯⋯⋯⋯⋯⋯⋯⋯⋯⋯⋯ 48
图 3.2　全球各行业基础设施实际投资额及未来趋势 ⋯⋯⋯⋯⋯⋯⋯⋯⋯⋯⋯ 49
图 3.3　全球各行业基础设施当前投资缺口及未来趋势 ⋯⋯⋯⋯⋯⋯⋯⋯⋯⋯ 49
图 3.4　全球基础设施投资洲际份额 ⋯⋯⋯⋯⋯⋯⋯⋯⋯⋯⋯⋯⋯⋯⋯⋯⋯⋯ 50
图 3.5　"一带一路"沿线国家基础设施发展需求指数 ⋯⋯⋯⋯⋯⋯⋯⋯⋯⋯ 50
图 3.6　中国对外承包工程业务走势 ⋯⋯⋯⋯⋯⋯⋯⋯⋯⋯⋯⋯⋯⋯⋯⋯⋯⋯ 57
图 3.7　中国在沿线国家对外承包工程业务走势 ⋯⋯⋯⋯⋯⋯⋯⋯⋯⋯⋯⋯⋯ 58
图 3.8　中外企业第三方市场合作项目承揽方式 ⋯⋯⋯⋯⋯⋯⋯⋯⋯⋯⋯⋯⋯ 59
图 3.9　第三方市场合作东道国地域分布 ⋯⋯⋯⋯⋯⋯⋯⋯⋯⋯⋯⋯⋯⋯⋯⋯ 61
图 3.10　第三方市场合作东道国产业结构分布 ⋯⋯⋯⋯⋯⋯⋯⋯⋯⋯⋯⋯⋯ 61
图 3.11　2013—2022 年各区域实际 GDP 增长率 ⋯⋯⋯⋯⋯⋯⋯⋯⋯⋯⋯⋯⋯ 62
图 3.12　第三方市场合作项目涉及领域 ⋯⋯⋯⋯⋯⋯⋯⋯⋯⋯⋯⋯⋯⋯⋯⋯ 63
图 3.13　第三方市场合作项目基础设施领域细分 ⋯⋯⋯⋯⋯⋯⋯⋯⋯⋯⋯⋯ 63
图 3.14　第三方市场合作中方企业类别分布 ⋯⋯⋯⋯⋯⋯⋯⋯⋯⋯⋯⋯⋯⋯ 64
图 3.15　第三方市场合作外方企业类别分布 ⋯⋯⋯⋯⋯⋯⋯⋯⋯⋯⋯⋯⋯⋯ 64
图 3.16　第三方市场合作 ⋯⋯⋯⋯⋯⋯⋯⋯⋯⋯⋯⋯⋯⋯⋯⋯⋯⋯⋯⋯⋯⋯ 66
图 3.17　2021 年第三方市场合作国贸易数据分布 ⋯⋯⋯⋯⋯⋯⋯⋯⋯⋯⋯⋯ 67
图 3.18　2021 年年末中国对外直接投资存量前 15 位的国家（地区）⋯⋯⋯⋯⋯ 68

图 3.19 "一带一路"倡议与其他国家发展规划对接情况 ·············· 70
图 4.1 第三方市场合作蜈蚣博弈模型 ·············· 92
图 4.2 第三方市场合作的理论分析框架 ·············· 93
图 4.3 第三方市场合作运行机制 ·············· 100
图 5.1 倾向得分值概率分布密度函数 ·············· 117
图 5.2 2006—2020 年沿线各地区出口与中国进口的贸易互补性指数 ·············· 127
图 5.3 2006—2020 年中国出口与沿线各地区进口的贸易互补性指数 ·············· 127
图 6.1 第三方市场合作对中国对外直接投资的影响机制 ·············· 134
图 6.2 多期 DID 平行趋势检验 ·············· 141
图 6.3 沿线国家产业结构相似度与出口产品相似度组合关系 ·············· 150

表 目 录

表 1.1	中国签署第三方市场合作官方文件	3
表 1.2	三方合作和第三方市场合作的比较	17
表 2.1	第三方市场合作文献高频关键词前十位	37
表 2.2	第三方市场合作关键词聚类标签数据	39
表 3.1	第三方市场合作的历史沿革	47
表 3.2	第三方市场合作主要代表工程项目	51
表 3.3	第一届中日第三方市场合作论坛签约项目	56
表 3.4	中国对外承包工程企业参与第三方市场合作洲别、国别及项目数量统计	57
表 3.5	第三方市场合作伙伴国产业结构现代化指数及排名	60
表 3.6	参与第三方市场合作主要外方企业明细	65
表 3.7	各国推进第三方市场合作相关会议	71
表 3.8	参与中日第三方市场合作的金融机构	75
表 3.9	第三方市场合作国别典型化事实比较	79
表 4.1	第三方市场合作博弈参数	88
表 4.2	中国单独与第三方国家合作的支付矩阵	89
表 4.3	第三方市场合作的支付矩阵	89
表 4.4	第三方市场合作各利益主体"成本—收益"博弈过程	97
表 5.1	全样本描述性统计	112
表 5.2	分组样本描述性统计	113
表 5.3	Logit 模型回归结果	114
表 5.4	匹配平衡性检验结果	115
表 5.5	匹配质量总体检验结果	116
表 5.6	第三方市场合作贸易促进效应 PSM-DID 估计结果	117
表 5.7	半径匹配和核匹配回归结果	119
表 5.8	第三方市场合作贸易效应的国家差异性回归结果	121
表 5.9	第三方市场合作贸易效应的区域差异性回归结果	122
表 5.10	第三方市场合作不同类型对贸易效应的回归结果	123

表目录

表号	标题	页码
表 5.11	第三方市场合作对贸易成本的机制检验	124
表 5.12	第三方市场合作的"五通"机制检验	125
表 5.13	中国在沿线国家开展第三方市场合作的最佳合作国	128
表 6.1	变量描述性统计分析	137
表 6.2	第三方市场合作投资效应混合回归与固定效应模型估计结果	138
表 6.3	稳健性检验结果	140
表 6.4	第三方市场合作对中国对外直接投资影响的多期 DID 回归结果	141
表 6.5	第三方市场合作投资效应的国家异质性回归结果	143
表 6.6	第三方市场合作投资效应的区域异质性回归结果	144
表 6.7	第三方市场合作不同类型的合作模式对投资效应的回归结果	145
表 6.8	第三方市场合作改善制度差异的机制检验	146
表 6.9	中国与"一带一路"沿线各地区出口产品相似度指数	147
表 6.10	2020 年中国与沿线国家的产业结构相似系数	149
表 6.11	产业结构相似度和出口产品相似度的划分	150
表 6.12	产业结构相似度与出口产品相似度组合类型分布	151
表 6.13	拓展性分析变量描述性统计分析	153
表 6.14	拓展性分析基准回归结果	154
表 6.15	拓展性分析稳健性检验回归结果	156
表 7.1	"一带一路"沿线部分国家知识产权法律制度及加入国际条约概况	160
表 7.2	变量描述性统计分析	165
表 7.3	第三方市场合作知识产权保护效应混合回归与固定效应模型回归结果	166
表 7.4	稳健性检验结果	168
表 7.5	内生性检验结果	169
表 7.6	第三方市场合作知识产权保护效应的国家差异性回归结果	170
表 7.7	第三方市场合作知识产权保护效应的区域差异性回归结果	171
表 7.8	第三方市场合作不同类型对知识产权保护效应的回归结果	172
表 7.9	第三方市场合作对不同方向知识产权保护差异的影响	173

第1章 导　论

1.1　研究背景、目的和意义

1.1.1　研究背景

中国提出"一带一路"倡议至今已有十余年，在这十余年中，中国与"一带一路"沿线国家（以下简称沿线国家）共谋发展，取得了丰硕成果，收获了宝贵经验。党的二十大报告指出，"共建'一带一路'已成为深受欢迎的国际公共产品和国际合作平台"，"推动共建'一带一路'高质量发展，维护多元稳定的国际经济格局和经贸关系"。

随着"一带一路"倡议的深入推进，中国同沿线国家的贸易、投资快速发展。据商务部和国家知识产权局统计，截至 2022 年底，中国与沿线国家贸易额累计达 12 万亿美元，年均增长 7%；对沿线国家非金融类直接投资累计超过 1400 亿美元，年均增长 7%；中国企业在沿线国家专利申请公开量和授权公告量分别为 55041 件和 29915 件。贸易和投资规模的不断扩大，以及中国对沿线国家知识产权布局的加强，促使中国与沿线国家积极探索更深层次和更广领域的经济合作（见图 1.1 和图 1.2）。截至 2023 年 4 月 19 日，据商务部统计，中国已与 151 个国家、32 个国际组织签署 200 余份共建"一带一路"的合作文件。涉及的 151 个国家包括 40 个亚洲国家、27 个欧洲国家、52 个非洲国家、11 个大洋洲国家、12 个北美洲国家和 9 个南美洲国家；32 个国际组织涵盖贸易组织、投资组织、金融机构等。在经济全球化浪潮的推动下，"一带一路"倡议倡导合作主体多元化、合作市场深度化、合作范围广域化、合作模式多样化、合作关系稳定化。

在世界格局调整与经济转型的背景下，中法两国政府于 2015 年 6 月发布《关于第三方市场合作的联合声明》，首次提出"第三方市场合作"概念，并将其表述为"中国企业与有关国家企业共同在第三方市场开展的经济合作"。此后，中国又与 13 个国家发表了第三方市场合作联合声明或签署了谅解备忘录等官方文件（见表1.1），合作国占全球发达国家总数的45%。中国与合作国通过建立多元化的合作机制，比选合作模式，在沿线国家有序推进一批涵盖基础设施、能源、金融、医疗卫生等领域的合作项目，取得了许多积极成果。

图1.1 中国与沿线国家进出口贸易额和中国对沿线国家非金融类直接投资额
数据来源：中华人民共和国商务部。

图1.2 中国企业在沿线国家专利申请公开量和授权公告量
数据来源：国家知识产权局。

表1.1 中国签署第三方市场合作官方文件

合作国	签署文件名称	签署时间	合作机制
中国-法国	《中华人民共和国政府和法兰西共和国政府关于第三方市场合作的联合声明》	2015年6月	中法第三方市场合作企业座谈会、中法第三方市场合作指导委员会、中法第三方市场合作论坛、中法第三方市场合作基金
	《关于设立中法第三方市场合作指导委员会的谅解备忘录》	2016年11月	
	《中法第三方市场合作第二轮示范项目清单》	2018年11月	
	《中法第三方市场合作第三轮示范项目清单》	2019年3月	
	《中法第三方市场合作第四轮示范项目清单》	2022年2月	
中国-韩国	《中国国家发展和改革委员会和商务部与韩国企划财政部和产业通商资源部关于开展第三方市场合作的谅解备忘录》	2015年10月	中韩第三方市场合作论坛、市场合作联合工作组
	《中韩第三方市场合作重点项目合作文件》	2022年8月	
中国-加拿大	《中华人民共和国政府和加拿大政府关于开展第三方市场合作的联合声明》	2016年9月	暂无
中国-葡萄牙	《中华人民共和国商务部和葡萄牙共和国外交部关于加强第三方市场合作的谅解备忘录》	2016年10月	中葡第三方市场合作论坛、市场合作工作组
中国-澳大利亚	《中澳关于开展第三方市场合作的谅解备忘录》	2017年9月	中澳战略经济对话
中国-新加坡	《中华人民共和国国家发展和改革委员会与新加坡共和国贸易及工业部关于开展第三方市场合作的谅解备忘录》	2018年4月	中新部长级会议、中新"一带一路"投资合作论坛
	《中华人民共和国国家发展和改革委员会与新加坡共和国贸易及工业部关于加强中新第三方市场合作实施框架的谅解备忘录》	2019年4月	
	《中新第三方市场合作第一批重点项目清单》	2020年7月	

续表

合作国	签署文件名称	签署时间	合作机制
中国–日本	《中华人民共和国国家发展和改革委员会和商务部与日本国外务省和经济产业省关于中日企业开展第三方市场合作的备忘录》	2018年5月	中日第三方市场合作论坛、市场合作研讨会、市场合作工作机制
中国–意大利	《中意关于开展第三方市场合作的谅解备忘录》	2018年9月	中意第三方市场合作工作组、市场合作论坛
中国–意大利	《中意第三方市场合作第一轮重点项目清单》	2020年12月	中意第三方市场合作工作组、市场合作论坛
中国–意大利	《中意第三方市场合作第二轮重点项目清单》	2021年10月	中意第三方市场合作工作组、市场合作论坛
中国–荷兰	《中华人民共和国商务部与荷兰外交部关于加强第三方市场合作的谅解备忘录》	2018年10月	中荷第三方市场合作工作组
中国–比利时	《中华人民共和国商务部与比利时王国联邦外交、外贸与发展合作部关于第三方市场发展伙伴关系与合作的谅解备忘录》	2018年10月	中比第三方市场合作研讨会、市场合作工作组
中国–西班牙	《中华人民共和国商务部与西班牙工业贸易部关于第三方市场合作的谅解备忘录》	2018年11月	中西第三方市场合作研讨会、合作工作组
中国–奥地利	《中华人民共和国国家发展和改革委员会与奥地利共和国数字化和经济事务部关于开展第三方市场合作的谅解备忘录》	2019年4月	中奥第三方市场合作工作组、市场合作论坛

续表

合作国	签署文件名称	签署时间	合作机制
中国–瑞士	《关于开展第三方市场合作的谅解备忘录》	2019年4月	中瑞第三方市场合作工作组、市场合作研讨会、中瑞"一带一路"能力建设论坛暨第三方市场合作圆桌会
中国–英国	《关于开展第三方市场合作的谅解备忘录》	2019年6月	中英第三方市场合作工作组、中英铁路联合工作组

注：此表按照合作国发表第三方市场合作联合声明或签署谅解备忘录时间顺序归类汇总。

资料来源：作者根据国家信息中心、国家发展和改革委员会、商务部、外交部门户网站资料整理汇总。

据国家发展和改革委员会统计，2013—2018年，中国企业与西方跨国公司合作的413个新建投资项目中，有50余项采用了第三方市场合作形式。中国已把"推动共建'一带一路'高质量发展，拓展第三方市场合作，扩大双向贸易和投资"写入《中华人民共和国国民经济和社会发展第十四个五年规划和2035年远景目标纲要》。

第三方市场合作受"一带一路"建设内容、原则理念、规则机制的影响，以沿线国家为地缘依托，由中外企业联合开展国际经济合作活动。政府推动、企业主导、市场运作、建设周期长、融资规模大、优质产能和先进技术结合等项目特征，决定了每一个项目都是贸易、投资和知识产权保护的有机融合。中国高度重视推动第三方市场合作的发展，本书对国家发展和改革委员会和国家信息中心2008—2022年发布的500余条新闻进行分析整理，使用Nvivo软件制作词频图，发现"第三方市场合作"是中国对外合作文件中的高频词（见图1.3）。

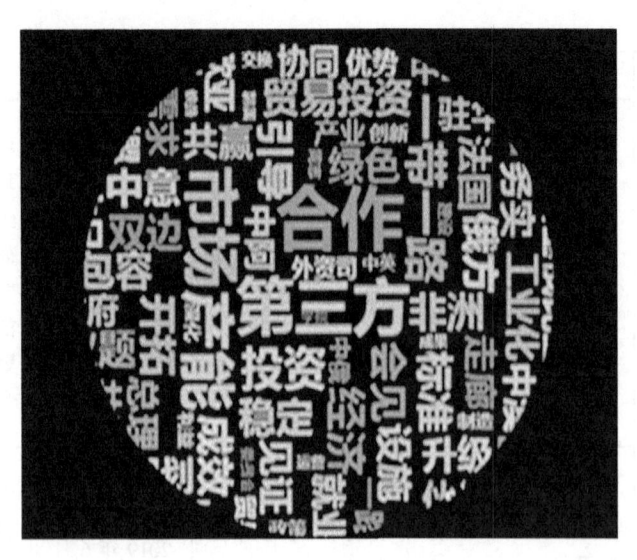

图1.3 "第三方市场合作"词频

数据来源：国家发展和改革委员会、国家信息中心。

1.1.2 问题提出

第三方市场合作是在尊重第三方市场国家发展意愿的前提下，中国和发达国家发挥各自比较优势，在"一带一路"沿线的发展中国家开展贸易、投资、知识产权保护活动，实现"1+1+1>3"的效果。第三方市场合作是对传统国际经济合作的深化和发展，通过贸易、投资、知识产权保护，促进国家或地区间的国际分工，扩大跨国生产要素和商品自由流动的地域空间，优化资源配置，促进区域统一大市场的形成，并形成合理、有序的市场竞争秩序。

对第三方市场合作这种国际经济合作新模式进行深入、系统的理论和实证研究是必要的。通过梳理既有第三方市场合作文献发现，理论上，缺少全面、深层次解析第三方市场合作的产生原因、内在逻辑和运行机制的文献研究；实证上，缺少对合作效果的验证。为此，本书思考中国为什么选择开展第三方市场合作？第三方市场合作的实践特征、内在逻辑、经济理性、运行机制是什么？第三方市场合作会给参与方带来哪些利益和风险？第三方市场合作的最优模式和最优合作方案是什么？第三方市场合作如何在沿线国家进行区域选择？从贸易、投资、知识产权保护角度测度第三方市场合作效应，具有重要的理论和现实意义。

1.1.3 研究目的和意义

（1）研究目的

全球国际经贸发展不确定性和风险复杂性的叠加，使得各国都在寻求共同利益和新的利益增长点。中国通过第三方市场合作，汇聚多方共同利益，稳定与发展国家间的关系，满足不同国家或地区的发展需求，扩大贸易、投资规模，优化知识产权保护水平，实现多方共赢和风险共担。因此，本书围绕第三方市场合作相关问题进行研究，试图达到以下研究目的：

①基于第三方市场合作发展事实，从理论、历史和现实视角，探求第三方市场合作存在的合理性和必然性。

②探究第三方市场合作内在逻辑、经济理性和运行机制。基于对第三方市场合作的事实判断，阐释第三方市场合作的丰富内涵；基于对主体利益关系的逻辑判断，阐释第三方市场合作的内在逻辑和运行机制；基于对合作目标、合作行为、合作模式的价值判断，阐释第三方市场合作的经济理性。

③测度第三方市场合作的贸易、投资与知识产权保护效应。通过构建第三方市场合作决策模型，分析第三方市场合作经济效应。使用中国与沿线国家的双边贸易、双边投资、对外直接投资数据，以及知识产权保护数据，采用经典的引力模型、倾向得分匹配以及多期DID、LOGIT分析方法测度第三方市场合作的贸易、投资和知识产权保护效应，评估第三方市场合作发展成效。

④探讨第三方市场合作区域和模式优选。从贸易、投资和知识产权保护三个维度探讨为实现不同的贸易、投资利益预期和知识产权保护效果，中国在推进第三方市场合作时应如何比选合作区域，优选合作模式。

（2）研究意义

①在理论层面，本书拓展研究视角、完善研究内容、丰富研究方法。

研究视角上，突破以往学者仅关注第三方市场合作国别研究的局限，拓展为以沿线国家为研究范围，通过构建第三方市场合作决策模型和经济效应模型，对第三方市场合作进行理论机制分析；通过使用CEPII数据库的全球贸易数据、国际货币基金组织数据库的双边投资数据，世界银行WGI、WDI数据库、中国对外直接投资公报的数据以及世界知识产权组织、世界经济论坛中的知识产权保护数据，从贸易、投资、知识产权保护视角测度第三方市场合作效应。

研究内容上，以历史为源探寻第三方市场合作的产生和发展逻辑，以经济学理论为基础探索其内在逻辑、运行机制与经济理性，深度剖析第三方市场合作存在的合理性和必然性，探讨第三方市场合作贸易、投资和知识产权保护效应最优区域及最优模式选择。通过梳理对比既有第三方市场合作国别典型化事实和经验，探索第三方市场合作的差异化方案和创新实践思路，为中国完善第三方市场合作内容，推进第三方市场合作发展提供理论依据和经验借鉴。

研究方法上，既有文献多以实际案例为切入点，采用定性分析方法对第三方市场合作的价值、意义和前景进行研究。本书运用多期 DID 模型、PSM-DID、混合回归、固定效应等多种定量分析方法对第三方市场合作的贸易、投资和知识产权保护效应进行测度，增强现有理论对第三方市场合作的解释力，拓展国际经济合作理论的量化效用边界。

②在现实层面，本书创新研究观点。通过对国务院政府工作报告，国家发展和改革委员会、商务部公布的《第三方市场合作指南和案例》等官方文件，以及国内外相关文献的梳理和分析，从合作项目、国别、领域和主体等视角，全面评述中国第三方市场合作事实，认为第三方市场合作主体间存在商业逻辑、合作逻辑和时空逻辑关系。在此基础上，追溯第三方市场合作模式的历史沿革，反思第三方市场合作发展的条件，厘清第三方市场合作与贸易、投资、知识产权保护的相互关系，验证第三方市场合作的经济效应，探求第三方市场合作最优模式，优选合作区域和项目，有效配置资源，并从贸易、投资、知识产权保护、经验等方面提出切实可行的对策建议，归纳总结出中国开展第三方市场合作的差异化合作方案，推动第三方市场合作的稳定发展，持续深化中国和世界各国的深层次经济交往，发挥第三方市场合作对世界经济增长的积极作用，为共建"一带一路"高质量发展提供理论基础和经验借鉴。

1.2 研究方案设计

1.2.1 研究方法

随着"一带一路"倡议的深入推进和第三方市场合作的有序开展，国内外学者开始关注第三方市场合作，并形成了一批研究成果。通过梳理第三方市场合作研究文献发现，这些文献既有从理论上探讨产生原因的，也有从实践上分析现状和前景的；既有定性讨论第三方市场合作的政策建议的，也有通过指数测算定量分析第三方市场合作基础的。本书在前人研究基础上，理论联系实际，运用混合研究方法，从第三方市场合作特征化与典型化事实出发，规范第三方市场合作内涵认知，构建第三方市场合作理论分析框架，阐释第三方市场合作的内在逻辑、经济理性和运行机制，实证分析第三方市场合作的贸易、投资和知识产权保护效应，并提出对策建议。具体研究方法见图1.4。

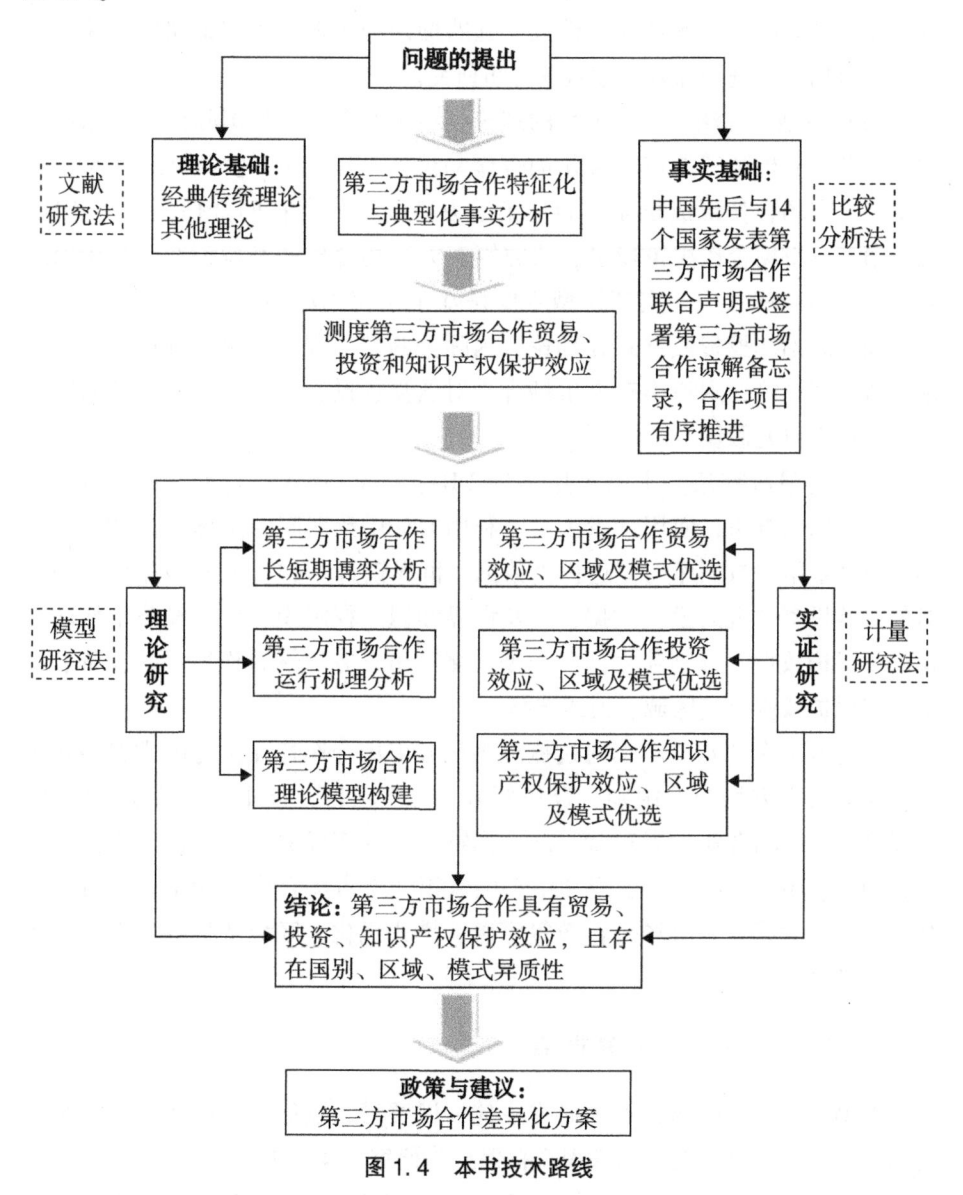

图 1.4　本书技术路线

(1) 文献研究法。本书通过对知网、Elesvier 等国内外文献期刊数据库，以及联合国贸易和发展会议（UNCTAD）、世界知识产权组织（WIPO）、国际货币基金组织（IMF）、世界银行（World Bank）等权威机构网站进行检索、甄别、筛选、分析、比较、归纳、梳理第三方市场合作相关议题的国内外文献和世界贸易、投资、知识产权报告，把握研究前沿、研读文献内容、挖掘实践数据，以期掌握第三方市场合作研究进展的全景图，进而构建第三方市场合作经济效应、区域选择、模式优选的理论分析框架和实证研究思路，对第三方市场合作进行深入、细致的分析研究。

(2) 模型研究法。本书采用的理论模型主要有：一是国际公共产品供求均衡模型，分析第三方市场合作的合作动机；二是成本—收益博弈模型，探究第三方市场合作形成机制，验证第三方市场合作存在的合理性和必然性；三是第三方市场合作决策模型，研究第三方市场合作的利益创造，分析第三方市场合作经济效应。实证模型主要是基于比较优势理论、要素禀赋理论、区域经济理论、投资发展路径理论、国际公共产品理论、协同理论、共生理论、博弈理论等，阐释第三方市场合作对贸易、投资、知识产权保护的影响机制，提出研究假设。

(3) 计量研究法。本书采用多期 DID、PSM－DID、Logit 模型、固定效应、混合回归方法，使用计量工具，利用 CEPII 数据库的全球贸易数据、国际货币基金组织数据库的双边投资数据、世界银行 WGI、WDI 数据库、中国对外直接投资公报的投资数据，以及世界知识产权组织、世界经济论坛的知识产权保护数据，分别建立回归模型，测度第三方市场合作贸易、投资、知识产权保护效应及其区域、模式选择。

(4) 比较分析法。本书通过梳理第三方市场合作特征化与国别典型化事实，从第三方市场合作国别、合作领域、合作项目、合作主体等多个方面，评述第三方市场合作发展现状。从合作特征和现实经验两个方面对中法、中日、中美、中意、中新、中国和中东国家第三方市场合作成功案例进行对比分析，以期对第三方市场合作政策完善、模式优化、区域选择提供有益参考和经验借鉴。

1.2.2　研究内容和逻辑框架

本书以第三方市场合作为研究主体，以贸易、投资、区域经济等多种理论为基础，以贸易、投资和知识产权保护为研究视角，开展理论与实证研究。通过梳理和分析中国与 14 个国家的第三方市场合作事实，总结第三方市场合作的实践特征，阐释第三方市场合作的内在逻辑、经济理性和运行机制；通过建构决策理论模型，分析第三方市场合作的经济效应；通过对第三方市场合作案例分析，揭示第三方市场合作的风险和收益；通过使用CEPII数据库的全球贸易数据、国际货币基金组织数据库的双边投资数据，世界银行WGI、WDI数据库、中国对外直接投资公报的投资数据以及世界知识产权组织、世界经济论坛中的知识产权保护数据，实证测度第三方市场合作的贸易、投资和知识产权保护效应，阐释第三方市场合作区域选择及模式优选，并从贸易、投资、知识产权保护、经验对比等多个层面提出推进中国第三方市场合作创新实践的差异化方案和对策建议。

本书共分为八个部分，具体研究内容如下：

第1章：导论。本章概述了本书的研究背景、研究目的、研究意义、研究方案设计、研究方法、研究内容等，归纳了本书的创新点和重难点，并对第三方市场合作相关概念进行界定和关系解释。

第2章：理论基础与文献综述。本章结合第三方市场合作本质特征，阐释相关理论，梳理国内外既有文献，掌握国内外相关研究现状。通过对比较优势理论、要素禀赋理论、区域经济理论、投资发展路径理论、国际公共产品理论、协同理论、共生理论、博弈理论等理论基础的阐述，构建第三方市场合作理论和实证研究模型；通过对与第三方市场合作相关的贸易、投资、知识产权保护和第三方市场合作文献的观点梳理，确定研究内容，提供方法借鉴。

第3章：第三方市场合作特征化与典型化事实分析。本章通过第三方市场合作特征化发展事实，简述第三方市场合作的历史沿革；从市场供求角度，分析第三方市场合作存在的必要性；应用实践数据详细分析第三方市场合作项目、合作国别、合作领域及主体、合作模式，归纳第三方市场合作的实践特征。选取法国、日本、美国、意大利、新加坡、沙特、阿联酋、科威特、卡塔尔作为典型国家，阐述中国与其开展第三方市场合作的特征，对比分析实践经验，探究第三方市场合作现实运行过程中的成绩、经验和不足，为第三方市场合作区域及模式选择，形成差异化方案提供现实思考和经验借鉴。

第4章：第三方市场合作的运行机制与理论模型构建。本章是本书的理论研究核心，在认知第三方市场合作内涵基础上，运用比较优势、要素禀赋等经典的传统理论，从国内、国外双重视角分析第三方市场合作的动力和约束；运用博弈理论，从动态研究视角，分析第三方市场合作成本—收益的长短期博弈，阐释其内在逻辑、经济理性和运行机制；运用国际公共产品理论、协同理论、共生理论，构建第三方市场合作决策理论模型，探讨其决策过程及经济效应。

第5章：第三方市场合作贸易效应及区域、模式优选研究。第5、6、7章是全文实证研究的核心，根据第4章提出的理论模型，测度第三方市场合作的贸易、投资和知识产权保护效应。本章分析第三方市场合作对国际贸易的作用机制，利用2006—2021年83个国家的贸易数据，采用经典的引力模型和倾向得分匹配法，测度第三方市场合作贸易效应；同时从区域、国家收入水平、合作模式等方面考察第三方市场合作贸易效应的差异性；通过测算贸易互补指数、使用实证结果数据构建合作国选择函数，获得中国在沿线国家开展第三方市场合作的最佳合作国和区域选择结论，为各国参与第三方市场合作，增进贸易利益提供决策参考。

第6章：第三方市场合作投资效应及区域、模式优选研究。本章分析第三方市场合作对中国对外直接投资的作用机制，以及对双边投资的影响，利用2003—2021年中国对82个国家对外直接投资数据，运用混合回归、固定效应回归以及多期DID计量方法，实证分析第三方市场合作对中国对外直接投资的影响，同时从区域、国家收入水平、合作模式等方面考察第三方市场合作投资效应的差异性；虑及贸易和投资的替代关系，通过测算出口产品相似度指数和产业结构相似度指数对沿线国家进行组合分类，获得中国通过第三方市场合作，实现对外直接投资多元化和稳健化的模式选择和区域选择方案。为使研究更为全面、细致，本章还利用2009—2021年国际货币基金组织数据库中83个国家的双边投资数据，实证分析第三方市场合作对双边投资的影响效应，阐释第三方市场合作投资效应的周期性和规律性。

第7章：第三方市场合作知识产权保护效应及区域、模式优选研究。本章分析了第三方市场合作对知识产权保护的作用机制，利用2007—2019年83个国家的知识产权保护等相关数据，实证分析第三方市场合作的知识产权保护效应，同时从区域、国家收入水平、合作模式、知识产权保护差距等方面考察第三方市场合作对知识产权保护效应的差异性，获得各国通过第三方市场合作提升知识产权保护水平、进行区域和模式优选的方案。

第8章：结论与政策建议。在前文理论和实证分析基础上，本章立足中国现实和既有第三方市场合作国别典型化事实和经验，从理论、事实、实证角度归纳总结全书研究结论，从贸易、投资、知识产权保护、经验比较等方面，提出中国推进第三方市场合作发展的差异化方案，以及对第三方市场合作创新实践的政策思考。

1.2.3 研究的创新点

（1）研究视角方面，拓展研究领域。与既有文献多聚焦于第三方市场合作国别研究不同，本书立足于中国开展第三方市场合作事实，以沿线国家为研究范围，以第三方市场合作项目特征为切入点，一方面，从贸易、投资和知识产权保护三个全新视角测度第三方市场合作经济效应，评述合作收益。同时从不同区域、不同收入水平国家，以及不同第三方市场合作模式角度，分析合作效应的差异性。另一方面，从项目成败的辩证视角，分析第三方市场合作的风险、经验与不足，对第三方市场合作形成深入而全面的认知。

（2）研究内容方面，丰富既有研究成果，注重理论分析的边际贡献。本书梳理第三方市场合作特征化与典型化事实，根据第三方市场合作项目专有属性与贸易、投资、知识产权保护之间的内在关联性，在贸易、投资、区域经济、国际公共产品、协同、共生、博弈理论基础上建立国际公共产品供求均衡模型和第三方市场合作决策模型，分析第三方市场合作经济效应，探索第三方市场合作内在逻辑、经济理性和运行机制，测度贸易、投资、知识产权保护效应。同时识别参与主体间的贸易竞争与贸易互补关系，通过测算贸易互补指数、使用实证结果数据构建合作国选择函数，获得中国开展第三方市场合作的最佳合作国和合作区域；考虑贸易和投资的替代关系，进一步优化中国推进第三方市场合作的差异化方案，通过测算出口产品和产业结构相似度指数对沿线国家进行组合分类，获得区域和模式选择结论；根据母国与东道国的知识产权保护差异，获得第三方市场合作对知识产权保护水平相对滞后的国家或地区促进作用更为明显的结论。

（3）研究方法方面，注重量化贡献边界，研究维度结构化。本书研读国内外相关文献，通过使用 CiteSpace 软件对第三方市场合作文献进行可视化分析，挖掘第三方市场合作研究现状、研究热点及研究趋势。为克服沿线国家间的系统性差异，避免单独使用 DID 模型导致的估计偏误，运用引力模型和 PSM-DID 方法全面有效评估第三方市场合作对参与方双边贸易的影响；运用混合回归、固定效应回归等计量方法实证分析第三方市场合作对中国对外直接投资、知识产权保护的影响以及双边投资效应；通过使用多期 DID 模型避开传统计量方法的不足，有效解决模型内生性问题。

（4）研究观点方面，本书结合国际经济合作业务模式运行要求，通过分析第三方市场合作项目特征，认为第三方市场合作主体间存在商业逻辑、合作逻辑和时空逻辑关系，是双边特定互惠性合作向多边扩散互惠性合作的拓展。

第三方市场合作参与方存在长短期博弈，通过建立国际公共产品供求均衡模型、第三方市场合作决策模型和经济效应模型，分析认为第三方市场合作为区域经济合作和发展创造了一种提供公共产品的合作模式，它允许三方共商共建共享，规避恶性竞争，使多元化的主体以实现各自的利益预期为目的，比选贸易、投资、知识产权保护发展路径，优选合作模式，实现三方利益共进。

通过梳理第三方市场合作国别典型化发展事实，对已发表第三方市场合作联合声明或签署谅解备忘录的国家与未发表第三方市场合作联合声明或签署谅解备忘录的国家，从合作区域、合作领域、合作模式、合作机制四个方面进行对比分析，认为中国应以第三方市场合作联合声明或谅解备忘录的规则为基础，注重法律和机制建设，推动相关配套政策落地，保证第三方市场合作的稳定性和可持续性发展。

利用贸易、投资、知识产权保护等宏观经济数据，构建计量模型，定量测度第三方市场合作的贸易、投资、知识产权保护效应，认为第三方市场合作有利于扩大参与方的双边贸易规模，促进中国对外直接投资，提升一国知识产权保护水平，且上述三种效应具有国别、区域和模式差异性，进而根据参与方的不同利益诉求，分别提出第三方市场合作区域选择及模式优选的差异化合作方案。

1.2.4 研究的重点和难点

本书研究的重点是基于成本—收益分析的决策模型，探究第三方市场合作的内在逻辑、经济理性和运行机制，测度第三方市场合作贸易、投资、知识产权保护效应。

研究的难点：第一，建立一个逻辑通透、结构合理的理论模型有难度。第二，既有与第三方市场合作相关的国内外文献研究方法单一，使得本书可借鉴的理论成果不够丰富。第三，为保护商业机密，已开展第三方市场合作的部分国家，不对外公开企业间所签订的合同文本，这给数据获取带来难度。因此，需要付出足够多的时间和精力，跟进最新研究，调研和走访相关部门，搜集、整理相关数据。

1.3 相关概念界定及关系解释

为明确本书的研究内容和研究逻辑,在梳理、归纳和总结国内外大量经典理论文献的基础上,对第三方市场合作和三方合作的概念进行界定和辨析;对第三方市场合作与贸易、投资、知识产权保护的关系进行阐释。

1.3.1 三方合作和第三方市场合作

三方合作包括广义和狭义两种。广义的三方合作包容性强,是指无论其经济发展水平是否一致的三个经济主体在政治、经济、文化、环境等多重领域开展的合作;狭义的三方合作是指发达国家和发展中国家合作,并通过国际多边组织向其他发展中国家提供援助和支持。

《中国的对外援助(2014)》白皮书中指出:"为有效借鉴国际经验,提升援助效果,丰富援助方式,中国加强在发展援助领域的国际合作,并在尊重受援国意愿的前提下,与其他多双边援助方试点开展优势互补的三方合作。"可见,三方合作与国际援助紧密关联。虽然很多国际组织都对狭义的三方合作概念进行过界定,但至今没有形成统一标准。经合组织发展援助委员会(OECD-DAC)认为三方合作是发展援助委员会捐助者和南南合作提供者在受援国实施发展合作计划和项目的形式。全球伙伴关系倡议(GPI)认为三方合作是指两个或多个发展中国家与发达国家或传统捐助方、新兴经济体或多边组织建立的合作伙伴关系,用于帮助受益者应对特定的发展挑战。联合国开发计划署(UNDP)认为三方合作是两个以上的南方国家,为获得更多的资金、技术或资源,主动请求北方国家作为第三方提供支持(或者北方国家主动提供)的一种合作关系。联合国南南合作办公室(UNOSSC)认为三方合作是传统援助国和多边国际组织通过提供资金、培训、管理和技术系统等形式,推动南南合作发展的一种方式。上述定义虽然表达不同,但都认为三方合作发生在南方援助国、北方援助国和受援国三者之间,北方援助国发挥"合作推动者"作用,提供技术援助和资金支持;新兴大国或其他中等收入国家作为南方援助国扮演"关键国家"角色,提供专业技能和发展经验;发展中国家作为受援国,是三方合作的受益者,获得解决某一具体特定问题的方案。

在三方合作中,知识、技术等生产要素从发达国家流向发展中国家,用来解决受援国在发展过程中所面临的政治、经济、社会等问题。这种自上而下的援助决定了三方关系不平等，角色和责任分工不明确，加之援助方对受援国国情了解不充分，会造成援助供需不匹配，不仅会浪费资源，降低合作效果，甚至会破坏受援国的经济发展动力。

基于三方合作的局限性，中国反思传统国际发展援助模式，在充分考虑第三方国家自主性，合作关系平等性、可持续性，以及合作成果有效性的基础上，中法两国于2015年6月发表的《中法关于第三方市场合作的联合声明》中提出了"第三方市场合作"概念，并将其表述为，"中国企业与有关国家企业共同在第三方市场开展经济合作"。国家发展和改革委员会与国务院新闻办公室将第三方市场合作概念分别表述为，"中国企业，含金融企业与有关国家企业共同在第三方市场开展经济合作，是一种开放包容的国际合作模式"，"将中国的优质产能、发达国家的先进技术和广大发展中国家的发展需求有效对接，实现1+1+1>3的效果"。

国内外学者也界定了第三方市场合作的概念。Cheryl McEwan 和 Emma Mawdsley（2012）[1]认为第三方市场合作概念与三方合作中的发展援助密切相关，随着新兴国家的崛起，发达国家对发展中国家的发展援助方式从直接援助转变为与新兴国家共同对第三方受援国进行援助，从而建立一种"北—南—南"发展关系。Choo Jaewoo（2020）[2]认为第三方市场合作是中国与发达国家企业基于各自生产要素禀赋而进行的国际产能合作，是实现多方合作共赢的国际经济合作新路径。国内较早对第三方市场合作进行定义的学者毛雨（2015）[3]指出，第三方市场合作是一种以双边合作带动三方共赢的全新合作模式，该模式充分利用中国的中端富余产能，发挥发达国家优势，满足发展中国家发展要求。郑东超（2019）[4]认为第三方市场合作是将中国优势产能、发达国家先进技术和广大发展中国家发展需求有效对接，由中国企业与发达国家企业合作共同开发发展中国家市场，实现互利多赢。刘姝（2021）[5]认为第三方市场合作是中国的中端制造能力同发达国家的先进技术和理念相结合，与第三国发展需求实现有效对接的合作。吴崇伯等（2022）[6]认为第三方市场合作是中国和发达国家共同在第三国开展经济合作，三边充分发挥自身优势，实现互利共赢。本书结合前人研究成果，认为第三方市场合作是在经济全球化和区域经济一体化并行发展的态势下，拥有各自资源禀赋的两个或两个以上国家或地区，源于共同利益、政治共识和比较优势的互动关系，对接第三方市场国家或地区的发展需求，在第三方市场进行贸易、投资、知识产权交易活动，实现多方共赢的异质性"北—南—南"国际经济合作模式。第三方市场合作与三方合作在合作主体、合作目标、合作关系、合作方式、融资方式、合作区域、合作效果上均有不同,是一种市场化、商业化运作下的国际经济合作新模式(见表1.2)。

表1.2 三方合作和第三方市场合作的比较

比较内容	三方合作	第三方市场合作
合作主体	各国政府和国际组织	中国和发达国家的企业
合作目标	为第三方国家或地区实现特定的目标或解决具体的问题	参与方互利共赢
合作关系	通过签署国际发展援助协议,构建援助方和受援方之间的不平等关系	通过发表第三方市场合作联合声明或签署谅解备忘录,在参与方之间构建平等互信的合作伙伴关系
合作方式	有偿援助和无偿援助	市场化的贸易、投资、知识产权交易活动
融资方式	免息、低息、捐赠	商业化的低息贷款
合作区域	发展中国家	以沿线国家为主
合作效果	供需匹配度低	供需匹配度高

资料来源:作者根据三方合作和第三方市场合作概念和特征自行绘制。

1.3.2 第三方市场合作与贸易的关系

贸易、投资与第三方市场合作均与生产要素流动有关,国际经济合作中各种生产要素的组合形式和结构类型不仅决定了贸易方式,还决定了对外直接投资的动机和模式。第三方市场合作的不同合作模式可以理解为国际贸易、国际投资、国际资本输出、国际技术贸易、国际服务贸易的优化组合。

市场为第三方市场合作提供了交易环境,选好市场,更好地服务市场,是第三方市场合作模式的关键和目标。第三方市场合作与国际贸易有着密不可分的关系。从历史沿革来看,第三方市场合作在国际贸易的基础上发展而来,是国际贸易规模的扩大和地域的延伸。从本质来看,第三方市场合作和国际贸易都是各国或地区进行国际经济交往的重要形式,更是各国或地区参与国际分工,实现要素流动,获得利益的重要手段。由比较优势理论和要素禀赋理论可知,一国或地区会寻求与自身要素禀赋具有互补性的经济体进行贸易活动。第三方市场合作的基础正是合作国的比较优势和要素禀赋差异。中国具有优势产能,发达国家具有核心装备、资金、先进技术和理念,第三方国家或地区具有潜在市场及发展需求,各方要素禀赋和比较优势的互补性,促使合作参与方建立贸易关系。从实践来看，中国与第三方市场合作国都保持着非常稳定的经贸关系，中国将国家间是否具有贸易互补性、投资稳定性和产业结构相似性作为筛选第三方市场合作伙伴的重要标准。

此外，基础设施领域的项目建设决定了第三方市场合作和贸易的关联性。项目建设需要大量物资，建设过程会带动合作国对相关配套产业的需求。项目建成后，可以提高基础设施联通度，改善运输条件，提高物流效率，降低运输成本，为国家或地区间贸易发展奠定良好基础。

1.3.3　第三方市场合作与投资的关系

全球资源互流，政治、经济、社会文化系统功能共振互动，使得第三方市场合作成为贸易投资业务组合、资源组合的重要模式。投资合作是第三方市场合作的重要内容，根据国家发展和改革委员会对第三方市场合作的类型划分可知，投资合作类作为其中一种，被定义为中国企业通过并购、合资、参股等方式，与外方企业共同在第三方市场开展投资。投资是生产要素在母国和东道国之间移动和优化配置的过程。邓宁的国际生产折中理论清晰地说明了当企业同时具有所有权优势、内部化优势、区位优势三种优势时，企业将选择对外直接投资方式。第三方市场合作正是基于合作方各自的优势开展的，其以基础设施建设项目为主要领域，具有投资额高、建设周期长的特点，相较于国际贸易，采用对外直接投资方式进入第三方市场，不仅可以使企业避开东道国的各种贸易和非贸易壁垒，获得东道国提供的投资政策优惠；还可以与当地市场建立直接联系，既能利用当地劳动力、原材料、能源等生产要素，降低制造成本，又能随时获得当地市场的需求和项目反馈信息，提高合作效率。

1.3.4　第三方市场合作与知识产权保护的关系

知识产权的独占性和排他性赋予企业和个人获得专利、商标和版权的独占权，可降低知识和技术在贸易和投资活动中被剽窃、被侵权的风险，保护创新者权益，增加其市场收益，不仅会对贸易、投资的成本和收益产生作用，而且也会影响贸易、投资者的决策。

知识产权保护是开展第三方市场合作的重要保障。为共同推进第三方市场合作项目建设，中外两国企业在合作中会就技术转让与应用、知识传播与扩散、信息互通与共享等问题进行沟通协调，合作国还可以利用自己的知识产权为第三方国家提供独特的产品或服务，在此过程中，中国和发达国家二者之间，中国、发达国家、东道国三者之间会发生知识和技术溢出的多元交互。知识和技术是一种无形资产，需要知识产权保护制度为其提供安全保障，否则很容易发生知识和技术外泄，打击其生产者参与国际经贸活动的积极性。因此，为了确保合作的顺利进行，合作参与方需要完善知识产权保护制度，提升知识产权保护水平，加强知识产权保护合作，促进公平竞争。

第 2 章 理论基础与文献综述

第三方市场合作起源并发展于国际经济合作中的多边合作，是传统国际经济合作的发展和深入。从第三方市场合作的本质、内涵、特征来看，它既需要传统的贸易、投资、区域经济理论去解释其存在的合理性，同时又需要其他理论去解释其专有属性和独有特征。本书在梳理、甄别、分析和评述既有文献的基础上，对第三方市场合作贸易、投资、知识产权保护效应进行理论阐述和文献综述，从而获得本书理论研究的切入点。

2.1 研究的理论基础

2.1.1 与第三方市场合作有关的经典传统理论

(1) 比较优势理论和要素禀赋理论

通过对比较优势理论和要素禀赋理论的分析，研究第三方市场合作的合作基础。比较优势理论认为，国际贸易产生的根源是不同国家在不同产品的生产技术上存在相对差别而非绝对差别。在自由贸易中，每个国家都应集中生产并出口其具有比较优势的产品，进口其具有比较劣势的产品，从而获利。这一理论为完全竞争市场环境下，从全球角度解释抽象化的国际分工提供理论依据。

要素禀赋理论在比较优势理论基础上增加了资本要素，认为一国自然资源的充裕度赋予了该国密集使用该种资源的先天优势，这从根本上解释了比较优势存在的原因。各国要素禀赋所形成的比较优势，是竞争者之间达成合作的基础。两个理论揭示了各经济体寻求互利关系的原理，表明了逐利经济体间可以通过贸易实现互利。

随着经济全球化的深入推进，比较优势的体现从劳动密集型工业制成品转变为资本密集型、技术密集型中间产品，实现互利的途径也从贸易拓展到投资、知识产权保护等国际经济合作领域。第三方市场合作体现了两种理论的重要价值。第三方市场合作项目建设需要土地、劳动力、技术、资本等多种生产要素，不同国家在不同生产要素上具有比较优势。第三方市场合作融合了合作国具有比较优势的生产要素，优势互补，实现了效率最优和利益最大化。波特在《竞争优势》[7]一书中指出："经济体会不断寻找与其具有差异化能力的其他经济体进行合作，以保持其高层次的竞争优势。"全球资源互流和信息共享促进了国家间利益和命运的紧密融合，也使得第三方市场合作成为要素资源组合的重要模式。第三方市场合作实践体现上述两种理论内核，既通过发挥比较优势促进和深化彼此间的分工，提高专业化程度，提升合作效率和质量，又通过生产要素自由流动，减少壁垒和恶性竞争，激发和活跃中国和发达国家间的跨国市场活动。

（2）区域经济理论和投资发展路径理论

通过对区域经济理论和投资发展路径理论的分析，研究第三方市场合作的区域和模式选择，获得基于贸易、投资、知识产权保护利益诉求，设计第三方市场合作差异化方案的结论。区域经济理论强调空间地理资源配置的合理性有利于加强相邻国家或区域之间的不同生产要素禀赋的流动，从而使本地经济体系更具竞争力。

在第三方市场合作中，不同类型的国家通过共享资源、技术、市场等在沿线国家开展合作，加强政策协调和产业链协作，优选合作区域，实现贸易、投资、知识产权保护利益增进，体现了区域经济理论的思想。

一般而言，经济活动的区域选择服从于经济选择，其选择标准是满足经济活动所要求的自然和社会经济条件。影响经济活动决策的关键因素，既要考虑最小生产成本投入，获得最大化利润，也要综合考虑人的行为、成本、市场等多种因素。第三方市场合作的项目实施地多为沿线国家，以亚洲国家为重点，以东南亚地区为核心地带，向中、东欧和非洲延伸是第三方市场合作的地缘布局。第三方市场合作贸易、投资、知识产权保护效应的区域差异性，造成利益的不同诉求，因此，选择合作区域，对增进第三方市场合作参与方的利益十分重要。

投资发展路径理论认为，一国经济发展水平与其国际资本流动地位有着密切关系，一国净对外直接投资地位与其区域经济发展水平、人均国内生产总值，以及所经历生命周期的发展阶段有关，并沿着某个特定的路径变化发展。各国自然条件、经济结构、经济发展水平和发展战略的不同使得各国的投资发展路径存在差异，这种差异客观存在、无法避免。根据沿线国家拥有的比较优势、要素禀赋资源和所处地理位置的差异性，第三方市场合作需要因地制宜，分层次、分梯度设计差异化方案，以保证合作顺利进行。观察第三方市场合作实践，中国与14个国家先后发表联合声明或签署谅解备忘录等官方文件，按区域分界、按国别分段选择合作领域，根据参与国实际构建合作机制、挑选合作项目；根据参与方产业结构优选合作模式，实现资源合理配置和资本高效利用。这种差异化合作方案体现了投资发展路径理论的思想，每一个第三方市场合作方案都是在评估合作参与方经济发展水平、经济发展阶段和其国际直接投资地位基础上设计完成的。

2.1.2 与第三方市场合作有关的其他理论

（1）国际公共产品理论

通过对国际公共产品理论的分析，研究第三方市场合作的合作动机。保罗·萨缪尔森（Paul A. Samuelson）在《公共支出的纯理论》一书中从经济学角度对公共产品进行了经典分析，阐释了公共产品的定义以及公共物品所具有的效用不可分割性、消费非竞争性、受益非排他性三个基本特征。

国际公共产品最早由曼瑟·奥尔森（Mancur Olsen）提出，他认为国际公共产品的本质是满足社会共同需要，其基本特征是"联合提供、集体决策、成本合理分摊、利益共同分享"，其成本和收益超越国界，受益的时间跨越当代和后代。

国际公共产品理论提供了分析和解释国际合作的框架，根据国际公共产品理论，国家之间存在着合作动机和机制，用于提供和共享公共产品，国际公共产品的有效供给是国家间进行区域合作的基础和条件。这种合作的出发点是各国追求共同利益和互惠，落脚点是各国联合起来实现有效的供给。上述两点以及国际公共产品的"联合提供、集体决策、成本合理分摊、利益共同分享"特征在第三方市场合作中均有体现。第三方市场合作体现了中国"亲诚惠容"的周边外交理念，为国际公共产品的提供创造了一种合作模式，是国际公共产品理论在实践中的具体应用。从形式上来看，第三方市场合作是一种国家间的集体行动，是各国基于共同目标和共同利益，达成合作共识，优势互补，开展基础设施建设、金融保险、绿色能源等领域的多边合作，是实现共同利益增进的行为；从内容上来看，第三方市场合作以国家间商品和生产要素的自由流动为前提，基于合理的成本分担和收益分配机制，当单个发展中国家无法独自解决所面临的资金、技术短缺问题，或无法独自完成基础设施建设时，由中国和发达国家联合，以项目为依托，与第三方市场国家开展合作，共商合作事项、共建合作项目、共享合作利益；从结果来看，第三方市场合作项目可以促进经济发展、提高人民生活质量，并造福参与合作的国家或组织。

第2章 理论基础与文献综述

以三国开展第三方市场合作为例，假设一个国际社会，由 i 国、j 国和 g 国组成，其中 i 国和 j 国为国际公共产品的供给国，g 国为需求国。i 国和 j 国对国际公共产品 x 的供给量随 x 价格的提高而增加，随供给成本的提高而减少，i 国和 j 国对国际公共产品 x 的供给函数分别为：

$$S_i^x = S_i^x(p^x, c_i^x), \quad \frac{\partial S_i^x}{\partial p^x} > 0, \quad \frac{\partial S_i^x}{\partial c_i^x} < 0 \tag{2.1}$$

$$S_j^x = S_j^x(p^x, c_j^x), \quad \frac{\partial S_j^x}{\partial p^x} > 0, \quad \frac{\partial S_j^x}{\partial c_j^x} < 0 \tag{2.2}$$

式（2.1）和式（2.2）中，S_i^x、S_j^x 分别表示 i 国和 j 国对国际公共产品 x 的供给量，p^x 表示国际公共产品 x 的价格，c_i^x、c_j^x 分别表示 i 国和 j 国对国际公共产品 x 的供给成本。由 i 国和 j 国两国共同向国际社会提供国际公共产品 x 的总供给函数为：

$$S_w^x = S_w^x(p^x, c_i^x, c_j^x), \quad \frac{\partial S_w^x}{\partial p^x} > 0, \quad \frac{\partial S_w^x}{\partial c_i^x} < 0, \quad \frac{\partial S_w^x}{\partial c_j^x} < 0 \tag{2.3}$$

式（2.3）中 S_w^x 表示 i 国和 j 国共同向国际社会供给的国际公共产品 x 的数量。根据经济学供求理论，国际公共产品 x 的需求与该产品的价格负相关，与该国国民收入正相关，因此，g 国对国际公共产品 x 的需求函数为：

$$D^x = D^x(p^x, y_g), \quad \frac{\partial D^x}{\partial p^x} < 0, \quad \frac{\partial D^x}{\partial y_g} > 0 \tag{2.4}$$

式（2.4）中 D^x 表示国际公共产品 x 的需求量，y_g 表示 g 国的收入水平。

假设国际公共产品 x 的需求函数和供给函数都为线性函数，绘制国际公共产品 x 的供求均衡图（如图2.1所示）。

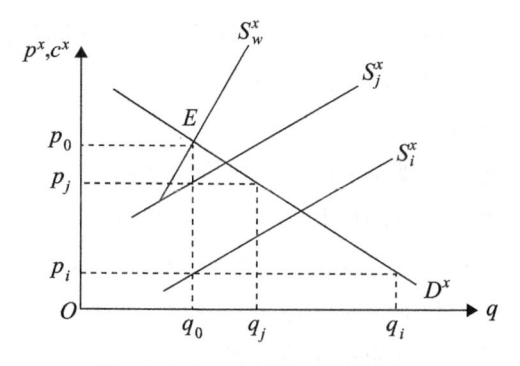

图2.1 国际公共产品供求均衡

在图2.1中，横坐标表示国际公共产品 x 的需求量与供给量，纵坐标表示国际公共产品 x 的价格和成本，由图可知，在 i 国、j 国和 g 国组成的国际社会中，整个国际社会对国际公共产品 x 的总供给并不是 i 国和 j 国供给曲线的简单相加。当供给量为 q_0 时，i 国愿意供给国际公共产品的价格为 p_i，j 国愿意供给国际公共产品的价格为 p_j，整个国际社会愿意供给的最高价格为 $p_0 = p_i + p_j$，整个国际社会中国际公共产品的供求均衡点为 $E(p_0, q_0)$。当 i 国和 j 国愿意以价格 p_i 和 p_j 单独供给国际公共产品 x 时，需求数量分别为 q_i 和 q_j，都大于 q_0，此时会出现国际公共产品供给不足的现象，而且当两个国家单独提供国际公共产品时，还可能引发供给国之间的恶性竞争，打击各个国家提供国际公共产品的积极性，损害国家利益。可见，国际公共产品由某一任意国家单独提供时，每个国家从单独提供国际公共产品中可以获得的利益要小于联合供给所获得的利益。

(2) 协同理论

通过对协同理论的分析，研究第三方市场合作的产生基础。协同是协调和合作，即连接、调和各要素，进而实现合作。这一概念由德国物理学家赫尔曼·哈肯（Hermann Haken）于1971年提出，1976年在《协同学导论》和《高等协同学》中系统论述了协同理论，用于研究开放系统中各子系统通过关联、耦合，实现系统内部各要素由无序到有序，由低级有序到高级有序的升级。

从本质来看，协同的目标是实现企业现在与将来、内部与外部现有资源的充分利用。内部协同是组织内部要素之间的协调合作；外部协同是各具差异性的独立经济体通过与其他经济体建立联盟，汇聚资源，形成相互作用、相互合作的依存关系，产生集体效应或共同效应，实现互惠共赢。从结果取向来看，内部协同提高效率，外部协同创造效益。协同理论中的政策协同、资源协同、利益协同、竞争协同对第三方市场合作产生重要影响，第三方市场合作是内、外部协同综合作用的结果。

第一，政策协同。表现为不同部门或机构之间在制定政策时进行协调合作，提高政策的一致性、协调性和效率性，避免政策冲突和重复，实现政策的整体性和整合性。从合作角度来看，政策协同要求合作伙伴之间通过建立良好的沟通渠道和信任机制，更好地协调政策，及时调整合作策略，以适应市场需求的变化。第三方市场合作的前提是合作国之间达成合作共识、实现政策协同。在第三方市场合作中，政府须充分了解合作方的立场和利益诉求，建立国内外政策信息共享机制，通过多边渠道推进合作议程，通过发表联合声明或签署谅解备忘录达成合作共识，加强政治互信，形成政策的整体联动效应。在第三方市场合作指导委员会、工作委员会等机构的组织下定期举行国际会议、高级别对话和研讨会，构建政策协同机制，沟通合作事项，解决分歧和争议。

第二，资源协同。第三方市场合作将中国和发达国家的比较优势有效融合，通过合理配置、共享和整合物质、知识、人力资源，共建第三方市场合作项目，提高合作效率，降低合作成本，实现合作目标，并在各国产业对接、市场对接和企业对接的前提下，允许全球产业链、价值链、技术链、创新链的上、中、下游各类型企业参与合作，实现产业、技术、资金、人才、生态的跨国流动。

第三，利益协同。合作中的利益协同使得不同个体或组织间通过相互协作和资源共享，提高合作效能、创造更大的利益，从而实现互利共赢的目标。在利益协同中，各方的关系不再是简单的竞争与合作，而是通过合作形成合力，实现各方利益最大化。第三方市场合作的参与方具有不同的利益诉求，发展中国家在合作中求发展收益，发达国家在合作中求竞争收益。参与方通过合作，寻求最大利益公约数，共担风险和成本，满足第三方市场国家需求，提高国家竞争力和影响力，扩大市场份额，获得政治、经济、文化、规则收益，实现多方共赢。

第四，竞争协同。竞争协同是不同个体或组织在竞争关系中通过资源、技术和市场优势的合作与协同，既保持一定程度的竞争，又在竞争中实现互利共赢。开展第三方市场合作的国家间仍然存在竞争关系，根据协同理论，合适的竞争对手之间进行合作，将各方提供的异质性资源共享、利用、整合，可以减少恶性竞争，优化资源配置，提高合作效率和合作质量。这为第三方市场合作坚持求同存异，鼓励更多的国家参与合作，共享合作成果，在竞争中获得更大的合作优势奠定了理论基础。

（3）共生理论

通过对共生理论的分析，研究第三方市场合作的发展基础。共生理论起源于生物学，由德国真菌学家德贝里（Anton de Bary）在1879年提出，最初用于描述生物界万物之间互相依赖、共同生存的关系，后经各领域学者的不断深入研究形成了完整的理论体系。经济学意义上的共生理论内核是经济主体间依照共生行为模式，形成互惠共生关系，经济主体间通过能量传递、资源共享、利益分配、风险共担，形成稳定、持久、亲密的物质联系和组合关系。

在现实经济中，经济体间的相互联系是动态、复杂的。从过程视角来看，共生是市场经济环境下，经济体间通过要素禀赋的交换和分享，以及政治、经济、文化等方面的竞争，最终形成的一种彼此相互依存、互惠互利的均衡状态；从结果视角来看，共生是经济体间基于共同目标，在一定的规则和制度约束下，形成的一种稳定、长久的共存共生关系，可实现利益共创和利益共享。这种相互依存的共生关系源于经济体间的异质性资源、能力和功能互补，以及共同目标、共同利益。共生关系的价值内涵、共享逻辑和共生效应，以及共生理论的核心内容，即共生单元、共生界面、共生环境和共生模式，在第三方市场合作中均有体现。

中国和发达国家产业和资源禀赋的显著差异是第三方市场合作的物质基础，这种差异性促使双方在合作中优势互补、相互借力，体现了共生价值内涵。合作参与方在相互信任的前提下，通过第三方市场合作共享信息和资源，体现共享逻辑。合作参与方认知、识别、把握资源需求和市场机会，通过第三方市场合作中的贸易、投资和技术互流，将三方利益紧密融合，获得贸易、投资和知识产权保护的利益增进，实现利益共创，体现共生效应。

共生单元是共生体的参与者，即第三方市场合作参与方，厘清第三方市场合作主体间的利益关系，有利于共生关系的持久性。共生界面是第三方市场合作的具体项目，项目是合作的载体，以项目为依托开展合作是第三方市场合作的重要特征，保证了共生关系的紧密性。共生环境是共生单元以外所有要素的总和，是第三方市场合作构建的多层次合作机制，阐释合作运行机制，完善共生环境，可以保证共生关系的稳定性。共生模式是第三方市场合作采取的合作模式，第三方市场合作中的合作方采用何种方式配置资金、技术、管理经验等生产要素，以完成产业服务、资本支持、技术咨询、工程合作、战略合作，既构成了多元化的共生模式，也形成了多样化的第三方市场合作类型。由此可见，第三方市场合作蕴涵着共生理论的思想，表现为中国和发达国家秉承平等发展、合作共赢的共生理念，构建多层次的共生环境，以实现合作方的共商、共建、共享、共生、共存、共进。

（4）博弈理论

通过对博弈理论的分析，研究第三方市场合作的理性决策基础。博弈论又称对策论、赛局理论，是研究具有竞合关系的决策者进行策略选择时，如何做出最优决策的一门数学理论。博弈理论关注个体或集体在冲突或合作情境中如何做出决策，以及实现决策均衡的过程，旨在对竞争与合作现象提供完美的解释与策略。按照博弈双方是否在事前达成有约束力的协议，博弈可以分为合作博弈与非合作博弈。非合作博弈追求个体利益最大化，强调各方自主决策，独立行动，策略环境与他人无关；合作博弈要求参与者在同盟、合作方式中进行博弈，从而使博弈各方利益均有增进，或者在一方利益不减少的情况下，至少有一方利益增加，从而实现群体利益最大化。从结果来看，非合作博弈是个体在完全理性条件下做出的个体最优策略，对整个社会而言不一定是最优的，而合作博弈是群体在完全理性条件下做出的策略选择，可以实现高效与公平。

第三方市场合作的合作决策过程、合作对象和合作模式的选择过程，既是合作方基于绝对利益与相对收益之间的权衡，也是基于本国成本与收益之间的权衡，还是基于国家贸易、投资、知识产权保护三者收益之间的博弈，充分体现与应用了博弈理论的思想。

第三方市场合作中涉及多次博弈，每一次博弈都是参与方权衡成本—收益关系，协调利益分配的理性选择。具体包括：第一，合作行为选择博弈。合作参与方是博弈理论中的对局人，他们为了追求自身利益而采取博弈行动时，会在考虑对手行动方案的前提下，做出合作或不合作的理性行为决策。合作博弈的基础是达成利益目标共识，实现合作博弈的制度结构是建立主体间的互信机制和利益公平分配机制。第三方市场合作是一种典型的合作博弈，参与方之间经过充分的信息沟通与交流，发表第三方市场合作联合声明或签署谅解备忘录，达成合作共识并将合作付诸实践，从而实现从非合作博弈到合作博弈的跨越。一般而言，在合作博弈中，参与方预期能获得合作净收益，才有可能达成合作关系。从这一角度来看，增加第三方市场合作博弈各方的贸易、投资、知识产权保护利益相关度，基于长期群体利益最大化让渡个体利益，有助于合作博弈的实现。当然，在市场经济原则下，第三方市场合作中的博弈无法回避竞争与冲突问题，具有竞合关系的主体更应正视彼此间的行为选择可能会对对方产生的影响。如果每个参与方都只着眼于自身所获利益，都希望付出最小的成本获得最大的收益，往往会导致合作失败。第二，合作对象选择博弈。当博弈方做出合作决策时，需要确定与谁合作。经济全球化的不断发展，使得合作参与方基于自身利益最大化，权衡与多个可以选择的合作国之间的收益大小，跨国界、跨区域自由选择合作对象。第三，合作模式选择博弈。第三方市场合作提供了五种合作模式，每一种合作模式需要合作方提供的资源种类、数量，以及各种要素禀赋的搭配组合方式均不同。合作参与方可基于贸易、投资发展路径和知识产权权益，比选合作模式。

2.2 国内外文献研究现状及述评

第三方市场合作项目特征和属性决定了它与贸易、投资和知识产权保护之间的紧密联系，测度第三方市场合作的贸易、投资和知识产权保护效应是本书的重点内容。因此，本书查阅联合国贸易和发展会议（UNCTAD）、世界知识产权组织（WIPO）、国际货币基金组织（IMF）、世界银行（World Bank）等权威机构网站，研读世界投资报告、贸易报告、贸易发展报告、中国外商投资报告、世界知识产权报告等，梳理贸易、投资、知识产权保护的既有文献，把握研究前沿，参考研究方法，为后续研究提供参考和借鉴。

2.2.1 贸易效应相关的文献研究

"一带一路"倡议属于区域经济范畴，第三方市场合作是以沿线国家为地缘依托的区域经济合作模式，因此，本书主要梳理研究区域经济的贸易效应文献，参考其研究方法。为了测度贸易效应，学者们往往在贸易引力模型中加入一个虚拟变量，或者构造反事实估计框架，对经济行为发生前和发生后采用定量方法进行实证检验。具体做法是，在经济行为发生前，利用事前数据使用部分均衡模型以及一般均衡模型，模拟预测即将实施的经济行为所产生的贸易效应；在经济行为发生后，使用引力模型、DID、PSM 以及 PSM-DID 法，基于事后的贸易流量数据，控制其他因素影响测度该经济行为的贸易效应。

（1）区域经济合作贸易效应的事前研究

①基于"局部均衡理论"的研究

马歇尔在 1920 年创立了局部均衡理论，Viner（1950）[8]首次将局部均衡理论应用于贸易效应研究。随后许多学者相继运用局部均衡模型，基于东道国、伙伴国和世界产品价格大小关系的假定研究建立 FTA 或 RTA 产生的贸易效应，认为贸易转移效应降低了东道国的社会福利水平。与之相对应，国外学者 Balass（1967）[9]、Corden（1972）[10]、Collier（1979）[11]、Panagariya（2002）[12]、Thomy 等（2013）[13]运用局部均衡模型分析得出，通过建立关税同盟，大多数成员国均可实现贸易净效益的增进。

国内学者多使用局部均衡模型分析自贸区建立和经贸协议签订后的贸易效应问题。向洪金、赖明勇（2011）[14]，梁江艳、高志刚（2017）[15]，赵青松、王文倩（2021）[16]，陈耸、向洪金（2022）[17]均基于产品层面，通过建立局部均衡模型分析了在不同关税水平下建立自贸区所产生的贸易、生产效应，以及对东道国的福利影响。彭支伟、张伯伟（2012）[18]，宏结、黄什（2014）[19]，杜威剑、李梦洁（2015）[20]，谭琳元、李先德（2020）[21]，张玉梅、盛芳芳、陈志钢等（2021）[22]基于产业数据，运用局部均衡模型，分析了中日韩自贸区、中澳自贸协定，中美经贸协议的签订对某一产业和各经济体产生的贸易影响，并分析了各国应采取的最优关税策略。

②基于"一般均衡模型"的研究

瓦尔拉斯基于一般均衡理论在1874年创立了一般均衡模型，在此基础上，Johnson于1960年构造了一个可计算的一般均衡模型，称为CGE模型，在包括20个成本最小化的生产部门和一个效用最大化的生活部门之间寻求一个价格向量，以实现双方供求均衡。P. B. Dixon在1982年针对澳大利亚贸易发展了静态CGE和动态CGE模型，T. W. Hertel于1997年以澳洲Impact计划以及SALTER计划为理论基础，形成了全球贸易分析模型，即GTAP模型，用于分析贸易政策的实施效果。随后国内外学者开始大量使用CGE模型进行研究，如Park和Soonchan（2009）[23]、Plummer和Wignaraja（2006）[24]等。曹宏苓（2005）[25]基于静态的一般均衡模型分析得出，中国-东盟自由贸易区的建立对成员国的贸易影响是"贸易创造显著，而无贸易转移"。彭秀芬（2009）[26]，黄鹏、汪建新（2010）[27]，周曙东、崔奇峰（2010）[28]使用GTAP模型分别分析得出FTA对中新、中韩、中国-东盟自贸区均产生了贸易促进效应，但乳制品、农产品等存在着产品差异性。范子杰，张亚斌，魏思超（2022）[29]以多国多部门异质性企业一般均衡分析模型为分析工具，讨论了中国加入WTO后，中间品和最终品关税的变化对不同用途产品贸易所产生的贸易和福利效应。王淑娟、张绍辉、朱启荣（2022）[30]运用GTAP模型模拟分析建立中日韩自贸区对三国宏观经济和产业的影响，认为在宏观经济效益层面，自贸区不仅可使日韩两国的GDP、居民收入、居民消费支出和福利明显提高，还能改善日韩两国的贸易条件，提高中国的居民收入和资本收益率。董婉璐、李慧娟、杨军（2023）[31]运用全球-区域CGE模型链接的方法分析认为，RCEP的建成可以提高成员国的社会福利水平，对中国各个地区经济和贸易的发展具有促进作用。李月、郑晓雪（2023）[32]基于HS6码商品贸易和RCEP协议中承诺关税减让表计算出各国相对基期的实际关税减让水平，采用稳态GTAP模型和社会网络分析方法分析RCEP对两岸三地经济及贸易网络格局的影响。

(2) 区域经济合作贸易效应的事后研究

①基于"引力模型"的研究

引力模型是国际贸易领域研究中使用最广的模型之一。Hasson、Tinbergen(1966)[33]首次将该模型应用于国际贸易研究，分析两国的贸易量与 GDP 以及距离之间的关系。随后该方法在国际经贸领域被广泛运用并得到了持续改善和优化。随着引力模型被学界的认可，国内外学者开始使用引力模型检验贸易协定的效果，Brada、Mendez(1985)[34]首次在引力模型中加入虚拟变量来分析 RTA 的建立对于缔约国贸易的影响。Baier、Bergstrand(2009)[35]基于引力模型，使用跨国面板数据分析得出，贸易协定的签订可以增加五倍的贸易流量。王红敏、阿布来提·依明(2022)[36]在引力模型中加入一个虚拟变量实证分析 RCEP 协定对中国产生的贸易效应。

随着研究的不断深入，学者们在引力模型中逐渐增加使用的虚拟变量个数，更为全面地测算贸易效应。查志强、李卉(2012)[37]以及李荣林、赵滨元(2012)[38]，宋树理、张艺、朱晓彤(2023)[39]等使用两个虚拟变量衡量 FTA 带来的贸易效应。岳云霞、吴陈锐(2014)[40]，李俊久、丘俭裕(2017)[41]，赵金龙、张蕊、陈健(2019)[42]，符大海、曹莉(2023)[43]使用三个虚拟变量，测算并使用数据实证分析区域贸易协定对成员国和非成员国产生的贸易效应。彭羽、杨碧舟(2023)[44]使用五个虚拟变量，基于 2005—2019 年全球各经济体的双边数字服务出口数据，分析区域贸易协定中的数字贸易规则对第三国的贸易创造与转移效应。

②基于匹配方法的研究

随着非参数计量方法的出现，国内外学者逐渐尝试采用匹配模型分析贸易效应问题。倾向得分匹配(PSM)法由 Paul Rosenbaum 和 Donald Rubin 在 1983 年提出，通过估计倾向得分解决选择偏差，客观评价某种政策的实施效果。在国际贸易领域，通过匹配，可以找到与加入 FTA 具有相似特征的非 FTA 国家，从而分析得出区域贸易协定所产生的净贸易效应。Gaseul Lee 等(2015)[45]运用 PSM 法分析了 FTA 对韩国农产品贸易的影响。李荣林、于明言(2014)[46]运用倾向得分匹配方法分析了亚洲区域贸易协定的贸易效应，以及不同因素对成员国双边贸易总量的影响大小。李梦洁、杜威剑(2017)[47]将匹配模型和引力模型相结合，分析了中国签订自贸协定对世界金融危机的缓解作用。郑健、周曙东(2019)[48]运用倾向匹配模型，基于沿线国家双边贸易数据，评估了不同一体化程度的贸易协定对贸易的促进程度。徐芬(2021)[49]从自贸区区内和区外双重角度，采用反事实估计研究，认为中国-东盟自贸区对中国和东盟均存在进口和出口贸易创造效应。

为了克服不可观测变量和可观测变量对样本选择的影响，更好地保证回归结果的无偏性，Heckman 等结合了双重差分法（DID）和倾向得分匹配（PSM）法的优点，提出了 PSM-DID 模型分析法，用于更好地评价政策效果。国内学者运用此方法从不同视角评估了贸易效应，如赵金龙、陈健（2018）[50]从宏观贸易和微观产业两个不同视角，运用 PSM-DID 模型，分析了实施 FTA 战略对中国贸易的促进作用。慕绣如、李荣林（2016）[51]从微观企业视角，运用 PSM-DID 模型，分析了企业在出口和对外直接投资过程中所获得的学习效应以及对生产率的影响。张恒龙、葛尚铭（2017）[52]运用 PSM-DID 模型分析了中国、印度新兴经济体实施自由贸易协定战略对贸易的促进效应。梁海（2021）[53]，司春晓、孙诗怡、罗长远（2021）[54]分别运用此模型分析了自贸区的设立对中国的贸易、投资创造和转移效应。刘军、史学睿（2022）[55]运用 PSM-DID 法，从微观企业视角，研究认为自由贸易试验区建设对企业绩效的提高具有促进作用。姜启军、郑常伟（2023）[56]基于 2008—2019 年中国地级及以上城市的面板数据，运用 PSM-DID 法，分析认为自贸试验区的设立提升了区域产业链横向协同集聚水平。

2.2.2 投资效应相关的文献研究

单纯研究投资效应的学者多采用 Hansen 门槛回归、混合效应、Probit 模型、Heckman 两阶段模型等研究方法，聚焦对外直接投资协定的签订对投资流量的影响，其中大多数学者认为双边投资协定能够促进一国的对外直接投资。此类文献主要分为两类：

（1）基于东道国视角研究。Salacuse 和 Sullivan（2005）[57]认为东道国签订双边投资协定数量与外商直接投资流入具有正向关系。Egger 和 Pfaffermayr（2004）[58]基于 19 个 OECD 国家与 54 个发展中国家间的投资数据，分析得出双边投资协定的签订对东道国和母国之间直接投资存量有着显著的影响。Neumayer 和 Spess（2005）[59]、Bekker 和 Ogawa（2013）[60]认为双边投资协定可以通过改善东道国的制度缺陷，优化投资环境，促进发展中国家吸引外资。Aisbett（2007）[61]、Busse 等（2010）[62]分别基于 28 个发展中国家和 28 个发达国家的对外直接投资流量数据，分析得出双边投资协定的签署有利于发展中国家吸引外资。李玉梅、张琦（2015）[63]基于中国 35 个外资来源国面板数据，分析得出双边投资协定的签署有利于中国吸引外资。

（2）基于母国视角研究。Merlo 和 Egger（2007）[64]研究发现，无论短期还是长期，双边投资协定的签署对企业对外直接投资都有促进作用。Kerner 和 Lawrence（2014）[65]基于美国在非 OECD 国家的投资数据，实证分析得出双边投资协定的签订对美国海外公司的资本流动影响不显著。邓新明、许洋（2015）[66]使用门槛效应模型，基于中国对外直接投资数据，分析得出双边投资协定的签署对中国 OFDI 的作用具有差异性，制度环境是影响投资的重要因素。太平、刘宏兵（2014）[67]基于与中国签订双边投资协定的 40 个国家的投资面板数据，实证分析了双边投资协定签订对中国 OFDI 的正向作用。杨振、孟庆强（2016）[68]基于中国对 120 个国家的对外直接投资数据，采用 Heckman 两阶段模型，分析得出中国签订 BIT 有利于中国扩大 OFDI。董芳、王林彬（2021）[69]从投资协定法律化水平视角，研究双边投资协定、区域贸易协定投资条款对中国 OFDI 的影响。李俊江、朱洁西（2022）[70]基于 2014—2019 年"一带一路"沿线 49 个国家数据，分析得出签订 BIT 可以促进中国对沿线国家的 OFDI。

也有部分学者对双边投资协定的投资效应持质疑态度。Hallward - Driemaier 等（2003）[71]基于 OECD 国家对 31 个发展中国家和东道国缔结 BIT 的数量，实证分析后认为，BIT 对对外直接投资的影响作用不明显。Falvey 和 Foster-McGregor（2017）[72]研究发现，BIT 与投资效应之间是非线性关系。此外还有部分学者专注于研究 BIT 的签订对中国与沿线国家的投资行为影响（李平、孟寒、黎艳，2014[73]；余莹，2015[74]；姚战琪，2017[75]；王丽丽、范志勇，2017[76]；张晓君、曹云松，2021[77]；丁杰，2022[78]）。

在国际经济学研究领域，国际直接投资与国际贸易之间的联系一直是研究热点。国外学者通过研究认为贸易与投资之间具有互补效应（Kojima，1978）[79]、替代效应（Mundel，1957）[80]及混合不确定性效应（Markuson 和 Svenson，1985）[81]。随着贸易与投资的快速发展，国内学者也开始对中国 OFDI 和贸易之间的关系开展研究。蔡锐、刘泉（2004）[82]，林创伟、谭娜、何传添（2019）[83]，林海华、林海英、张丽艳等（2020）[84]认为中国对外直接投资和贸易之间具有互补作用。周昕、牛蕊（2012）[85]认为中国对外直接投资和贸易的互补和替代关系并存。自"一带一路"倡议提出以来，学界开始关注中国和沿线国家之间的贸易和投资关系。李晓钟、徐慧娟（2018）[86]，陈立泰、刘雪梅（2019）[87]，张苑斌、赖伟娟（2021）[88]等学者以沿线国家为研究对象，分析得出中国和沿线国家的贸易、投资具有互补关系，即中国对沿线国家的投资促进了双边贸易的增长。此外，也有一些学者提出反对意见，张静、孙乾坤、武拉平（2018）[89]认为中国与沿线国家贸易成本的上升抑制了中国 OFDI 的扩大。任雪梅、陈汉林（2020）[90]分别基于中国对 45 个国家的 OFDI 数据，研究认为中国的对外直接投资和贸易之间存在替代关系。

2.2.3 贸易、投资相关的知识产权保护文献研究

知识产权制度作为人类社会的一项重要创新制度和市场竞争的核心要素，赋予知识创造者专属效应和垄断效应，有利于保护人类智力成果，促进技术进步，对知识创造者的福祉和一国经济发展至关重要。在知识经济时代，知识产权可以带来巨大的经济利益，知识产权保护对贸易、投资等经贸合作活动的良性发展具有重要意义。结合本书研究内容，对国内外知识产权保护文献进行梳理，主要包括以下三个方面：

（1）知识产权保护的影响因素

科学技术的发展促使人们开始关注知识产权，重视知识产权保护。加强知识产权保护是各国鼓励创新、提升技术水平、促进经济发展的重要手段。由于国情、立法和执法原则、制度完善程度和履行程度、政治、经济、文化习俗以及技术水平等方面的不同，导致国家或地区间的知识产权保护水平存在差异性。国外学者早年间主要从国际组织参与度（Susan，1994；Alastair，2001；Judith，2004）[91-93]、法律渊源（Rafael，1997；Ross，2005）[94-95]、政治制度（Samuel，1997）[96]等角度对影响知识产权保护的因素进行分析，他们认为知识产权保护对个人福祉和国家发展有着重要影响，决定一个国家知识产权保护的主要因素是一国的制度框架。李雪茹等（2009）[97]通过问卷调查收集相关信息，建立解释结构模型（ISM），认为经济因素对知识产权保护的影响最大。张立坤（2000）[98]认为知识产权保护是多种因素协同作用的结果，个人受教育程度、工资水平、个人权利的多少以及国家对科研的投资力度都会对知识产权保护产生影响。庄子银、杜娟（2003）[99]从成本收益角度，分析了知识产权管理和执行成本、消除侵权行为的社会成本、技术使用成本对知识产权的影响作用。张伟、刘东（2010）[100]认为知识产权保护与经济发展存在互相影响的辩证关系，认为经济发展水平、市场开放程度、技术水平等经济因素以及政治、法律、文化、传统习惯等非经济因素都会影响知识产权保护。毕克新、赵瑞瑞、冉东生（2011）[101]从制度、关系、经济、技术、管理五个角度运用因子分析法，分析了国际科技合作中影响知识产权保护的众多因素，最终认为制度因素最为重要。

此外，Ginarte 和 Park[102]在 1997 年从保护覆盖范围、是否为国际条约成员、权利丧失保护、保护期限和实施机制五个方面构建 GP 指数用来衡量一国

知识产权保护水平。韩玉雄、李怀祖（2005）[103]结合中国实际，在GP指数基础上引入了执法力度，并将其用社会法制化程度、经济发展水平、法律体系完备程度和国际社会监督与制衡机制进行衡量，从而推算出中国知识产权保护水平。许春明、单晓光（2008）[104]基于中国地区发展不平衡的现实进行拓展研究，以2004年为时点，推算出中国各地区的知识产权保护水平。

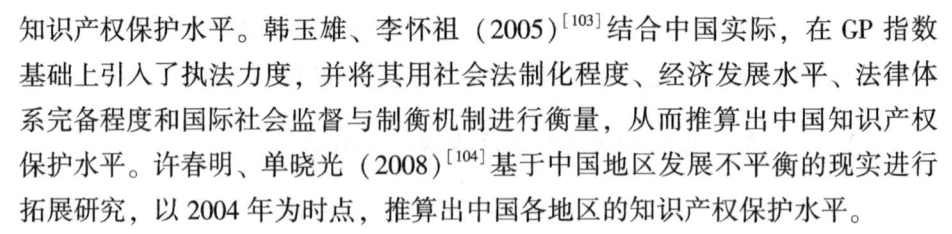

(2) 知识产权保护与国际贸易的关系研究

全球经济发展带来了贸易结构的转型和产品类型的改变，各国资本密集、技术密集产品出口越来越受到重视，与知识产权保护有关的产品贸易量增长迅速。特别是《与贸易有关的知识产权协议》的出现，该协议第一次对知识产权与国际贸易两者之间的关系做出了法律性约束，并将知识产权从货物贸易扩展到服务贸易领域。现如今大多数的区域贸易协定都将知识产权保护标准作为加入多边贸易体制与经济合作的准入条件，知识产权保护已成为实现国际贸易公平竞争的法律保障。

既有关于知识产权保护与贸易关系的文献，多为研究知识产权保护对贸易的影响。Maskus和Penubarti（1995）[105]提出了"市场扩张效应"和"市场势力效应"，用于解释知识产权保护对国际贸易的影响机制，但这种效应存在国家异质性。市场扩张效应鼓励企业扩大出口规模，提高市场占有率；市场势力效应诱使企业利用供求关系抬高商品价格，减少出口规模，保持垄断优势获得高额利润。知识产权保护就是在两种效应的权衡和较量中对国际贸易产生了不确定性的影响，此后其对贸易的影响研究始终是国际贸易领域的热点问题。Smith（1999）[106]、Rafiquzzaman（2002）[107]基于发达国家对发展中国家出口的截面和面板数据，实证分析认为知识产权保护对贸易的影响效应具有异质性。Awokuse和Hong Yin（2010）[108]、Fukui等（2013）[109]基于发达国家贸易数据，通过增加控制变量的方式，分析知识产权保护的产业异质性影响。国内学者立足中国贸易现实，研究知识产权保护对出口产品质量和出口贸易结构的影响。胡方、曹情（2016）[110]实证分析得出中国知识产权保护水平的提升有利于优化中国贸易结构。林秀梅、孙海波（2016）[111]，魏浩、李晓庆（2019）[112]基于中国制造业数据，分析认为知识产权保护与产品质量是非线性关系，适度的知识产权保护有利于企业技术创新和丰富出口产品种类，提高产品质量。沈国兵、储灿（2019）[113]从地理位置角度分析得出知识产权保护对中国中西部地区的贸易影响大于东部地区。

随着科技进步和经济高速发展，国内外学者开始研究知识产权保护对技术创新和贸易之间关系的影响效果。从动态和一般均衡出发，多数学者认为严格的知识产权保护有利于减少技术被剽窃和侵权的风险，促使技术优势国增加技术转移，这有利于技术劣势国引进先进技术，提升技术创新水平（魏浩、巫俊，2018[114]；屈军、刘军岭，2018[115]；杨丽君，2020[116]；王桂梅、赵喜仓、程开明，2021[117]；顾晓燕、薛平平、朱玮玮，2021[118]；Dan Prud'homme，2019[119]；Hu Xiaotian、Yin Xiaopeng，2022[120]；佟家栋、范龙飞，2022[121]；单春霞、李倩、丁琳，2023[122]）。也有一些学者通过研究发现企业技术创新能力、国家市场规模与知识产权保护之间存在着非线性关系（Anton Bondarev，2018[123]；Auriol Emmanuelle 等，2023[124]；王华，2011[125]；康继军等，2016[126]；李静晶、庄子银，2017[127]；沈国兵、黄铄珺，2019[128]；高小龙、张志新、程凯等，2023[129]）。随着计量经济学中非参数模型的出现，学者们开始建立面板门槛效应模型和非参数的面板平滑门槛，进一步分析知识产权保护与经济发展水平、自主创新能力和模仿能力之间的关系（Hudson 和 Minea，2013[130]；江永红、杨春，2023[131]）。

（3）知识产权与投资的关系研究

既有文献通过研究发现知识产权保护程度与投资之间存在正向、负向以及不确定性三种关系。

Lee 等（1996）[132]最早以美国为研究对象，发现发展中国家知识产权保护水平的提高有利于吸引美国外商直接投资。知识产权保护水平与 FDI 的流入呈正向相关关系的结论被大多数学者认可。Branstetter 等（2011）[133]、Kyrkilis、Koboti（2015）[134]分别以美国跨国公司和希腊国内工业企业为研究对象，从技术扩散角度，分析得出知识产权保护、创新投入、FDI 流入三者之间具有正向关系。Damien Dussaux 等（2022）[135]基于 2006—2015 年 140 个国家的低碳技术转让数据，分析得出技术受让国加强知识产权保护有利于太阳能光伏、光热、风能等低碳技术的转让，加速了非经合组织国家几乎所有低碳技术领域的外国直接投资。国内学者代中强、王安妮、李娜（2018）[136]，齐欣、张庆庆（2018）[137]，唐雨妮、卜伟（2021）[138]通过研究认为知识产权保护与 FDI 具有正向作用。

也有学者认为知识产权保护与 FDI 流入是负向关系。Ferrantino（1993）[139]较早开始研究二者关系，通过调查美国跨国公司数据研究知识产权保护与对 FDI 的影响。Yang、Maskus（2001）[140]提出提高发展中国家知识产权保护水平可以让发达国家企业更愿意用技术授权的方式代替 FDI，这不利于 FDI 流入。Glass、Saggi（2002）[141]利用产品周期模型分析得出严格的知识产权保护不利于企业模仿，减少了 FDI 流入量，降低了产品创新程度。郑展鹏、刘海云（2012）[142]从经济制度和法律制度两个视角，实证研究认为知识产权保护对 FDI 有抑制作用。

此外，还有一些学者研究发现知识产权保护水平和 FDI 流入之间具有不确定性关系。Pfister 和 Deffains（2005）[143]认为知识产权保护既可以抑制竞争吸引外资，又可以减少外资企业获取本地资源的机会，不利于外资的进入。Watkins 和 Taylor（2010）[144]以新兴经济体为研究对象，研究认为知识产权保护对发达国家的对外直接投资没有影响。国内学者韩沈超（2016）[145]通过对中国 31 个省市自治区样本的分析，认为知识产权保护和 FDI 之间的关系非常微弱。

2.2.4 第三方市场合作相关的文献研究

第三方市场合作相关文献对本书研究具有重要的参考价值，为全面反映既有第三方市场合作国内外文献的研究内容、观点、趋势等，本章使用 CiteSpace 软件对第三方市场合作文献进行可视化分析。

（1）国内研究现状

①第三方市场合作发文量分析

随着"一带一路"倡议的深入推进和第三方市场合作的有序开展，越来越多的国内外学者开始关注第三方市场合作。截至 2023 年 4 月 30 日，通过篇名检索"第三方市场合作"，发现中国知网收录的论文共计 136 篇（如图 2.2 所示），其中，仅有 30 篇发表于 CSSCI 期刊。由图 2.2 可见，关于第三方市场合作的研究文献知网上最早收录的时间点为 2010 年，2018 年开始增长趋势明显，2020 年发文量达到峰值，为 42 篇。2021 年也保持了相当高的发文量，为 32 篇。可见，自 2019 年国务院政府工作报告中出现"第三方市场合作"一词以及 2019 年 9 月国家发展和改革委员会公布《第三方市场合作指南和案例》后，学界对第三方市场合作的关注度越来越高，研究成果不断涌现。

②第三方市场合作研究热点及研究内容分析

作为文献核心词汇的关键词高度概括和凝练了文章主题，是一篇文章的核心与精髓。通常出现频次较多的关键词可以用来确定一个研究领域的热点。本书通过分析第三方市场合作文献高频关键词，绘制关键词共现图和聚类共现图，确定第三方市场合作的研究热点。因此，抽取了中国知网收录的 136 篇第三方市场合作文献的关键词，进行聚类分析，获知第三方市场合作排名前五的关键词："一带一路""中日关系""中日企业""东盟""东南亚"（见表 2.1）。

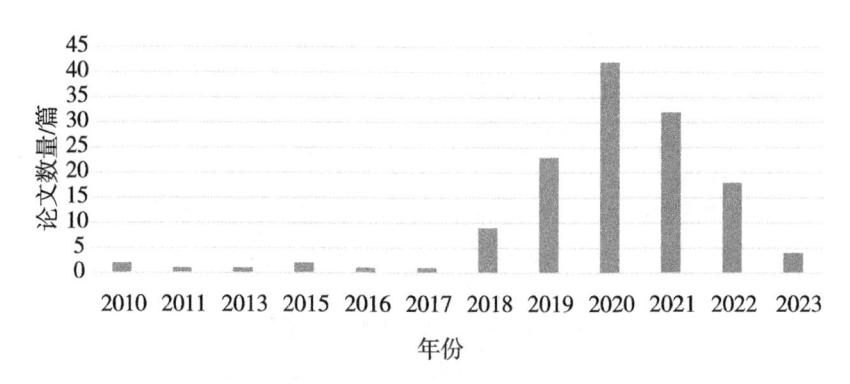

图 2.2　第三方市场合作论文发文量

注：2012 年和 2014 年未检索到第三方市场合作文献。2023 年统计数据截至 2023 年 4 月 30 日。

数据来源：中国知网。

表 2.1　第三方市场合作文献高频关键词前十位

序号	频次	关键词	序号	频次	关键词
1	15	一带一路	6	5	三方共赢
2	11	中日关系	7	5	国际合作
3	10	中日企业	8	4	优势互补
4	9	东盟	9	3	产业构成
5	6	东南亚	10	2	合作机制

数据来源：作者根据中国知网第三方市场合作文献自行整理。

在 CiteSpace 6.2 界面中，将时间区间设定为 2010—2023 年，Node type 选择 Keyword，阈值设置为 Top 50 per slice，thresholding（c，cc，ccv）设置为（2，2，20），选择 MST（最小生成树）算法精简网络，得到关键词共现图和聚类共现图（如图 2.3、图 2.4 所示）。两图中节点为年轮状，节点越大，关键词字体越大，表示该关键词频次越高。年轮的厚度与该年的关键词词频成正比。关键词之间的连线表示两个或 n 个关键词经常出现在同一篇文献中，连线越粗表示共现频次越高。从图 2.3 中的节点大小和年轮厚度可见"一带一路""中日关系"节点最大，出现总频次较高，是第三方市场合作研究的热点主题。图 2.4 中节点之间的连线表示"东盟""东南亚""中日企业"等关键词是第三方市场合作最热议的研究主题。

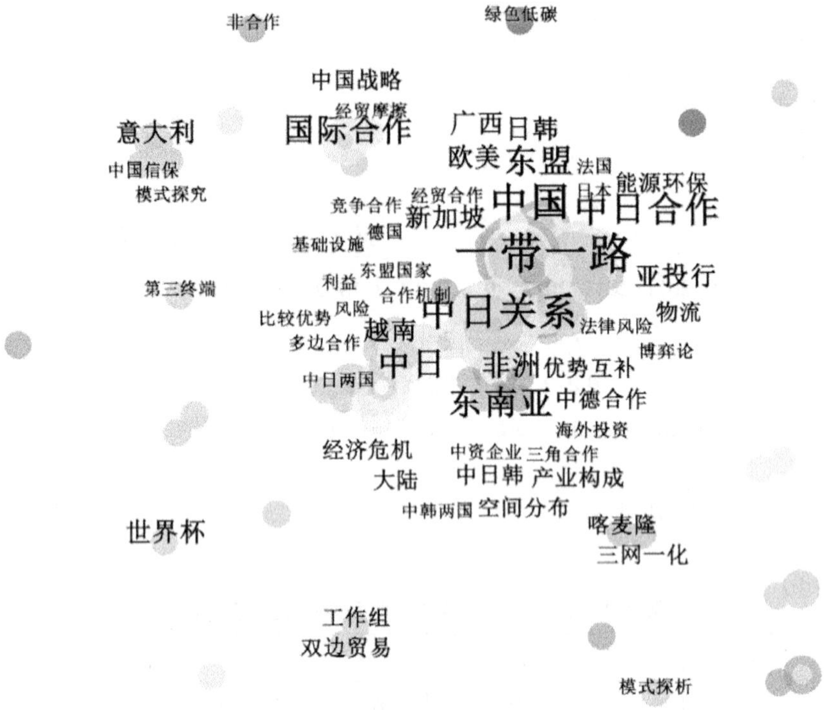

图 2.3　第三方市场合作关键词共现

资料来源：作者使用 CiteSpace 绘制。

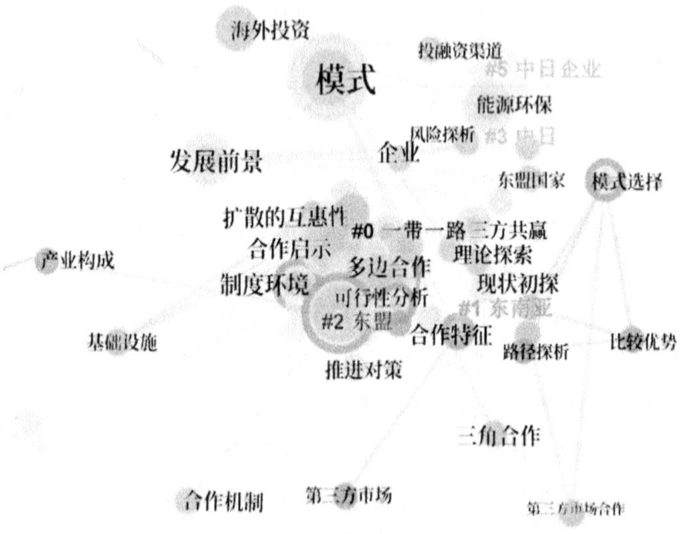

图 2.4　第三方市场合作关键词聚类共现

资料来源：作者使用 CiteSpace 绘制。

由表2.2可见，第三方市场合作的聚类关键词体现出研究内容的相互交叉性，可归纳为宏观层面、国别层面、理论层面三大热点研究领域。

表2.2 第三方市场合作关键词聚类标签数据

类别	关键词
聚类1	一带一路、第三方市场合作、法律风险、海外投资、区域经济一体化、三方共赢、优势互补、"一带一路"倡议、扩散的互惠性、理论初探、合作启示
聚类2	中日关系、基础设施、负向外溢效应、第三方市场、投融资渠道、中资企业、发展前景
聚类3	日本综合商社、中国进出口银行、中日两国、中日企业、经济危机、共同"走出去"、能源环保、风险探析
聚类4	可行性分析、制度环境、三角合作、多边合作、东盟国家、产业构成、合作特征、中韩两国
聚类5	模式选择、路径探析、第三方市场合作、合作特征

资料来源：作者根据CiteSpace绘制结果分析得出。

第一，宏观层面。对第三方市场合作的分析主要从合作意义、应对策略视角开展研究，张蕴岭（2019）[146]认为第三方市场合作有其存在价值，需要搭建区域合作机制，扩大合作领域，把第三方市场合作坐实。张颖（2020）[147]认为第三方市场合作是一种国际经济合作新模式，具有法律与机制建设先行、融资与项目合作齐头并进的特点。周密（2020）[148]认为第三方市场合作是资源协同整合后的三优选择，提出第三方市场合作如何把握市场机会、适应数字经济发展环境、合理评估疫情的应对策略。郑东超（2019）[149]基于中国开展的第三方市场合作实践，从"一带一路"倡议角度分析第三方市场合作对开放型世界经济、高质量共建"一带一路"的意义。熊李力（2022）[150]分析了第三方市场合作的特征和影响因素，提出合作主体企业间应加强沟通，通过政策支持和融资便利化，推进第三方市场合作。张春、张紫彤（2022）[151]从"发展+市场"视角梳理了中国创新三方合作的认知转变和历史阶段，从共商、共建、共享三个维度提出了第三方市场合作的制度建设方向。刘华芹（2022）[152]从市场需求、投资风险和欧亚国家政策三个维度，梳理中国与欧亚国家开展第三方市场合作的现状及问题，在法律基础、合作机制、融资渠道方面提出深化第三方市场合作的对策建议。何迪、田惠敏（2023）[153]从发展援助视角提出明确三方角色定位、统一项目对接标准等方面加强第三方市场合作的路径。

第二，国别层面。自第三方市场合作提出以来，中国先后与14个国家发表了第三方市场合作联合声明或签署了谅解备忘录，开展了一批合作项目并取得了良好的合作效果，引起了学界的关注，学者们以合作国别为研究主线，形成了一些研究成果。

作为中国在欧洲的重要经济合作伙伴，法国是第一个与中国发表第三方市场合作联合声明、建立第三方市场合作关系并付诸实践的发达国家。2015年6月，中法两国政府正式发表《中法关于第三方市场合作的联合声明》，拉开了第三方市场合作的序幕，2015—2019年，通过"一带一路"国际合作高峰论坛等平台在亚洲、非洲地区达成了20多项第三方市场合作协议，打造了许多示范项目。李慰（2016）[154]基于贸易视角使用2000—2014年联合国贸易统计SITC2分位数据，测算了中法两国世界市场占有率、显示性比较优势指数和贸易竞争力指数，认为中法两国具有较强的产业互补性，提出中法两国在第三方市场合作中应加强传统制造业合作、深化新兴产业合作、发展基础设施合作的对策建议。许华江（2019）[155]以喀麦隆克里比深水港项目为例，分析了中法第三方市场合作的机遇和挑战，并对此提出对策建议。张菲、李洪涛（2020）[156]以中法第三方市场合作实践为基础，阐释了第三方市场合作的背景和发展现状，从合作机制、制度环境、中法企业经营管理方式、融资等视角分析了中法第三方市场合作存在的问题，从体制机制建设、加强项目可行性研究、联合开发等方面提出了对策建议。王雯菲（2021）[157]基于中法两国经贸关系的发展历程，梳理了中法第三方市场合作的历史演进，分析了中法第三方市场合作的过程、现状、存在问题，并对后疫情时代中法加强第三方市场合作提出了对策建议。

日本是中国重要的邻国，两国经贸往来密切，据《日本经济蓝皮书：日本经济与中日经贸关系研究报告（2022）》显示，中国是日本最大的贸易伙伴和重要的投资伙伴。中日两国在2018年签署了《关于中日第三方市场合作备忘录》，以多种合作模式在东南亚、非洲和拉美地区开展第三方市场合作。中日第三方市场合作落地项目数量较多，合作也最为全面，因此，研究中日第三方市场合作的文献最多，在中国知网收录的136篇文章中，中日第三方市场合作文献有63篇，占比46.3%。研究内容主要集中于以下四个方面：

一是分析中日第三方市场合作基础和可行性。刘瑞、高峰（2016）[158]、崔健、刘伟岩（2018）[159]、李天国（2021）[160]、魏景赋、柏玉萱（2022）[161]

等以中日贸易关系为切入点,通过测算中日贸易竞争性与互补性指数、显示性比较优势指数,认为中日具有开展第三方市场合作的基础条件。孔小惠、韩文超(2021)[162]通过分析中日合作现状,认为两国在基础设施、金融投资、经贸领域具有合作可行性。

二是分析中日第三方市场合作领域和合作模式。徐梅(2019)[163],廖萌(2020)[164]结合具体合作案例全面分析"一带一路"框架下中日第三方市场合作涉及的领域及选取的合作模式。王厚双、张霄翔(2019)[165]结合中日在东盟开展第三方市场合作的实践,总结合作特点,从政治、经济视角阐释影响第三方市场合作的因素,提出对策建议。吴崇伯、丁梦(2020)[166]分析中日在越南开展的第三方市场合作方式与主要案例,肯定中日第三方市场合作的价值,认为两国应拓展新兴产业合作、构建和完善双边或多边合作机制,打造更多的合作示范项目。贺平、鄢宇濛(2021)[167]分析了中日在非洲地区开展的第三方市场合作的特征、模式以及政策启示。吴崇伯、罗静远(2022)[168]梳理了中日在泰国开展的第三方市场合作具体案例,认为两国合作仍存在许多问题,需要妥善处理政治关系,做好政策对接,拓宽融资渠道,减轻融资压力,建立统一标准,提高信息对称性与透明度。吴浩、叶鑫宇(2023)[169]以绿色低碳为主线梳理了中日第三方市场合作的初步成果,在碳中和目标下提出中日开展第三方市场合作的对策建议。

三是分析中日第三方市场合作面临的风险、挑战。王竞超(2019)[170],宫笠俐(2019)[171],陈志恒、孙彤彤(2020)[172],朱炎(2020)[173]等学者认为中日两国的政治关系的不稳定是中日第三方市场合作面临的最大风险。谢斌、王箫轲(2017)[174]通过测算中日两国对东盟的RTC、RCA等相关指数,认为中日两国之间在贸易上存在竞合关系,具有一定挑战。吴崇伯、胡依林(2019)[175]认为中日两国对第三方市场合作的主导权和话语权存在争议,投融资货币的选择有待商榷。郭泽华、孙培蕾(2021)[176]从中日贸易匹配程度、贸易模式、出口商品结构、医疗设备出口优势方面,描述中日贸易的现状及特征,分析中日两国开展经贸合作的机遇与挑战,并提出对策建议。谭亚茹、陈志恒(2022)[177]认为新冠疫情导致的经济供需下降、供应链及资金链断裂是中日第三方市场合作面临的风险和挑战。

四是分析中日第三方市场合作机遇和前景。多数学者从全球供应链、运输、科技创新角度基于中日第三方市场合作实践,分析认为两国合作机遇和前景广阔(尹刚,2018;王嘉珮,2018;徐梅,2020;徐国玲,2020;常思纯,2021)[178-182]。

中韩互为近邻，两国先后提出的"一带一路"倡议和"新南方政策""新北方政策"，方向相同、区域相似、目标相近，具有对接可行性。2015年，中韩签署了《关于开展第三方市场合作的谅解备忘录》，2016年1月，中国国家发展和改革委员会、商务部和韩国企划财政部、产业通商资源部召开了第三方市场合作联合工作组会议，落实推进第三方市场合作措施。中韩两国作为制造业大国和工程承包大国，在南美洲、非洲、东南亚和中东地区开展了涉及技术、装备配套和工程建设等方面的第三方市场合作项目。金旭、董向荣（2018）[183]，季晓勇、华楠（2019）[184]分析了中韩在东南亚地区的合作背景、存在困难，提出了深化第三方市场合作的思路。吴崇伯、丁梦（2020）[185]研究了中韩第三方市场合作的发展过程、合作动因、合作方式，从产业结构、营商环境、经济波动等方面分析中韩第三方市场合作面临的阻力，并提出推进路径。张黎明、王俊生（2022）[186]从历史视角梳理中韩第三方市场合作演进过程，从合作主体、合作内容、合作目的、合作观念视角阐释第三方市场合作特征，提出对策建议。谢风媛（2022）[187]基于Orbis跨境投资数据库分析中日韩企业在东南亚国家的投资现状，认为三国在东南亚地区的投资活动在产业构成和空间分布上具有高度互补性，三国具有开展第三方市场合作的潜力。

此外，还有部分学者关注了中美（吴崇伯、丁梦，2021）[188]；中意（周馥隆，2019[189]；陈慧，2022[190]）；中新（吴崇伯、叶好，2020）[191]；中德（吴崇伯、陈慧，2020）[192]；中西（丁梦，2022）[193]之间开展的第三方市场合作，分析了第三方市场合作涉及的合作领域、存在问题和可能遇到的风险。

第三，理论层面。随着对第三方市场合作研究的不断深入，一些学者从对第三方市场合作的实践研究转入理论探究，以揭示出第三方市场合作存在的必然性和合理性。李月（2010）[194]是中国知网收录的首篇第三方市场合作文章，该文基于共同"走出去"战略分析了两岸合作开发第三方市场的机遇与模式，研究企业实施"走出去"战略所需条件、两岸合作"走出去"的必要性，针对不同市场的具体模式如何进行项目选择。顾炜（2020）[195]从成本-收益关系视角，构建三方合作的理论框架，明确三方合作类型，筛选合适对象，比选合作项目，优选合作领域，突破三方合作困境。门洪华、俞钦文（2020）[196]认为第三方市场合作是中国推动国际经贸治理合作的新尝试，从理论价值、历史逻辑视角探讨第三方市场合作的内涵、模式和价值，概述了第三方市场合作的历史演进过程，总结了第三方市场合作的创新特色，提出了中国发展第三方市场合作的可行路径。庞加欣（2021）[197]在界定第三方市场合作概念基础上，从国际关系结构的系统演化、国际援助的不足以及比较优势与国际利益驱动三个视角对第三方市场合作进行理论分析,认为第三方市场合作发展前景广阔,有利于"一带一路"建设的推进和新发展格局的构建。庞加欣（2021）[198]、赵月、任昱辉（2022）[199]、熊灵、褚晓、朱子婧等（2023）[200]结合"一带一路"倡议,阐释了第三方市场合作机制的形成背景、过程及现状,从筛选合作项目、创新合作模式和全球价值链视角提出加强机制建设、激发合作潜力、应对风险的对策建议。

从研究视角来看,既有文献主要从贸易、投资、多边合作、全球价值链、融资等经济视角（王竞超,2019;毕世鸿、屈婕,2020;齐欣、唐卫红,2021;张友谊、罗仪馥,2021）[201-204]、政治视角（王义桅、崔白露,2018;卢国学,2019;刘华芹,2021）[205-207]、法律视角（陈希,2019;匡斓鸽,2020）[208-209]、文化视角（邹运、于新宇,2018）[210]、哲学视角（于红丽,2020）[211]、历史视角（张颖、陈文祺,2023）[212]、博弈视角（孙丽、张慧芳,2019）[213]、国际关系视角（韩爱勇,2020）[214]揭示第三方市场合作本质,分析合作可行性,探析合作路径。从研究结论来看,多数学者认为第三方市场合作前景广阔,未来可期,效果明显（吴浩,2019;彭冲、张子博,2021;游楠、冯483,2022）[215-217],但也有学者认为第三方市场合作效果有待检验（Global Business Bridges Initiative, 2017）[218]。

③第三方市场合作研究趋势分析

通过CiteSpace6.2软件,生成可视化显示图,在确定稳定的基础上选择Cluster View（聚类视图）,调节Threshold、FontSize、Node Size,最终得到第三方市场合作关键词时线分析图（如图2.5所示）。图中出现的文字是在整个文献共引关系中最核心的关键词。由此可以看出第三方市场合作研究内容的发展走势。由图2.5中关键词在2010—2023年时间轴上的序列分布可以看出:最初第三方市场合作的研究始于中国、东盟、欧美国家,此后关于第三方市场合作的文献少之又少,直至2018年,研究文献逐渐增长,2020年后进入一个迅速发展阶段,研究内容从具体国别案例分析转向理论机制分析;研究视角从经济视角扩展到政治、法律、博弈等多个视角;研究重点从前景、路径发展为产业构成、区域空间分布。

未来,随着第三方市场合作项目的交付和投入使用,建立完善理论分析框架和合理评价指标体系,测度第三方市场合作效果将成为一种研究趋势,研究方法也将向理论与实际相结合、规范与实证相结合、定性与定量分析相结合的方向发展。

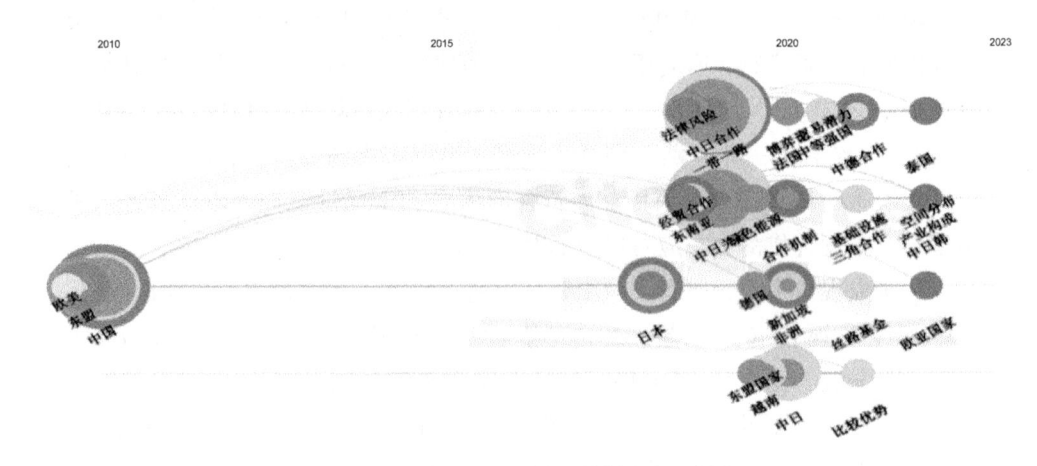

图 2.5　第三方市场合作关键词时线分析

资料来源：作者使用 CiteSpace 绘制。

(2) 国外研究现状

中国提出第三方市场合作概念时间较晚，现阶段国外关于第三方市场合作的研究主要体现在新闻报道和研究报告中。法国外交与战略研究中心教授米歇尔·兰博认为，中法第三方市场合作具有广阔发展前景，应加大合作力度。中国可以通过第三方市场合作，加大对基础设施和劳动密集型制造业的投资力度。

2018 年德国贸易投资总署（GTAI）、德国工商联合会（DIHK）和德国非洲商业协会联合发布的《中国在非洲：德国公司的前景、战略及合作潜力》报告，列举了中德各自具有的优势，分析了中国在非洲的投资现状及对德国经济的影响。德国学界和商界人士对中德第三方市场合作给予了充分肯定，德国经济非洲协会主席斯特凡·利宾认为，中德两国应以国际经济合作的方式共同开发非洲市场，获得更显著的投资成效。德国工商联合会（DIHK）副总裁沃尔克·特里尔认为，"一带一路" 倡议对德国具有重要意义，有利于促进亚洲以外地区实现现代化。

西班牙早在 2005 年就公布了《中国市场发展计划》，希望通过这一计划促进西班牙企业对中国的贸易和投资，发展更为深层次的合作关系。西班牙对与中国开展第三方市场合作具有浓厚兴趣，两国在第二届 "一带一路" 国际合作论坛上进行了深入交流，重点探讨了第三方市场合作方式。

2.3　本章小结

本章追溯第三方市场合作产生的理论基础，依次梳理第三方市场合作与比较优势理论、要素禀赋理论、区域经济理论、投资发展路径理论、国际公共产品理论、协同理论、共生理论、博弈理论的关系，结合测度第三方市场合作经济效应的三个维度，分别对贸易、投资和知识产权保护理论和实证文献的研究内容、研究方法进行挖掘、甄别、分析，并对研究第三方市场合作的国内外文献进行了可视化分析。

既有文献得出的一些基础性并富有启示性的结论，为本书研究提供了思路，打下了坚实的认知基础。第三方市场合作是一种国际经济合作新模式，存在许多有待深化的研究空间，据此本书将在以下四方面寻求突破：

（1）拓展研究视角。既有文献多从整体视角研究第三方市场合作现状、存在问题和解决对策，研究重点多为第三方市场合作的国别性研究，多集中于中日第三方市场合作，对沿线国家的关注度不足，对合作效应的评价不够，研究视角单一化、研究维度水平化。本书以沿线国家为研究范围，综合考虑贸易、投资、知识产权保护三者之间的逻辑关系，以贸易、投资和知识产权保护三个视角测度第三方市场合作经济效应，提出第三方市场合作最优区域和最优模式。

（2）完善研究内容。国内外学者对第三方市场合作研究大多集中在政策讨论和前景预期等宏观层面，未曾对其进行深入的理论和实证分析。本书结合贸易、投资、知识产权保护等多种理论，通过建立国际公共产品供求均衡模型，分析第三方市场合作的动机；通过建立决策博弈模型，探究第三方市场合作的理论逻辑、历史逻辑和现实逻辑，阐释第三方市场合作的内在逻辑、经济理性和运行机制；通过建立第三方市场合作经济效应模型，验证第三方市场合作有利于实现多方共赢；通过构建计量模型，从贸易、投资、知识产权保护维度测度第三方市场合作经济效应。

（3）丰富研究方法。既有对第三方市场合作的国内外研究文献多采用定性研究方法，缺少量化贡献边界，仅有为数不多的学者使用指数方法分析第三方市场合作问题，无法保证研究方法的多样性。本书局限于微观企业数据的难获得性，采用宏观数据建立计量模型，通过使用多期DID、PSM-DID、固定效应、混合回归等多种计量方法和计量工具Stata软件、可视化分析工具CiteSpace软件对第三方市场合作进行定量分析，丰富既有研究方法。

(4) 创新研究观点。多数学者研究认为第三方市场合作具有广阔发展前景，有利于推进"一带一路"建设，但未曾指明第三方市场合作的内在运行机制和具体的影响效应。本书梳理第三方市场合作发展现实，对比分析国别典型化经验，认为第三方市场合作的主体间存在商业逻辑、合作逻辑和时空逻辑关系，合作方通过建立宏观、中观、微观三级合作平台，搭建合作机制，通过长期和短期博弈理性选择合作区域、合作领域、合作类型，获得第三方市场合作贸易、投资、知识产权保护利益增进。

本书将以上四点作为研究方向，期望为第三方市场合作的区域选择和模式选择，以及第三方市场合作方案优化贡献智慧。

第3章 第三方市场合作特征化与典型化事实分析

本章追溯第三方市场合作模式的历史沿革，阐释第三方市场合作的必要性，从合作项目、国别、领域及主体角度描述第三方市场合作现状，在此基础上，总结第三方市场合作实践特征，比较第三方市场合作国别典型化合作经验，为后文开展理论分析和实证研究，提出政策建议，奠定事实基础。

3.1 第三方市场合作的历史沿革

第三方市场合作概念虽出现较晚，但其雏形可追溯到新航路开辟时期，与西方殖民地和海外市场拓展相伴而生（如表3.1所示）。

表3.1 第三方市场合作的历史沿革

时间	国家	合作原因	合作特征	合作形式
16世纪末 17世纪初	荷兰、英国	反对霸权威胁	利益共享和风险共担	抢占亚洲原料市场、初级产品市场
19世纪末 20世纪初	美国、英国、法国、日本、德国	拓展海外市场	理念传输、塑造政治共识	在中国开展口岸货物、铁路、能源、基础设施建设
20世纪 70年代后	日本、韩国、新加坡	拓展海外市场、规避大国竞争	政治、经济多元化的利益诉求	对外直接投资和产业转移

纵观第三方市场合作发展历程，沿着时间轴线，第三方市场合作经历了殖民时期的霸权竞逐合作、一战前的势力均等合作、石油危机后以独特雁阵模式为路径的联盟合作三个不同阶段。对比不同历史时期的第三方市场合作，发现以往的第三方市场合作不是由各国经济本身推动发展，而是通过国界、疆域的领土、资源之争，实现殖民化和市场化过程。从霸权竞逐的拓殖倾向到优势互补的战略联盟，从压缩彼此利益空间的产品合作到寻求共同利益的产能合作，西方国家开展的第三方市场合作是合作双方开拓第三方市场，并

非三方协力合作。这种合作是基于国家力量和权力基础的不平等合作,并非共商、共建、共享的平等合作。

3.2 第三方市场合作的必要性

第三方市场合作的存在是国际市场供求关系的反映。在全球范围内,现代化基础设施建设是各国经济社会发展的重要支撑,发挥稳投资、扩内需、增就业和拉动经济增长的积极作用,提高人民生活质量。据世界银行分析,用于基础设施建设的资金对全球国内生产总值和发展中国家生产总值具有双重驱动作用,资金每增长1%就能带动全球GDP增加2%,发展中国家GDP增加7%。通常经济体规模和基础设施建设需求量成正比。随着发展中国家经济发展速度不断加快,GDP增长加速,其基础设施建设需求也在不断增加。为测算全球基础设施需求量,牛津经济研究院选取了占全球总量85%的56个国家的7个行业作为研究对象,基于56个国家的GDP增长率、人口规模、人均GDP等数据测算分析得出,2016—2040年全球基础设施投资需求为94万亿美元,平均每年投资需求为3.8万亿美元。

图3.1—图3.3反映了全球各行业基础设施建设的基本情况,全球基础设施需求持续增长,建设缺口不断增大。据牛津经济研究院数据,未来十几年,中国、美国、印度、日本四国的基础设施需求量将占据全球基础设施需求量的半壁江山。

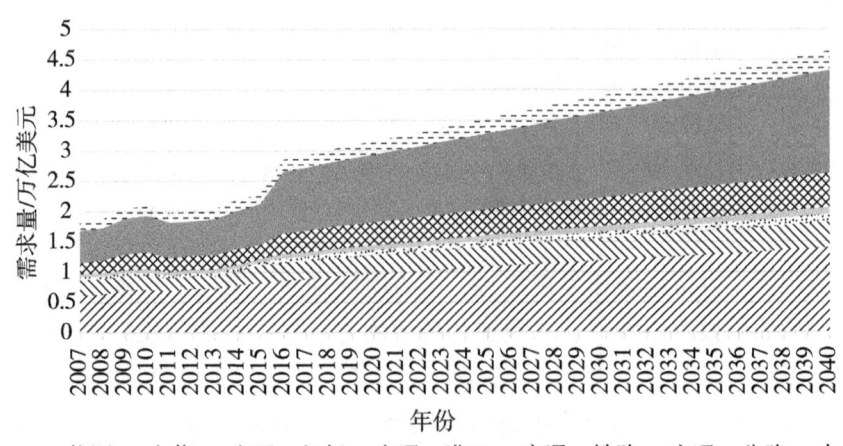

图3.1 全球各行业基础设施当前需求量及未来趋势

数据来源:Oxford Economic, *Global Infrastructure Outlook*。

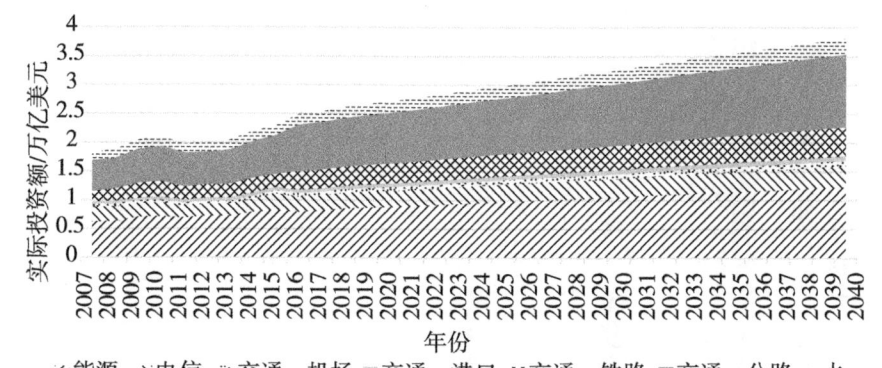

图 3.2　全球各行业基础设施实际投资额及未来趋势

数据来源：Oxford Economic，*Global Infrastructure Outlook*。

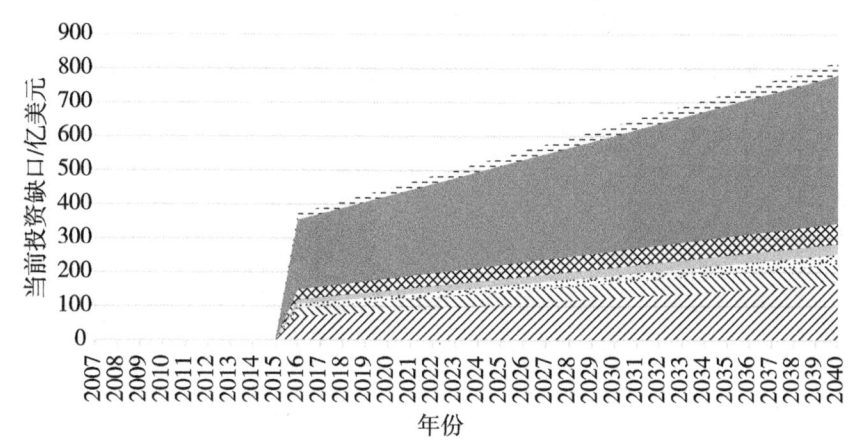

图 3.3　全球各行业基础设施当前投资缺口及未来趋势

数据来源：Oxford Economic，*Global Infrastructure Outlook*。

由图 3.4 可见，从洲际来看，未来 16 年，亚洲约占全球基础设施投资需求的 54%，成为全球最大的基础设施需求市场。图 3.5 反映了 2010—2022 年沿线国家基础设施发展需求变化趋势，整体而言，沿线国家基础设施建设需求旺盛。受新冠病毒感染疫情影响，2020 年"一带一路"基础设施发展需求指数有所下降，但随着疫情的结束，多国相继推出和落实基础设施的发展战略和政策，"一带一路"沿线国家基建需求也随之逐步恢复。洲际和沿线国家巨大的基础设施需求缺口，为第三方市场合作提供了更广阔的市场前景。

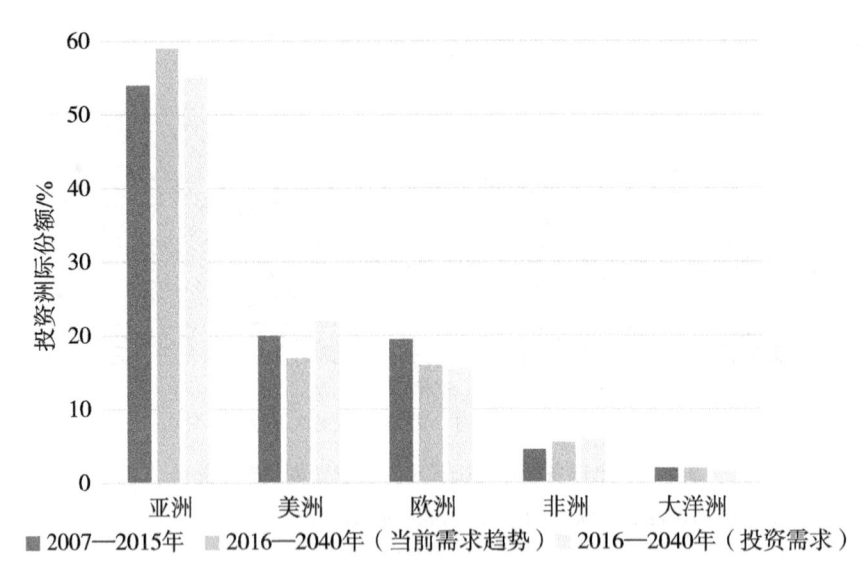

图3.4 全球基础设施投资洲际份额

数据来源：Oxford Economic，*Global Infrastructure Outlook*。

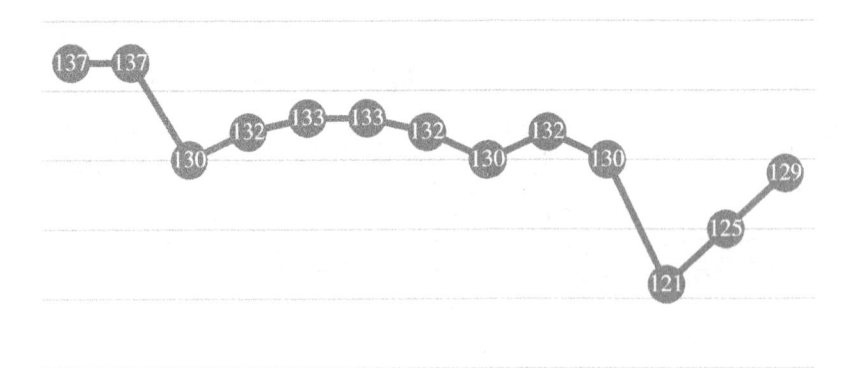

图3.5 "一带一路"沿线国家基础设施发展需求指数[①]

数据来源：中国对外承包工程商会。

[①] 发展需求指数是一国基础设施行业相对需求（在当期人均收入水平条件下，为满足消费者和生产者生产生活所需的基础设施投资需求）和绝对需求（为使一国达到最优社会服务水平的基础设施投资需求）的总和。指数越高表示一国对基础设施投资的需求和市场潜力越大。

3.3 第三方市场合作的特征化事实

本章通过对第三方市场合作项目、合作国别、合作领域以及合作主体进行分析，获得第三方市场合作的规模认知、区域认知、范围认知以及参与方类型认知，进而总结出第三方市场合作的实践特征，为后文第三方市场合作的战略对接分析与典型化国别经验分析奠定事实基础。

3.3.1 第三方市场合作发展事实描述

（1）第三方市场合作项目分析

①第三方市场合作项目数量和规模分析

自中国提出第三方市场合作以来，各国企业合作意愿不断增强，合作项目数量逐年递增，项目发展平稳有序（见表3.2）。2018年10月，第一届中日第三方市场合作论坛共签署了52项合作协议（见表3.3），总金额超过180亿美元。2018年11月，第十二届中日节能环保综合论坛召开，期间中日双方共签署涉及节能与新能源开发、污染防治、循环经济、应对气候变化、智慧城市、第三方市场等领域的24个合作项目；2019年7月，中匈"一带一路"工作组第二次会议举行推进制定优先第三方市场合作项目清单；2021年10月，中意第三方市场合作第二轮重点项目清单达成一致，涉及石油、化工、金融等领域14个项目；2022年2月，中法双方签署了第三方市场合作第四轮示范项目清单，该清单涉及基础设施建设、环保、新能源等领域7个项目，总金额超过17亿美元；2022年6月，中新互联互通项目金融领域首个第三方市场合作项目在泰国落地；2023年1月，中意第三方市场合作启动了第三轮示范项目清单筛选工作。

表3.2 第三方市场合作主要代表工程项目

国家	项目领域	项目名称	中方单位	外方单位
中国-美国	新能源	巴基斯坦德纳加风电项目	中国机械设备工程股份有限公司	美国通用电气公司
		阿联酋迪拜太阳能发电项目	上海电气集团股份有限公司	美国亮源公司
		肯尼亚凯佩托风电项目	中国机械工业集团有限公司	美国通用电气公司

续表

国家	项目领域	项目名称	中方单位	外方单位
中国-美国	能源电力	印尼中爪哇燃煤电站项目	中国通用技术控股有限责任公司	美国博莱克·威奇公司
		安哥拉索约燃机电站项目	中国机械设备工程股份有限公司	美国通用电气公司
	化工	孟加拉国烧碱项目	中国化工集团有限公司	美国国际工艺装备公司
	金融保险	巴布亚新几内亚液化天然气项目	中国进出口银行	美国埃克森美孚石油公司
中国-法国	能源电力	英国欣克利角C核电项目	中国广核集团有限公司	法国电力集团
		俄罗斯亚马尔LNG项目	中国石油天然气集团有限公司	法国道达尔公司
		非洲垃圾发电项目	上海康恒环境股份有限公司、中国投资有限责任公司	法国夸德国际公司、法国国家投资银行
	物流运输	刚果（布）国家1号公路特许经营项目	中国建筑集团有限公司	法国爱集思集团
		喀麦隆克里比深水港项目	中国港湾工程有限责任公司	法国博洛雷集团、法国达飞海运集团
		尼日利亚伊波姆深水港项目	中国电建集团	法国博洛尔运输物流集团
		海洋联盟	中国远洋海运集团	法国达飞海运集团
	信息技术	非洲电信网络项目	华为技术有限公司、中兴通讯股份有限公司	法国橘子电信公司
	金融保险	TL码头收购	招商局港口集团股份有限公司	法国达飞海运集团

续表

国家	项目领域	项目名称	中方单位	外方单位
中国-日本	基础设施	泰国东部经济走廊高铁项目	中国中信集团、华润集团、中国铁建	日本伊藤忠商事、日立、藤田集团
		越南宜山水泥厂水泥熟料二线扩建项目	中国建材工程集团	日本三菱商事株式会社
		泰国安美德智慧城市建设项目	江苏嘉睿城建设管理有限公司	日本YOKOHAMA URBAN SOLUTION ALLIANCE
		泰国KSP糖厂建设项目	广西建工集团第一安装有限公司	日本三井物产株式会社、三井制糖株式会社
	能源电力	越南海防火电站二期项目	中国东方电气集团有限公司	日本丸红株式会社
		凯蒂玛特出口液化天然气项目	中国石油天然气集团有限公司	日本三菱集团
		阿联酋阿布扎比Sweihan光伏发电项目	晶科能源控股有限公司	日本丸红株式会社
		哈萨克斯坦阿特劳炼油厂三期工程	中国石化集团工程技术分公司	日本丸红株式会社
中国-西班牙	新能源	阿联酋迪拜太阳能光热光伏混合发电项目	中国上海电气集团	西班牙阿本戈公司
		摩洛哥努奥太阳能光热发电站项目	中国电建集团	西班牙赛能公司
	电子通信	拉美13国大规模部署虚拟演进型分组核心网建设项目	华为技术有限公司	西班牙电信
	医疗	厄瓜多尔瓜亚基尔医院项目	中国电建集团	西班牙桥梁集团
	水利工程	刚果（金）英加水电站第三期工程	中国长江三峡集团	西班牙ACS集团
	石油化工	科威特阿祖尔炼油厂项目	中石化炼化工程集团股份有限公司	西班牙联合技术公司

53

续表

国家	项目领域	项目名称	中方单位	外方单位
中国-英国	基础设施	卡塔尔体育场项目	中国铁建股份有限公司	英国 AFL 公司
		乌兹别克斯坦道路项目	中国路桥工程有限责任公司	英格兰公路公司
	油气	伊拉克鲁迈拉油田项目	中国石油天然气集团公司	英国石油公司
	能源电力	孟加拉国帕亚拉3600MW 电站项目	中国机械进出口集团	英国石油公司
		黑山莫祖拉风电项目	上海电力股份有限公司	英国 Vestigo 基金公司
中国-德国	能源电力	巴西圣保罗州伊利亚电站机组改造项目	中国三峡集团	德国福伊特集团
		约旦阿塔拉特油页岩电站项目	中国能源建设集团广东火电工程有限公司	德国西门子股份有限公司
	能源电力	白俄罗斯布列斯特能源公司别列佐夫联合循环电站项目	中国机械设备工程股份有限公司	德国西门子股份有限公司
		吉航电厂项目	中国机械设备工程股份有限公司	德国西门子股份有限公司
	物流运输	莫桑比克马普托大桥及连接线项目	中国交通建设集团有限公司	德国 GAUFF 公司
		天府源·成都农产品中欧班列（蓉欧快铁）	中国铁路总公司	德国铁路公司
	基础设施	巴基斯坦德拉加齐汗水泥厂项目	昆明安特钢结构新技术有限公司	德国布雷纳钢结构有限责任公司
		土耳其天然碱及联合电站项目	中国天辰集团	德国西门子股份有限公司

续表

国家	项目领域	项目名称	中方单位	外方单位
中国-韩国	油气	厄瓜多尔太平洋炼油厂项目	中国机械工业建设集团	韩国现代建设株式会社
		科威特阿祖尔炼油厂项目	中石化炼化工程集团	韩国韩华集团
		中缅天然气管道项目	中石油集团东南亚管道有限公司	韩国浦项制铁大宇有限公司、韩国天然气公司
	金融投资	民生金融租赁旗下子公司船舶贷款项目	中国进出口银行	韩国进出口投资银行
	物流运输	秘鲁地铁二号线监理项目	中国中铁第一勘察设计院集团有限公司	韩国DOWHA工程公司
		泰国"东部经济走廊（EEC）"高铁项目	中国铁建、中信集团	韩国现代集团
中国-意大利	能源电力	埃塞俄比亚吉布三水电站	中国东方电气	意大利Salini Impregilo建筑公司
	基础设施	阿塞拜疆钢铁生产综合体项目	中工国际工程股份有限公司	意大利达涅利集团
		黎巴嫩大贝鲁特供水隧道项目	中国中铁股份有限公司	意大利CMC工程公司
中国-新加坡	基础设施	印度金奈工业园区建设项目	中国机械设备工程股份有限公司	新加坡星桥腾飞集团
		几内亚博凯铝土矿出口基地建设项目	中国宏桥集团	新加坡韦立集团
	物流运输	"一带一路"沿线的城市货仓建设项目	中国富春控股集团	新加坡叶水福集团

资料来源：作者根据国家信息中心、《第三方市场合作指南和案例》及相关官方网站整理所得。

表 3.3　第一届中日第三方市场合作论坛签约项目

涉及领域	签约项目数	日方企业类型及数量	中方企业类型及数量
金融、保险	13	银行5家、保险公司3家、金融集团5家	央企7家、国企2家、民企1家
综合投资	11	综合商社3家、株式会社4家、专门商社4家	央企3家、民企7家、行业协会1家
能源、电力	6	株式会社4家、设备公司1家、行业协会1家	央企5家、民企1家
基础设施建设	5	建筑公司3家、工程公司2家	央企2家、民企3家
医疗保健	5	株式会社4家、行业协会1家	民企4家、国有医疗机构1家
贸易	4	行业协会3家、行政机构1家	贸易协会2家、行业协会2家
汽车制造	3	地方政府1家、行业协会1家、机电公司1家	地方政府1家、行业协会1家、民企1家
咨询服务	2	株式会社2家	央企1家、民企1家
物流	1	物流会社1家	国企1家
汽车服务	1	专门公司1家	民企1家
娱乐	1	株式会社1家	民企1家

资料来源：作者根据网络资料自行整理所得。

据国家发展和改革委员会统计，截至2018年6月，第三方市场合作项目金额合计达126亿美元。据中国对外承包工程商会统计，截至2022年末，中国对外承包工程企业先后与亚洲、欧洲、美洲和大洋洲15个国家的54家企业开展了第三方市场合作，项目落地实施在亚欧美等地区的32个第三方国家或地区（见表3.4）。

据国家统计局和商务部数据，由图3.6和图3.7可知，2013—2022年中国对外承包工程累计新签合同额达23518.94亿美元，累计完成营业额15694.45亿美元，业务规模实现平稳有序发展。十年间中国企业在沿线国家对外承包工程签署的合同金额累计达11950.2亿美元，累计完成营业额8127.4亿美元，业务量庞大，其中一半以上的项目采用第三方市场合作方式。

表3.4 中国对外承包工程企业参与第三方市场合作洲别、国别及项目数量统计

洲别	合作国家	合作项目数量（未含多国合作）	占比	总占比
欧洲	葡萄牙	11个	18.3%	55%
	德国	8个	13.3%	
	西班牙	4个	6.7%	
	法国	3个	5%	
	芬兰	2个	3.3%	
	英国	2个	3.3%	
	奥地利	1个	1.7%	
	荷兰	1个	1.7%	
	意大利	1个	1.7%	
美洲	美国	16个	26.7%	26.7%
大洋洲	澳大利亚	3个	5%	6.7%
	新西兰	1个	1.7%	
亚洲	日本	3个	5%	11.7%
	韩国	3个	5%	
	新加坡	1个	1.7%	

资料来源：中国对外工程承包商会。

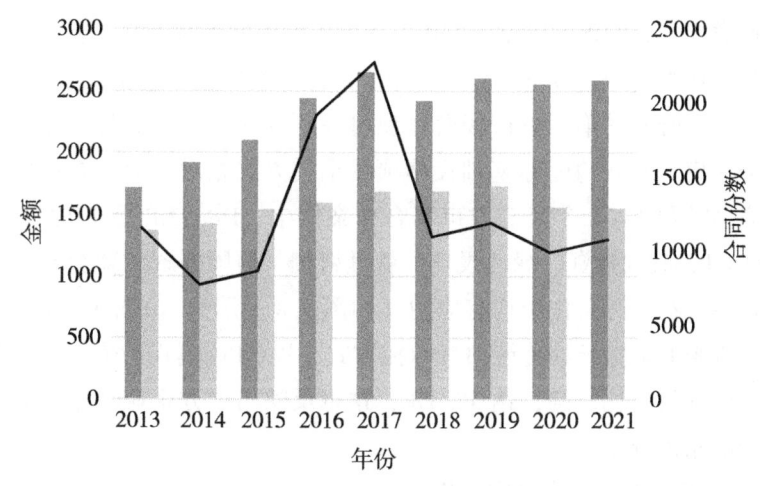

图3.6 中国对外承包工程业务走势

数据来源：国家统计局。

[图表：中国在沿线国家对外承包工程业务走势，横轴为年份2013—2022，纵轴单位为亿美元，深色柱为对外承包工程合同金额/亿美元，浅色柱为对外承包工程完成营业额/亿美元]

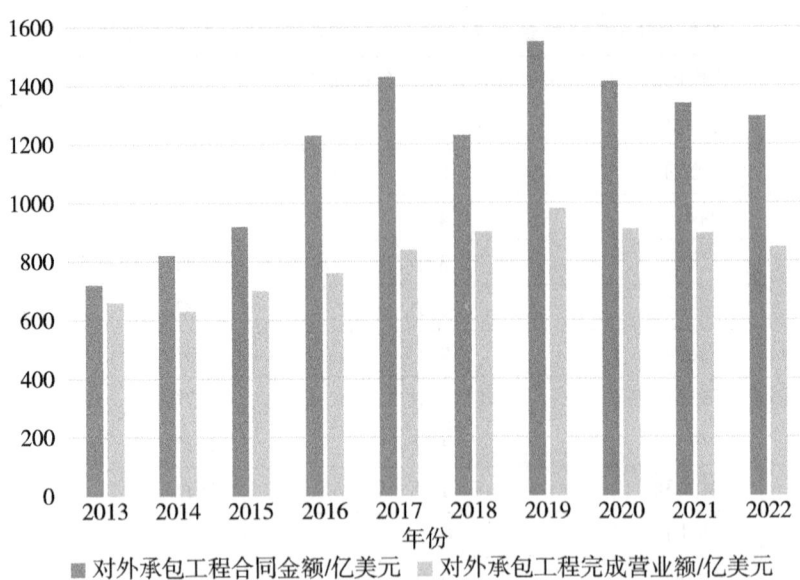

图3.7 中国在沿线国家对外承包工程业务走势

数据来源：中华人民共和国商务部。

②项目类别和承揽方式分析

国家发展和改革委员会发布的《第三方市场合作指南和案例》将第三方市场合作分为产品服务类、工程合作类、投资合作类、产融结合类、战略合作类五种类型。其中涉及的21个第三方市场合作案例项目中，产品服务类5个，工程合作类6个，投资合作类4个，产融结合类3个，战略合作类3个。从实践来看，既有的第三方市场合作项目并不仅限于上述五种类型，以第三方市场合作模式开展的国际基础设施项目承揽方式相对灵活。在中国对外承包工程商会搜集的64个第三方市场合作案例中，DB、EPC、EPC+F、PPP、BOT、BOOT、股权投资、绿地投资、管理咨询、跨国投资专业分包、并购重组等多种模式在实际合作中均有应用（如图3.8所示）。由图3.8可见，EPC模式是中方企业最擅长的传统项目承揽方式，以EPC模式为依托开展的第三方市场合作项目占比最高，达45.3%，这也反映出中方企业在第三方市场合作项目中的角色分工。

（2）第三方市场合作国别分析

①合作国分析

据《第三方市场合作指南和案例》统计，截至2023年2月，已与中国发表第三方市场合作联合声明或签署谅解备忘录的国家有14个（见表1.1），包括9个欧洲国家，即法国、英国、西班牙、葡萄牙、比利时、意大利、瑞士、奥地利、荷兰；3个亚洲国家，即日本、韩国、新加坡；1个美洲国家，即加拿大；1个大洋洲国家，即澳大利亚。

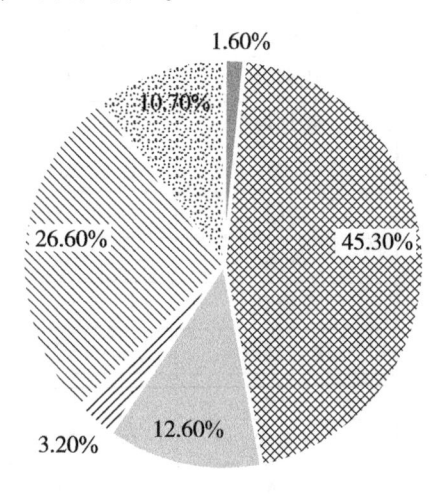

■ DB　※ EPC　▒ EPC+F　∥ PPP　＼ 跨国投资　⋮ 专业分包（设计、施工）

图3.8　中外企业第三方市场合作项目承揽方式

数据来源：中国对外承包工程商会。

从地域分布来看，欧洲国家是中国开展第三方市场合作的主要伙伴，亚洲国家数量位居第二。从经济发展程度来看，根据世界银行的划分标准，14个国家全部为发达国家。从产业结构来看，根据《中国现代化报告2018：产业结构现代化研究》测算统计，由表3.5可见，第三方市场合作伙伴国中产业结构发达国家有14个，占比70%；产业结构中等发达国家有4个，占比20%；产业结构初等发达国家有2个，占比10%。中国属于产业结构初等发达国家，各国产业结构的差异有利于合作参与方优势互补，是第三方市场合作的基础。

根据《第三方市场合作指南和案例》和国家信息中心统计，截至2023年2月，除了上述已经与中国签署第三方市场合作声明或谅解备忘录的14个国家外，还有六个国家与中国在相关领域开展了第三方市场合作项目，但未与中国发表第三方市场合作联合声明或签署谅解备忘录，它们是美国、德国、爱沙尼亚、马来西亚、卡塔尔、沙特阿拉伯。因为第三方市场合作允许不同发展水平的国家和各种所有制类型的企业参与，在市场经济运行模式下，须减少恶性竞争，规范市场竞争秩序，所以不以谅解备忘录为合作标志是第三方市场合作的发展趋势。

表 3.5　第三方市场合作伙伴国产业结构现代化指数及排名

类别	国家	指数	排名
产业结构发达国家	美国	108	3
	瑞士	105	4
	比利时	104	6
	新加坡	103	7
	荷兰	102	8
	德国	100	10
	英国	100	11
	奥地利	98	12
	澳大利亚	97	13
	法国	96	15
	加拿大	96	16
	日本	93	17
	意大利	82	19
	西班牙	80	21
产业结构中等发达国家	韩国	79	24
	葡萄牙	67	28
	爱沙尼亚	67	29
	沙特阿拉伯	66	30
产业结构初等发达国家	马来西亚	47	46
	卡塔尔	35	60

注：产业结构发达国家的产业现代化指数大于80，中等发达国家的产业现代化指数大于50小于80，初等发达国家的产业现代化指数小于50大于30。

数据来源：《中国现代化报告2018：产业结构现代化研究》。

②东道国分析

根据《第三方市场合作指南和案例》和国家信息中心统计，截至2023年2月，第三方市场合作的东道国即项目落地实施所在国多为沿线国家，凸显了"北-南-南"的合作模式，共有34个，即黎巴嫩、秘鲁、约旦、印度尼西亚、莫桑比克、厄瓜多尔、埃塞俄比亚、沙特阿拉伯、孟加拉国、卡塔尔、阿塞拜疆、巴基斯坦、俄罗斯、越南、科威特、阿根廷、哥斯达黎加、墨西哥、巴拿马、巴西、哥伦比亚、哈萨克斯坦、摩洛哥、萨尔瓦多、泰国、危地马拉、喀麦隆、尼加拉瓜、肯尼亚、刚果（金）、加纳、巴布亚新几内亚、伊拉克、几内亚。

从地域分布来看，如图3.9所示，第三方市场合作东道国中东南亚国家有4个，中亚国家有2个，中东国家有7个，非洲国家有8个，拉丁美洲国家有11个，欧洲国家1个，大洋洲国家1个。

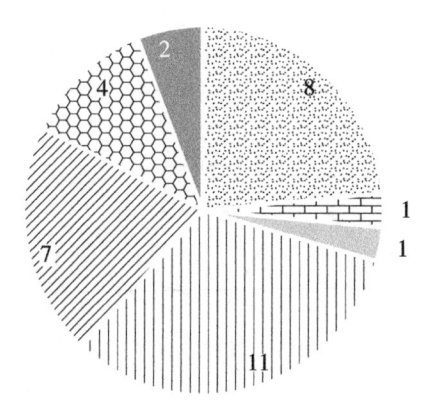

图3.9　第三方市场合作东道国地域分布

数据来源：国家信息中心、《第三方市场合作指南和案例》。

从经济发展程度和产业结构来看，第三方市场合作的东道国全部是发展中国家，产业结构现代化程度较低（如图3.10所示）。由图3.11可见，非洲、中东和拉美地区的经济增长低于世界平均水平，经济增长缺乏长期的、

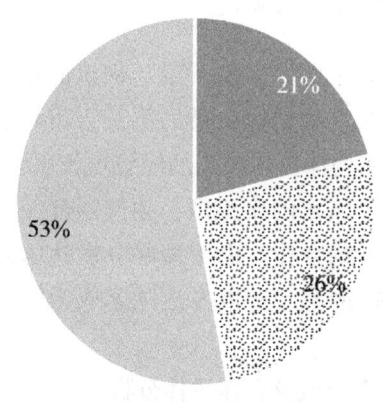

图3.10　第三方市场合作东道国产业结构分布

数据来源：《中国现代化报告2018：产业结构现代化研究》。

稳定的动力。这些地区对发达国家的先进技术、管理经验和中国的优质产能有着强烈的需求，通过第三方市场合作，可以加大基础设施建设力度，带动相关产业发展，实现经济增长。现实中，中国和发达国家在这些地区开展的第三方市场合作项目涉及基础设施、能源、通信等多个领域，包括发电站、炼油厂和通信网络建设项目，这为经济增长提供了基础性保障。

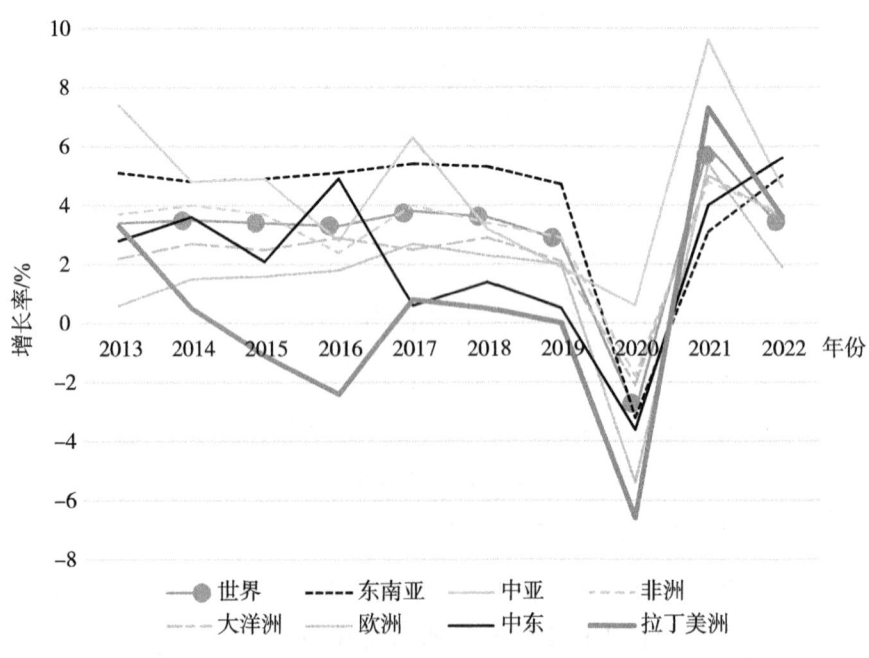

图 3.11 2013—2022 年各区域实际 GDP 增长率

数据来源：国际货币基金组织数据库。

中亚地区和东南亚地区是"一带一路"倡议的重要节点，中日开展的第三方市场合作大多集中在亚洲地区，借助第三方市场合作，亚洲地区国家间实现了互联互通，近年来均保持了较高的经济增长水平。

欧洲和大洋洲是发达国家的聚集区，他们制度完善，其中一些国家作为合作国积极参与第三方市场合作。由于大部分发达国家对中方资本的进入有着严格的审查程序和管控措施，所以发达国家成为第三方市场合作的实际需求者数量非常有限。

（3）第三方市场合作领域及合作主体分析

梳理既有第三方市场项目发现，基础设施建设是第三方市场合作的首要领域，占比 33%。能源领域位居第二，占比 30%。医疗、通信、环保等新兴领域的项目相对较少，占比均在 10% 以下（如图 3.12 所示）。从基础设施建设领域分析，在中国已经发表的第三方市场合作联合声明或签署的谅解备忘录中，明确提及基础设施领域合作的共有 5 份，即法国、韩国、新加坡、澳大利亚、英国。据中国对外工程承包商会提供的案例资料统计，中方企业在电力工程、交通运输、建筑、水利建设等多个基础设施领域（如图 3.13 所示）同发达国家企业开展了第三方市场合作。其中，电力工程领域开展的合作项目数量最多，达 38 个，占基础设施领域项目总数的 59%，这些合作项目多以产品服务类、工程合作类及战略合作类合作模式开展；交通运输领域合作项目有 14 个，占比 22%，项目规模大、参与主体多、合作层次高是该相关项目运作的主要特点，多以产品服务、工程合作、产融结合模式开展。

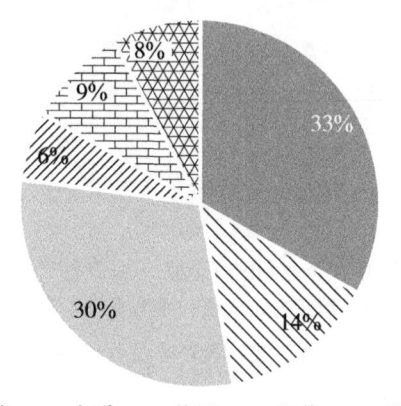

图 3.12 第三方市场合作项目涉及领域

数据来源：国家信息中心、国家发展和改革委员会官网、中国对外工程承包商会。

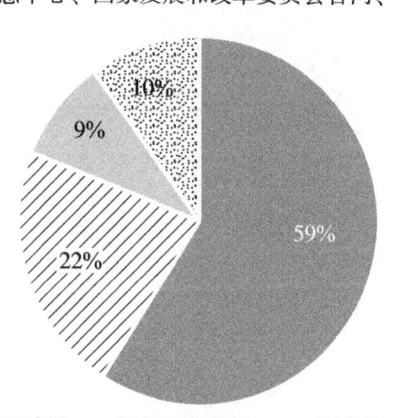

图 3.13 第三方市场合作项目基础设施领域细分

数据来源：国家信息中心、国家发展和改革委员会官网、中国对外工程承包商会。

据美国传统基金会统计，2021年上半年，中国对沿线国家的投资项目中，所有企业的平均投资规模接近7亿美元，央企的平均投资规模约为10亿美元，地方国有企业平均投资规模约为6亿美元，民营企业平均投资规模约为5亿美元。由于第三方市场合作项目投资额大、投资周期长，从投资主体来看，参与第三方市场合作的中方企业多为央企和国企，占比90%，是第三方市场合作的主力军，民营企业占比明显不足（如图3.14所示）。

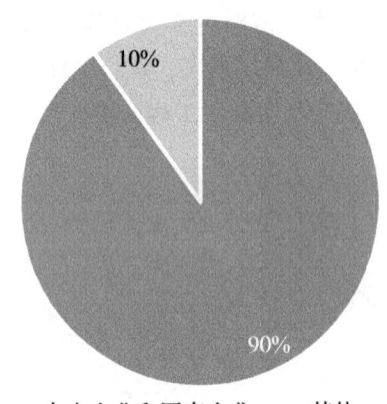

图3.14　第三方市场合作中方企业类别分布

数据来源：国家信息中心、国家发展和改革委员会官网、中国对外工程承包商会。

由图3.15可见，与中国对外承包工程企业开展第三方市场合作的外方企业类型多样，包括设计咨询、设备制造、工程建筑、金融服务等多种企业类

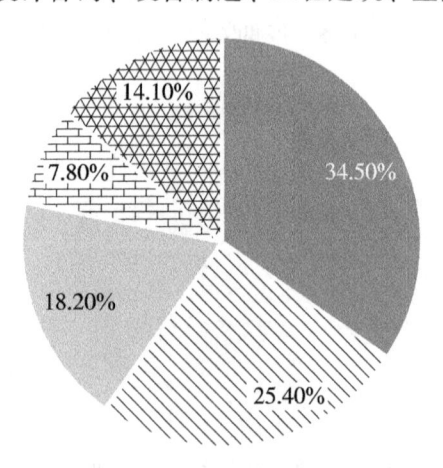

图3.15　第三方市场合作外方企业类别分布

数据来源：国家信息中心、国家发展和改革委员会官网。

第3章 第三方市场合作特征化与典型化事实分析

别,其中,设计咨询类企业占比最高,达 34.50%;设备制造类企业次之,占比 25.40%。基于设计咨询及相关衍生服务开展的第三方市场合作,能为第三方市场国家高质量、可持续发展提供更多的解决方案,是现阶段中外企业合作的主要形式。由表 3.6 可见,亚洲、欧洲、美洲、大洋洲国家的众多知名企业积极参与第三方市场合作。从合作角度来看,外方企业普遍具有先进技术、雄厚资本和丰富国际市场发展经验,在设计规划、认证许可、商务沟通、跨国管理、跨文化交流等方面比较优势显著,与中方企业互补性强。

表 3.6 参与第三方市场合作主要外方企业明细

欧洲企业			
德国	德国福伊特集团公司	奥地利	ILF 公司
	德国拉米尔公司	荷兰	荷兰特纳集团公司
	德国微泰有限公司	英国	英国环球煤炭资源公司
	德国西门子股份公司		英国莫特麦克唐纳咨询公司
	德国福乐伟股份有限公司	意大利	意大利达涅利集团
	德国曼集团		意大利萨利尼工程建设公司
葡萄牙	葡萄牙电力新能源公司	法国	法国达飞集团
	葡萄牙电力公司		CGG 公司
	葡萄牙基础设施工程股份公司		法国赛德姆公司
	葡萄牙电力巴西公司		FUGRO 公司
	CENOR 公司		RAIL CONCEPT 公司
西班牙	西班牙阿本哥公司		SETEC 公司
	考波拉公司		法国赛思达公司
	西班牙普罗迪尔公司		法国波洛莱环非物流公司
	TEC-4 公司		法国阿尔斯通公司
	Ardanuy 公司		爱集思集团
	SENER 公司	芬兰	芬兰瓦锡兰有限公司
	布恩德斯集团		
美洲企业			
美国	美国通用电气公司	美国	路易斯博杰公司
	国际金融公司		AECOM

65

续表

大洋洲企业				
澳大利亚	澳大利亚澳昱冠集团	新西兰	Downer New Zealand Limited Company	
^	澳大利亚雪山国际工程有限公司	^	^	

亚洲企业		
日本	三菱电机株式会社	韩国晓星集团
^	日立制作所	韩国东明技术公团
^	伊藤忠株式会社	韩国平和工程咨询有限公司
^	日本协力银行	韩国现代工程建设公司
^	日本八千代产业株式会社	新加坡盛裕集团
^	日本长大（Chodai）株式会社	^

资料来源：中国对外工程承包商会。

3.3.2 第三方市场合作实践特征总结

第三方市场合作实践特征如图 3.16 所示。

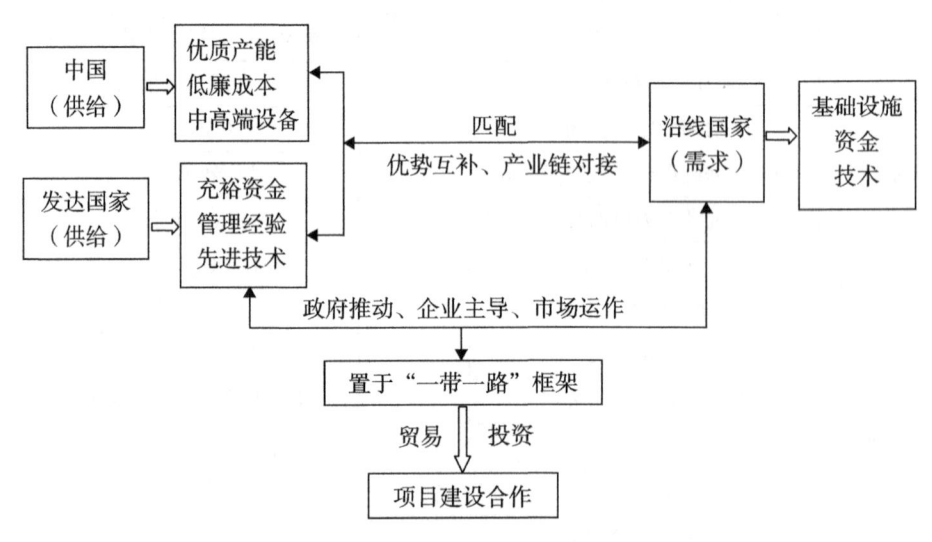

图 3.16 第三方市场合作

资料来源：作者基于对第三方市场合作的实践特征分析自行绘制。

（1）以项目为依托，带动沿线国家经济发展

第三方市场合作以具体合作项目为导向，以基础设施为优先领域，允许经济发展水平存在差异的国家发挥各自的比较优势，在沿线国家，通过贸易、

投资开展基础设施等领域的国际经济合作项目建设。

项目数量和规模的扩大化，增大了沿线国家基础设施建设的供应量，有助于满足市场需求，加速资金流动，增加企业和行业收入，更多地吸引外商投资。项目类别和承揽方式的多样化，分散了合作风险，平衡了经济结构，促进了经济多元化，提高了经济韧性和活力，激发了产品、服务技术创新，创造了就业机会，推动了沿线国家经济发展。

（2）合作国间贸易投资关系持续发展，第三方市场合作基础扎实

第三方市场合作源于市场经济逻辑，贸易和投资的本质特征决定了稳定的经贸关系是开展第三方市场合作的重要基础。由图3.17、图3.18可见，中国与开展第三方市场合作的伙伴国间均保持着紧密的经贸联系和稳定的双边关系。从贸易角度来看，澳大利亚、韩国、日本、新加坡与中国间的贸易额在该国对外贸易额中占比较高。西班牙、法国、意大利、荷兰与中国的贸易额在欧洲国家中也处于较高水平。从投资角度来看，2021年年末中国对外直接投资存量前15位的国家或地区中，有7个国家已经与中国开展了第三方市场合作，占比接近50%。

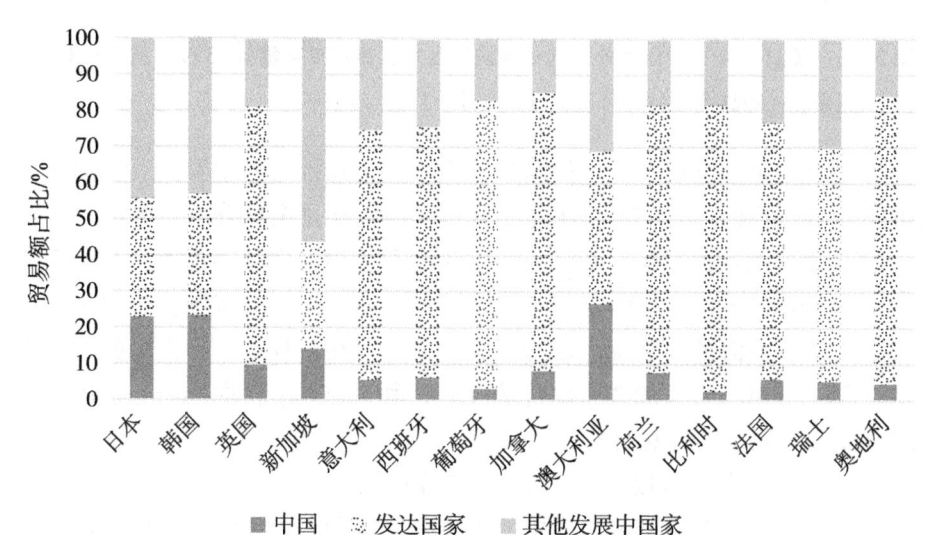

图3.17　2021年第三方市场合作国贸易数据分布

数据来源：联合国贸发组织数据库。

（3）比较优势协调互补，第三方市场合作领域及模式多样

各经济体具有的比较优势为国家及地区间通过贸易和投资寻求互利关系奠定了基础。中国的比较优势是优质产能和低成本控制，发达国家的比较优

势是先进技术、资金支持、全球销售市场渠道、跨国投资及海外项目建设等全球商业运营经验。参与第三方市场合作的经济体在市场运作下，将全球价值链上不同位置国家或地区的资源整合、优势互补，实现合作领域及模式的多样化。

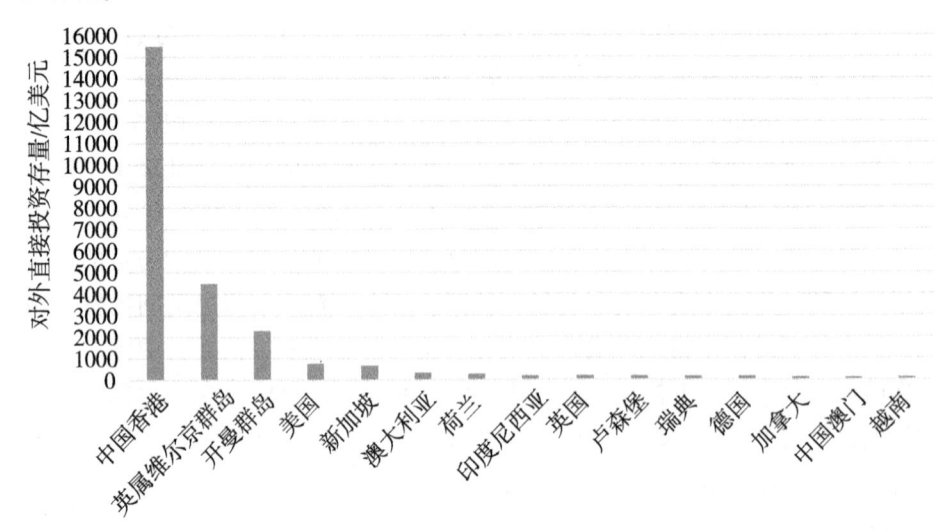

图3.18　2021年年末中国对外（包括港澳地区）直接投资存量前15位的国家和地区

数据来源：2021年中国对外直接投资统计公报。

市场性是第三方市场合作的基本性质。从市场推力角度看，发达国家高昂的要素成本促使其与中国企业开展合作，高效配置全球资源，缓解"规模不经济"带来的负面影响；从市场拉力角度看，中国在核心技术水平、产业链和价值链地位上与发达国家仍有差距，需要通过第三方市场合作优化产业布局、扩大企业海外知名度、提升国际竞争力。在市场拉力和推力的相互作用下，第三方市场合作的各方间优势互补、利益协调、协同共振，采用多边合作形式开展第三方市场合作。

(4) 产业链紧密对接，第三方市场合作区域集中

发达经济体大多具有高度集中的资本、技术和人力资源等优质生产要素禀赋，其凭借以知识密集型和技术密集型为主的产业结构，处在了全球价值链顶端位置。中国的产业结构以劳动密集型和资源密集型为主，处于全球价值链的中低端位置。第三方市场合作通过合作方价值链、供应链和产业链对接，满足第三方国家或地区发展需求。各国产业结构的差异是开展第三方市场合作的基础。据《中国现代化报告2018：产业结构现代化研究》统计，中国开展第三方市场合作的伙伴国，既有产业结构发达国家，也有产业结构中

等发达国家，还有产业结构初等发达国家；第三方市场合作东道国集中在"一带一路"沿线，产业结构中等、初等、欠发达国家均有。从《2019年国务院政府工作报告》到国家发展和改革委员会发布的《第三方市场合作指南和案例》都明确将第三方市场合作置于共建"一带一路"的框架下。因此，沿线国家是第三方市场合作的地缘依托，第三方市场合作是"一带一路"建设中国际经济合作的重要延伸。

(5) 政府推动，企业主导，第三方市场合作机制完善

第三方市场合作是各国政府合力推动企业开展的跨国贸易与投资活动。政府是第三方市场合作的协调者、推动者和监督者，企业是第三方市场合作的主体。中国政府为参与第三方市场合作的企业提供政策协调、资金支持及贸易投资准入谈判等服务，推动第三方市场合作与各国发展战略对接，同时组建第三方市场合作工作组，搭建合作论坛，筹建合作基金，落实项目清单，优化合作机制，保证第三方市场合作的顺利进行。

3.4　第三方市场合作的战略对接

反思第三方市场合作的实践进程发现，国家对生产要素资源的运用能力、共同利益的扩大以及各国战略对接程度是第三方市场合作深化的驱动力。各国战略对接的实质是国家间共同利益的契合，当各国都具备长远战略规划能力时，发展战略规划能否有效对接是合作可持续发展的关键。第三方市场合作通过政策协调，实现了中国与其他国家发展战略的对接（如图3.19所示），中外多国政府也相继出台配套政策，为第三方市场合作发展营造良好的政策环境。全球化时代的第三方市场合作在规划对接、市场对接和企业对接中，不断拓展合作广度和深度，提高合作质量。

第三方市场合作的高质量发展，强调的是对第三方国家而言的高质量。在第三方市场合作中，中外各方坚持第三方国家需求导向，因时、因地制宜和本土化经营，根据第三方国家资源禀赋和经济社会发展特征合理规划项目，切实推动第三方国家产业发展、基础设施水平提升和民生改善，在人才培养、设备采购、经营管理等方面突出当地元素，发挥基础设施建设辐射和拉动效能，实现第三方市场合作惠及中外各方、造福当地民众。为此，中外各方需做好顶层设计，加强战略沟通，统一各方利益和诉求，积极培育和挖掘第三方国家发展潜能，为第三方国家高水平参与经济全球化建设创造条件，并将联合国2030年可持续发展目标融入项目建设中来，贯彻落实绿色低碳发展理

念，对接国际规则和标准，保障项目建设品质（如表3.7所示）。以中美开展第三方市场合作为例，上海某公司与美国某公司合作，全程对标国际化设计标准，采用工程合作模式共同建设迪拜太阳能发电项目，使之成为迄今为止世界上投资规模最大、装机容量最大、熔盐罐储热量最大的"光热+光伏"混合发电项目和中国"一带一路"建设的国家重点工程项目、中东市场的标志性项目，实现了经济效益、社会效益和生态效益的共赢。项目建成后，利用储能设备可实现全天候不间断发电，每年能够为迪拜超过27万家住户提供清洁电力，实现减排160万吨二氧化碳、11万吨二氧化硫、2900万吨可吸入颗粒物及5万吨氮氧化物。项目建设运营直接创造就业岗位约4000个，间接创造就业岗位超过10000个①，不仅推进第三方市场国家绿色低碳发展，促进当地就业和经济社会发展，实现发展理念向高质量迈进，合作目标从追求规模、速度向关注效果、社会福利高水平转变，而且拓展了中美两国合作领域，向环保、航空航天、数字经济、通信、新能源、风电、绿色基础设施方面拓展升级，激发合作潜能，增强合作效能。

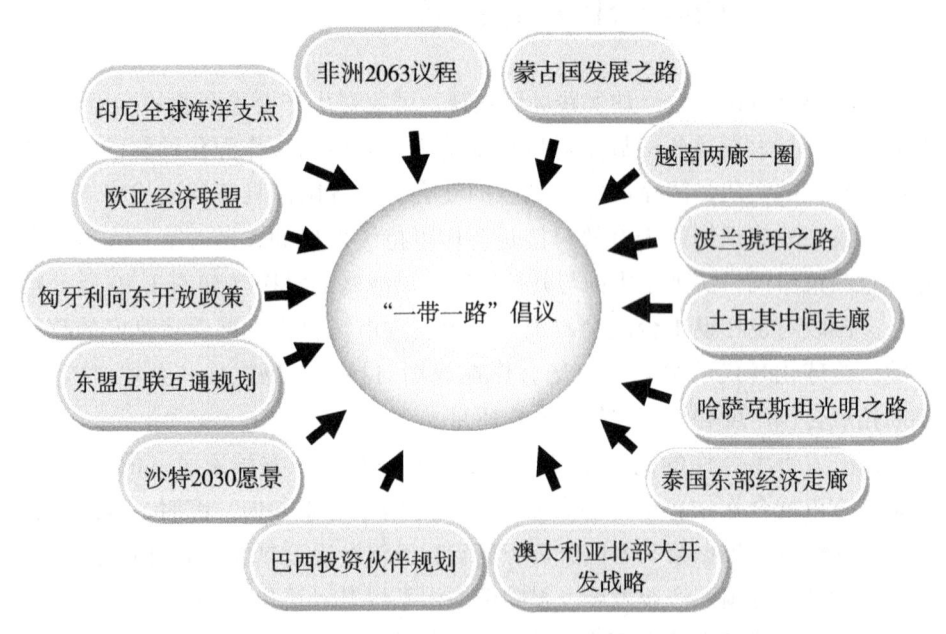

图3.19 "一带一路"倡议与其他国家发展规划对接情况

资料来源：作者根据中国"一带一路"网新闻自行整理。

---

① 为保护企业商业信息，本书选用的所有案例都将企业名称隐去。

表 3.7 各国推进第三方市场合作相关会议

国别	会议时间	会议名称	会议主要内容
中国-匈牙利	2019年7月15日	中匈"一带一路"工作组第二次会议	制定第三方市场合作优先合作项目清单
中国-奥地利	2019年9月9日	中奥第三方市场合作工作组第一次会议	中奥两国企业和金融机构就第三方市场合作达成合作共识
	2020年8月5日	中奥第三方市场合作视频会议	就中奥第三方市场合作、中奥政府间贷款合作进行深入沟通
中国-法国	2018年8月2日	中法第三方市场合作电话会	国家发展和改革委员会外资司与法国财政署深入交流具体合作事宜
	2019年5月23日	中法第三方市场合作圆桌会议	国家发展和改革委员会外资司与法国开发署驻华代表处举行会谈，就塞内加尔污水处理厂项目及加强第三方市场合作进行了深入交流
	2019年11月6日	中法经济峰会——第三方市场合作专题研讨	中法两国有关企业、金融机构代表就开展第三方市场合作进行了经验分享与交流
	2021年2月5日	第三方市场合作视频工作会议	法国开发署北京代表处介绍与国家开发银行在第三方市场开展联合融资合作等情况，并研究确定了2021年第三方市场合作重点工作和时间进度安排
中国-英国	2019年6月17日	第十次中英财金对话	推动首个中英第三方市场合作示范项目落地实施
	2019年8月22日	中英第三方市场合作会谈	国家发展和改革委员会外资司和英国驻华使馆贸易处就推进中英第三方市场合作和未来合作安排等事宜进行深入交流
	2019年12月5日	中英第三方市场合作圆桌会（肯尼亚专场）	调研第三方市场合作示范性项目，对接具体项目

续表

国别	会议时间	会议名称	会议主要内容
中国-新加坡	2020年7月27日	中国国家发展和改革委员会与新加坡贸工部部长级视频会议	确认首批中新第三方市场合作重点项目清单
中国-日本	2020年12月20日	第十四届中日节能环保综合论坛	就深化节能环保产业合作，共建示范项目，开拓第三方市场进行深入交流
中国-日本	2021年12月26日	第十五届中日节能环保综合论坛	就加强绿色技术创新合作，支持开展重大合作示范项目建设，共同开拓第三方市场项目达成共识
中国-韩国	2020年10月17日	第16次中韩经济部长会议	深化第三方市场、服务业、新兴产业领域合作，就第三方市场合作重点项目清单达成原则共识
中国-韩国	2022年8月27日	第17次中韩经济部长会议	就深化第三方市场、产业链供应链及新兴产业、服务业等领域合作进行深入交流
中国-意大利	2020年9月28日	中意第三方市场合作第二次工作组会议	回顾第一次工作组会议以来第三方市场合作取得的进展，就重要项目最新情况和下一步工作计划进行深入沟通
中国-意大利	2020年10月29日	中意第三方市场合作第三次工作组会议	双方回顾了前期取得的进展，就有关项目情况和下一步工作计划进行深入沟通
中国-意大利	2020年12月4日	中意第三方市场合作第四次工作组会议	双方回顾了前期取得的进展，就有关项目情况和下一步工作计划进行深入沟通
中国-意大利	2021年5月10日	中意第三方市场合作第五次工作组会议	

续表

国别	会议时间	会议名称	会议主要内容
中国–意大利	2021年10月26日	中意第三方市场合作第六次工作组会议	就第二轮中意第三方市场合作重点项目清单达成原则共识,涉及石油、化工、金融等领域的重点项目,对下一步工作等议题深入交换意见
	2023年1月12日	中意第三方市场合作第七次工作组会议	就启动中意第三方市场合作第三轮示范项目清单筛选工作等达成共识
中国–瑞士	2020年1月21日	中瑞"一带一路"能力建设论坛暨第三方市场合作圆桌会	就在瑞士成立"一带一路"能力建设中心、开展第三方市场合作的下一步工作等深入交换意见
	2022年3月29日	中国–瑞士第三方市场合作研讨会	分享第三方市场合作清洁能源项目风险防控的案例和经验
	2022年4月27日	中国–瑞士第三方市场合作工作组首次会议	就第三方市场合作机制建立以来取得的进展、未来在项目和融资中的合作机会、下一步安排等进行深入交流
中国	2019年4月11日	中资企业第三方市场合作座谈会	各参会代表介绍了本公司开展第三方市场合作的进展情况,并提出有关建议
中国	2019年4月30日	第三方市场合作专题座谈会	外资司和部分金融机构代表介绍了第三方市场合作的进展情况,并提出有关建议
多国	2019年4月11日	跨国企业第三方市场合作座谈会	各参会代表介绍了本公司与中资企业开展第三方市场合作的进展情况,并提出有关建议

资料来源:作者根据国家发展和改革委员会官网自行整理。

3.5 第三方市场合作国别典型化事实与经验分析

第三方市场合作自2015年提出以来，已经在多个国家和地区开展了合作项目，取得了一些积极成果，积累了一定的经验。这其中既有已经和中国发表第三方市场合作联合声明或签署谅解备忘录的国家，也有未和中国发表或签署第三方市场合作相关文件，但实际已经开展第三方市场合作的国家。本部分将从合作特征和现实经验两个维度对第三方市场合作国别典型化事实进行对比分析，这种国别经验比较有利于提高对第三方市场合作的认知水平，帮助有意愿参与第三方市场合作的国家或地区做出合理而有效的合作决策，为其他国家或地区开展第三方市场合作提供经验借鉴。

3.5.1 中法第三方市场合作特征与经验分析

中法是第一个达成第三方市场合作共识并付诸实践的国家，对中国与其他国家开展第三方市场合作起到了示范效应。

中法第三方市场合作呈现以下主要特征：第一，法律与机制建设先行。中法两国作为第三方市场合作的先行者，由于理论和实践上都没有可以借鉴和参考的样板，所以中法两国特别注重法律和机制建设先行，通过发表《中法关于第三方市场合作的联合声明》，明确合作方向，确定合作框架；通过签署《关于设立中法第三方市场合作指导委员会的谅解备忘录》，建立了定期对话机制，保证合作顺利进行。第二，合作类型多样化、合作领域多元化、合作区域集中化。中法第三方市场合作集中在非洲地区，在能源电力、物流运输、金融保险、信息技术等多个领域开展了五种全类型的第三方市场合作。其中，投资合作类项目数量最多，集中于能源电力领域，产品服务类数量位居第二，集中于物流运输领域。

中法之所以成为首个践行第三方市场合作的国家，得益于以下两个方面：第一，两国间长期稳定的贸易、投资关系，以及具有国际战略合作的传统，奠定了第三方市场合作基础。第二，两国间建立了政府、企业和民间多层面、稳定的沟通协调机制。政府层面，中法元首会晤机制日臻成熟，建立元首热线协议，不断通过战略对话加强战略互信；企业层面，中法企业通过商务论坛、贸易展览等活动，分享合作信息，交流合作经验；民间层面，广泛的人文对话为中法第三方市场合作搭建了交流平台。

3.5.2 中日第三方市场合作特征与经验分析

日本是中国重要的邻国，中日两国于2018年签署第三方市场合作谅解备忘录，日本成为继法国之后较早参与第三方市场合作的发达国家之一。据国家信息中心数据，中日两国开展的第三方市场合作最翔实、项目落地实施数量最多。

中日第三方市场合作呈现以下主要特征：第一，融资与项目合作齐头并进。资金和技术是开展第三方市场合作的关键生产要素。据亚洲开发银行数据，2016—2030年亚洲地区基础设施的投资缺口为26万亿美元，即平均每年约为1.7万亿美元，而亚洲开发银行等金融机构每年只能提供2.5%的资金，资金严重不足。为此，中国工商银行、国家开发银行、中国进出口银行、太平洋保险、三井住友集团和瑞穗金融集团等中日金融机构签署合作协议，采用产品服务类、投资合作类和产融结合类合作模式，为第三方市场合作提供融资、保险等服务（如表3.8所示）。第二，商会、行业协会及智库联合协作，作用凸显。中国国际贸易促进委员会、日本贸易振兴机构、中日两国商会、行业协会以及智库，为中日第三方市场合作提供信息发布、商务洽谈、市场分析、项目对接、投资风险评估、业务拓展策略咨询等各项服务，降低了合作信息的搜寻成本。第三，发挥地缘经济和地缘政治的相互作用。以东盟为重点合作区域，将泰国打造成中日两国第三方市场合作的示范地。

表3.8　参与中日第三方市场合作的金融机构

类别	金融机构
中国	中国银行、中国工商银行、国家开发银行、中国太平洋保险、中国进出口银行、中国出口信用保险公司、中国投资有限责任公司、中信集团、中国再保险集团股份有限公司
日本	大和证券集团、三井住友集团、瑞穗金融集团、三菱日联金融集团、株式会社国际协力银行、株式会社日本贸易保险、SOMPO控股公司、京都大学创新投资株式会社
国际组织	丝路基金、亚洲开发银行、金砖国家新开发银行、亚洲基础设施投资银行

资料来源：作者根据互联网资料自行整理所得。

中日第三方市场合作之所以最成熟、最全面，得益于以下两个方面：第

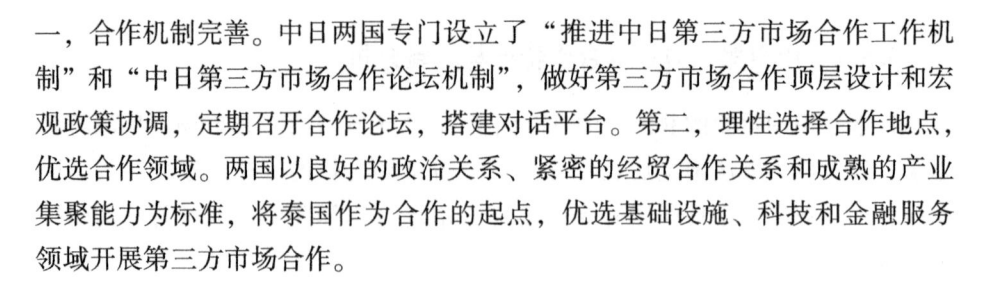

一，合作机制完善。中日两国专门设立了"推进中日第三方市场合作工作机制"和"中日第三方市场合作论坛机制"，做好第三方市场合作顶层设计和宏观政策协调，定期召开合作论坛，搭建对话平台。第二，理性选择合作地点，优选合作领域。两国以良好的政治关系、紧密的经贸合作关系和成熟的产业集聚能力为标准，将泰国作为合作的起点，优选基础设施、科技和金融服务领域开展第三方市场合作。

3.5.3　中美第三方市场合作特征与经验分析

美国是全球最发达的国家，在资本、技术要素禀赋方面具有显著优势，产业结构多以知识和技术密集型为主，工业领域多位于全球价值链顶端。中国是全球最大的发展中国家，拥有联合国产业分类中的所有工业门类，具备完整的工业体系。作为全球最大的两个经济体，两国的经贸关系深刻影响着全球经济秩序和国际关系格局。

中美第三方市场合作呈现以下主要特征：第一，全球经济结构调整带来的国际关系格局的改变，以及中美两国竞争与合作关系并存，都给第三方市场合作带来不确定性和不稳定性。第二，合作领域、合作类型单一，合作区域广泛。中美第三方市场合作遍及南亚、东南亚、中东和非洲等多个发展中国家和新兴经济体，主要集中在能源开发、电力设备、基础设施等国民经济基础产业上，多为工程合作类项目。

中美第三方市场合作得益于以下两个方面：第一，中美全球价值链、产业链紧密对接，不断优化和改善双方在全球价值链和产业链中的分工协作关系，扩大双方贸易和投资规模；第二，中美企业不断完善第三方市场合作机制和平台搭建，充分利用"二轨外交"进行沟通对话，实现了资本、技术和人力资源在国家间的自由流动，有利于有效配置全球资源，共同开发和利用市场资源。

3.5.4　中意第三方市场合作特征与经验分析

意大利位于地中海中部，具有联通欧洲和非洲的天然位置优势，是"七国集团"中第一个正式响应"一带一路"倡议的西方发达国家，也是中欧贸易的理想通道。

中意第三方市场合作呈现以下主要特征：第一，合作区域最为广泛，遍及北非、中南欧、东欧以及亚洲等多个区域。第二，受意企实力、规模限制，两国合作项目数量偏少，合作进程缓慢。意大利中小企业数量在全部企业中占比高达95.3%，90%的国内制造业企业由自然人直接控制。企业规模较小、融资能力不强、抗风险能力较差、现代化管理经验不足等特点限制了中意第三方市场合作的开展。

中意开展第三方市场合作得益于以下两个方面：第一，中意经贸关系坚实，可促进彼此构建更深层次的合作关系。据联合国商品贸易统计数据，1992—2021年中意双边贸易额增长了25.8倍。据商务部数据，截至2021年末，中国对意大利投资存量为34.13亿美元。第二，加强战略对接。中意两国政府通力协作，坚持做好"一带一路"倡议与意大利"北方港口建设"和"投资意大利计划"的对接工作，增加合作机会。

3.5.5　中新第三方市场合作特征与经验分析

新加坡毗邻马六甲海峡，地理位置优越。作为东盟中最发达的国家，新加坡对"一带一路"和第三方市场合作持积极态度。中新第三方市场合作发挥了新加坡在产业结构、地区关系、地理位置、项目管理、市场开放度上的独特优势，丰富了第三方市场合作的模式。

中新第三方市场合作呈现以下主要特征：第一，合作领域广泛，合作区域集中。新加坡是东盟的创始国之一，中新第三方市场合作项目多在东盟国家落地实施，合作领域涉及工业园区、物流合作、能源运输、工程建设、金融等多个领域。第二，创新合作模式。中国、新加坡和几内亚组成了"三国四方"的联合体——"赢联盟"，通过引进外资、优化产业链，实现紧密合作，体现了第三方市场合作开放包容的合作精神。

中新第三方市场合作得益于以下两个方面：第一，中新两国政府间有着完善且固定的合作机制，包括副总理层级的中新双边合作联合委员会、部长级别的中新投资促进委员会，中新商务政策磋商、劳务合作工作组、服务贸易合作促进工作组等。第二，中新两国优势互补，产业关联性较强。中新两国有着涉及电子产品、机械设备、化学制品、石油和石化产品等多个行业的贸易往来，新加坡市场开放度高，具有大型项目治理理念、智能化管理经验及先进技术，以及高质量解决国际合作争议服务能力，而中国具有基建产能和资金优势，双方优势结合为第三方市场合作项目实施奠定了坚实基础。

3.5.6　中国和中东国家第三方市场合作特征与经验分析

中东地区是欧亚大陆和非洲的连接地带，也是中国国际工程承包的主要市场。据国家统计局数据，中国在中东地区的对外承包工程完成营业额总额从2013年的190.3亿美元增加至2021年的248亿美元。沙特、阿联酋、科威特、卡塔尔等中东国家都是发展中国家，它们虽未与中国发表第三方市场合作联合声明或签署谅解备忘录，但已与中国在中东、东南亚和南亚等地区开展了第三方市场合作。

中国和中东国家的第三方市场合作呈现以下主要特征：第一，实践先行，合作平台搭建和机制建设滞后。中国和中东国家具有市场合作基础、政治基础，在未发表第三方市场合作联合声明或签署谅解备忘录的情况下开展合作，未搭建合作平台、未形成合作机制。第二，合作领域和合作模式集中。中国和中东国家第三方市场合作以绿色能源和可再生能源领域为主，开展工程合作类、投资合作类和战略合作类项目。第三，合作企业均为具有良好合作基础的国有大型企业和王室家族投资公司，其资金雄厚、技术先进、抵御风险能力较强。

中国和中东国家的第三方市场合作主要得益于以下两个方面：第一，部分中东国家资金雄厚。据国家信息中心数据，已与中国开展第三方市场合作的中东国家多为拥有巨额主权财富基金的海合会国家，他们能为第三方市场合作提供充裕的资金支持。第二，中国和中东国家早已通过建立各种伙伴关系达成政治共识。截至2023年8月底，中国已与土耳其构建了战略合作关系，与以色列构建了创新全面伙伴关系，与阿尔及利亚、埃及、沙特、伊朗和阿联酋构建了全面战略伙伴关系，与苏丹、伊拉克、摩洛哥、卡塔尔、约旦、吉布提、科威特和阿曼构建了战略伙伴关系，上述伙伴关系的建立有利于双方达成合作共识，实现高质量、高水平的国际经济合作，寻求共同利益。

由表3.9可见，在第三方市场合作实践中，大多数国家都与中国发表了第三方市场合作联合声明或签署了谅解备忘录等文件，搭建了第三方市场合作机制框架，推动了相关配套政策落地实施。中国和中东部分国家虽已开展了第三方市场合作，但由于缺乏第三方市场合作联合声明或谅解备忘录等文件的约束和支撑，未及时建立第三方市场合作相关机制。未来，随着时间的推移和第三方市场合作成果的显现，会有更多的国家参与到第三方市场合作中，中国政府应以第三方市场合作联合声明或谅解备忘录的规则为基础，保证第三方市场合作的稳定性和可持续性。

第3章 第三方市场合作特征化与典型化事实分析

表3.9 第三方市场合作国别典型化事实比较

分类	已发表第三方市场合作联合声明或签署谅解备忘录的国家			未发表第三方市场合作联合声明或签署谅解备忘录的国家					
					中国和中东国家			
国别	中国-法国	中国-日本	中国-新加坡	中国-意大利	中国-美国	中国-沙特	中国-阿联酋	中国-科威特	中国-卡塔尔
合作区域	非洲	非洲、东盟	东盟	北非、中南欧、东欧、亚洲	南亚、东南亚、中东、非洲	中东	东南亚	南亚	南亚
合作领域	能源电力、金融流运输、保险、信息技术等	交通、能源、医疗、金融等	工业园区、物流合作、能源运输、工程建设、金融	基础设施、能源化工、金融	能源开发、电力设备、基础设施等国民经济基础产业	绿色能源	清洁能源	可再生能源	能源
项目类别	产品服务类、工程合作类、产融结合类、投资合作类、战略合作类	产品服务类、工程合作类、投资合作类、产融结合类	产品服务类、工程合作类、产融结合类、投资合作类、战略合作类	产品服务类、工程合作类、产融结合类	工程合作类为主	工程合作类、投资合作类	工程合作类、战略合作类	工程合作类	投资合作类
合作机制	已形成第三方市场合作指导委员会、合作论坛、合作研讨会等合作机制				尚未形成促进第三方市场合作的专门合作平台和合作机制				

资料来源：作者根据国家信息中心、商务部、国家发展和改革委员会官网资料自行整理。

3.6 本章小结

本章从历史角度梳理了第三方市场合作的历史沿革，立足第三方市场合作发展事实，通过国家发展和改革委员会、国家信息中心、商务部、中国对外工程承包商会等机构公开发布的信息和报告，搜集第三方市场合作数据，分析第三方市场合作特征化事实，总结第三方市场合作实践特征，对比第三方市场合作国别典型化经验，获得以下结论：

（1）从贸易发展史来看，经历了从西方殖民时期国土、疆域的资源之争和领土之争，到现代市场与政府相辅相成，共同对经济发展发挥作用的演进过程，为第三方市场合作模式奠定了历史基础。第三方市场合作是各国政府在国际分工与全球市场形成和发展的外部环境下，结合自身经济发展水平和利益诉求，不断调整合作模式、完善合作内容、优化合作机制，实现第三方市场合作运作市场化、项目优质化。

（2）第三方市场合作是以基础设施建设项目为主要依托的国际经济合作模式。通过分析2016—2040年全球各行业基础设施当前需求量、实际投资额、当前投资缺口、投资洲际份额，未来发展趋势以及沿线国家基础设施发展需求指数，得出当前基础设施建设需求量和投资缺口较大的结论。这是第三方市场合作的现实基础，为第三方市场合作提供了广阔的市场机会。

（3）第三方市场合作实现了各国战略对接，形成了以项目为依托，具有扎实合作基础、合作区域集中、合作模式多样、合作领域广泛、合作机制完善的实践特征。

（4）中国已经与14个国家在亚非等多个国家和地区开展了第三方市场合作项目，取得了一些积极成果，积累了一定的经验。中法、中日、中美、中意、中新，中国和沙特阿拉伯、卡塔尔、阿联酋、科威特等中东国家的第三方市场合作在合作区域、合作领域、项目类别和合作机制上各具发展特色；在法律机制建设、融资渠道提供、发挥商会、行业协会、智库及其他贸易、投资促进机构重要作用等方面，积累了丰富的实践经验，为他国开展第三方市场合作提供了经验借鉴和示范作用。

第4章 第三方市场合作运行机制与理论模型构建

随着一批批第三方市场合作项目落地实施、交付使用，第三方市场合作已成为中国和发达国家推进"一带一路"建设的重要方式，是各国综合考虑政治、经济、文化、规则成本和各项收益后做出的理性决策。为了对第三方市场合作进行深入的学理认知，首先，本章立足第三方市场合作特征化发展事实，在对第三方市场合作内涵认知的基础上，从国内、国外两个视角分析第三方市场合作内外部动力和约束。其次，以国际经济合作业务模式运行机制为内在要求，结合地缘经济、地缘政治与市场运行相互作用的特点，基于成本—收益分析方法，分析第三方市场主体的长短期博弈过程，进而阐释第三方市场合作的内在逻辑和经济理性。最后，建构第三方市场合作决策模型和经济效应模型，为后文实证分析奠定理论基础。

4.1 第三方市场合作的内涵认知

基于对第三方市场合作的事实判断，从合作共赢、平等发展、投资意愿、衔接供需和契约精神等方面，探究第三方市场合作的丰富内涵，揭示其内在逻辑，阐释其经济理性。

第一，合作共赢理念是第三方市场合作的起点。其源于"一带一路"倡议的核心思想，贯穿第三方市场合作全过程。第三方市场合作摒弃了冷战思维和霸权思维，通过合理、合法竞争，维护正常的市场秩序，在合作博弈中获得各方利益的最大化；通过政策沟通、设施联通、贸易畅通、资金融通、民心相通，打通合作通道，疏通合作困境和障碍，实现高质量、高水平的国际经济合作目标。中国秉持合作共赢理念，不附带任何政治条件，积极引导、鼓励企业参与第三方市场合作，在遵循贸易投资规则下，通过贸易投资项目带动多领域合作，实现经济增长、产业结构优化以及资源优化配置，实现国家间、企业间目标和利益的多重共赢。第三方市场合作既存在于发达国家间，又存在于发展中国家间，也存在于发达国家与发展中国家间。第三方市场合作丰富了全球公共产品，使参与方的贸易投资融入全球价值链，获得贸易投资利益最大化。

第二，平等发展是第三方市场合作的宗旨。平等是通过第三方市场合作的契约对等实现的，体现了契约的公开、公平和公正。这种对等既体现在物质利益上，也蕴涵在合作方之间对文化理念、合作身份与地位、价值取向、包容能力等的相互理解和尊重中。通常多边合作涉及的行为主体关系更加复杂，谋求共同利益、实现共同目标有一定难度。合作参与方对市场规则、文化差异、贸易投资利益点的认知度不同，导致各方利益诉求的差异化。为此，第三方市场合作坚持求同存异，在各方平等的基础上，体现合作博弈思想，维护合作参与方各自的发展权利，调试制度差异、消除合作障碍和壁垒，确保各国在第三方市场合作中参与贸易投资活动的权利平等、机会平等、规则平等，使第三方市场合作成为实现平等发展的桥梁（薛丽，2021）[219]。

第三，投资意愿是第三方市场合作的动力。投资意愿有主动和非主动之分。主动投资意愿源于市场驱动，是企业以自身利益最大化为目标对市场供需关系的反应，是企业行动力、执行力的来源。非主动投资意愿源于政府鼓励和推动，是企业以国家利益和社会利益为先而选择的投资行为。第三方市场合作兼顾两种投资意愿，发挥二者的叠加效应，使其成为第三方市场合作的动力源泉，推动第三方市场合作走实、走稳、走远。国际政治经济格局的调整和变革影响了全球对外直接投资的发展和各国的投资意愿。第三方市场合作促进各利益主体间的关系由竞争转向合作，激发投资活力，降低投资成本，共担投资风险，实现互利共赢。事实证明，随着"一带一路"合作领域的不断拓展和第三方市场合作的深入推进，越来越多的国家主动参与第三方市场合作。

第四，衔接供需是第三方市场合作的关键。第三方市场合作能够促进内外部供求关系转化、关系共振，形成有效的国际、国内市场双循环效果，使得具有技术差距、经济发展不平衡以及经济发展水平不一的国家实现要素流动和要素最佳配置，这体现了第三方市场合作的开放性、包容性和扩展性。第三方市场合作的关键在于各方供需有效衔接、市场有序对接、产业无缝连接。有效衔接各方供需，才能在合作中避免零和博弈与恶性竞争；有序对接市场，才能实现要素资源的跨境流动和优化配置；无缝连接各方产业，才能在合作中形成科学合理的产业分工格局，推动全球产业链高、中、低端有机融合，实现全产业链合作。中国具有完整工业产业体系，中下游行业能与欠发达国家对接，上游行业能向发达国家延伸，具有衔接枢纽的位置优势。

第五，契约精神是第三方市场合作的保证。契约精神是指商品经济社会中由契约关系所派生出的内在原则，是一种自由、平等、守信、救济的精神。国际政治舞台风云变幻，但恪守契约精神永不改变。从法律角度观察，一个完备的契约可以有效解决合作中的问题，彼此之间构建的契约关系既是理性的自由抉择，更是对利益的精确考量。合作者秉承契约精神，采用契约方式管理和约束彼此间的经济行为，确保了合作关系的稳定。与传统企业间业务合作不同，第三方市场合作通过政府协同改善市场竞争模式，搭建合作平台，发挥政府的战略部署、国际协调和组织动员功能，更凸显了承诺、守信、履约的重要意义。

4.2 第三方市场合作的内生性动力与内部约束

任何一种合作的形成与发展都是多元化因素耦合作用的结果。利益预期、主体能力、主体间关系以及国内外局势的发展变化，都有可能成为合作形成与发展的推动力。就国际层面而言，国际体系结构的变化会对政府间合作产生影响；就国家层面而言，政府决策的成本—收益分析结果，关乎第三方市场合作能否开展。任何一种合作都是成本和收益的权衡，没有无收益的成本，也没有无成本的收益。在外部环境形势的约束下，第三方市场主体在预期利益与供给成本间权衡，从而做出理性选择。

4.2.1 第三方市场合作的内生性动力

在经济全球化和区域经济一体化背景下，各经济体在国家利益驱动下从竞争转向竞合。获得预期收益是各经济体参与第三方市场合作的根本动力。按照利益存在的不同领域，第三方市场合作的预期收益分为政治收益、经济收益、文化收益、规则收益。

（1）政治收益。政治收益是指一国政府在开展第三方市场合作后所得到的利益或回报。第三方市场合作是政府推动下的国际经济合作，开展合作会产生如下政治收益：第一，提升国家政策影响力。第三方市场合作离不开各国政府的政策支持，通过开展合作，有助于实现政策协调，与其他国家建立更紧密的合作关系。第二，扩大地缘政治影响力。通过合作，可以提高一国政府的地区影响力，加强政府在区域内经贸活动的参与度和影响力，塑造良好的国际形象。第三，稳定国内社会秩序。通过合作输出本国优质产能和先进技术，为企业提供"走出去"的机会，促进本国经济发展，有利于维护国

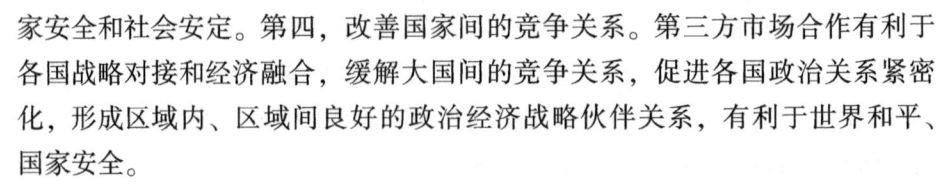

家安全和社会安定。第四，改善国家间的竞争关系。第三方市场合作有利于各国战略对接和经济融合，缓解大国间的竞争关系，促进各国政治关系紧密化，形成区域内、区域间良好的政治经济战略伙伴关系，有利于世界和平、国家安全。

(2) 经济收益。经济收益主要包括贸易投资机会增加、规模扩大和条件改善，以及实现经济增长、拓宽国际生产内容、改善市场竞争环境、解决劳动就业等。第一，第三方市场合作传递各国供需诉求，共享信息和资源，减少了企业信息搜寻成本和生产成本，提高了生产效率，增加了贸易投资机会。第二，政府间的政策协调，保持了政策的连贯性和稳定性，削减了贸易环节的制度性成本，畅通了资源的国际流动，优化了贸易投资条件，为投资者实现经营便利化、保证投资安全提供了保障。第三，将合作地点设在第三方国家，可以避免恶性竞争，改善市场竞争环境。第四，第三方市场合作扩大了市场规模，项目建设创造了大量劳动岗位，解决了当地居民的就业问题。第五，合作中产生的技术溢出效应，加快了产品和技术创新的速度，实现了先进技术的转移和扩散。

(3) 文化收益。文化是国家间建立政治、经济、社会关系的基础。第三方市场合作中的文化收益是指参与主体通过分享和传播彼此的文化价值观、传统和习俗，促进文化共生与融合，形成多元文化并存的局面。这种文化交融会带来思维方式的转变。第三方市场合作坚持求同存异思维，寻求发展共性和发展个性互相转化的机会，在合作过程中，各国注重发展中互补和互补中发展，通过产业联合、资源有效配置和优势集聚，分散合作风险，获得多种发展连带效应，实现融合发展和共同繁荣。

(4) 规则收益。国际经贸规则是国家或地区行为主体间进行贸易投资活动时应当遵守的规章制度和行为准则。规则收益既包括经济体为对接国际规则进行自身改革而获得的利益，也包括合作参与方在国际贸易投资合作机制建立和变革中所获得的主导权和制定权。第三方市场合作的项目建设涉及法律法规、劳工规则、环境规则、贸易投资规则、技术标准、融资标准等多种规则的使用，为保证合作顺利进行，各参与主体调整本国现有规则和标准，实现与国际规则和标准对接，获得贸易、投资、知识产权保护利益增进。作为一种新型国际经济合作模式，建立符合第三方市场合作项目要求的贸易、投资、知识产权保护规则和标准是必要的。因此，合作参与主体是新规则、新标准制定的先行者和推动者，通过规则制定获得规则红利，通过规则约束获得风险化解，从而实现合作利益最大化。

4.2.2 第三方市场合作的内部约束

责任共担、成本分摊是第三方市场合作的重要特点。不同合作模式、不同合作领域的成本具有差异性，成本分摊并不意味着合作方按相同比例均等分担。对应第三方市场合作所产生的收益，从以下四个方面阐释第三方市场合作成本。

（1）政治成本。参与第三方市场合作是各国基于政治、经济、文化等多种因素综合考量的结果，政治成本是指各国为促成第三方市场合作，突破国内外政治壁垒而付出的成本或代价。政府是第三方市场合作中的协调者、参与者和推动者，第三方市场合作的推进离不开政府对资源的合理调配。从国内来看，为促成合作，政府需要调整国内相关政策，调动国内资源，协调国内对合作决策的不一致意见。从国际来看，合作伙伴国之间或曾有过"宗主国和殖民地"的关系，或发生过战争冲突、领土争端和贸易纠纷，或存在政治制度对立和矛盾，这些都会增加合作风险，因此，各国需要调整战略发展目标和利益诉求，改善彼此之间的关系，付出政策成本和治理成本。

（2）经济成本。经济成本是指一国或地区为建设和经营第三方市场项目，付出的全部要素资源所产生的经济代价。第三方市场合作以基础设施建设为主要领域，项目建设需要大量资金支持，用于购买项目建设所需的原材料和机器设备，以及支付设备折旧费用和维护费用等。此外，中外企业需要根据项目建设要求，进行新产品的研发和技术改良，付出研发成本；需要建立统一的管理机制，对项目建设人员和技术人员进行培训和管理，付出管理成本和人力成本。面对国家或地区之间资源、环境等方面的差异，需要付出协调成本。

（3）文化成本。文化成本通常是指不同国家或地区在合作中由于语言、价值观、信仰、习俗等文化差异所带来的障碍和成本。一般而言，文化差异会导致出现沟通不畅、谈判困难、误解等问题，影响合作进程和合作质量。第三方市场合作参与主体多元化，既有新兴经济体，也有发达国家和沿线发展中国家，各国之间的经济利益不平等、权力关系不平衡，民族特性、政治结构各异，容易引发文化冲突。因此，参与第三方市场合作的国家或地区往往需要投入时间和精力去了解对方的文化习俗和风土人情，寻找文化共性，协调文化差异性，实现各文化间的和谐共融。

（4）规则成本。规则成本是指合作参与方因遵守、执行合作规则和标准，约束自身行为而付出的代价。第三方市场合作过程也是各国或地区协调贸易协定、投资协定、知识产权保护、劳工和环境标准等经济规则和标准的过程。

中国、沿线国家和发达国家是合作三方，在经济发展水平、技术水平和标准、知识产权保护程度等方面存在差异，为此，各参与主体需在接受和遵守合作规则的前提下，调整本国经贸规则，修改产品、技术、服务和融资标准，制定和执行项目建设流程，以确保合作过程合规。

4.3 第三方市场合作的外源性动力

4.3.1 经济全球化和区域经济一体化

经济全球化和区域经济一体化是全球经济的发展趋势。全球化和一体化不应是一元的、单一模式的普遍化，而应该是主权经济体间相互融合，形成多元化并存、多个经济体和谐共生的局面。全球化和一体化的推进，深化了国际分工，提高了生产专业化程度，改变了国家或地区间关系，是第三方市场合作的必要条件。

经济全球化和区域经济一体化是市场经济优化配置资源的过程，既反映了市场经济的内在要求，又是市场经济发展的结果。资本的逐利性决定了资本的活动范围遍布全球，哪里有需求，就满足哪里，哪个区域有利益，就投向哪里，这种以需求和利益为导向的市场经济模式决定了各国企业走出国门进入国际市场，进行跨国生产和经营，将世界各国经济连接为一个有机整体。

第三方市场合作的实质是通过市场配置全球资源，实现企业国际经济合作，市场在第三方市场合作中发挥着重要作用。经济全球化和区域经济一体化通过横向思维，将全球产业链、价值链向不同方向延伸，深化国际分工；通过纵向思维，将贸易、投资区域前伸后延，增强各国经济的相互依存度；通过网络思维，寻找影响项目合作的各种因素，提高企业对合作机会的认知和把握。

4.3.2 全球价值链的结构性变化

全球价值链的结构性变化是第三方市场合作形成的重要原因。全球价值链本质是经济体间联结的无边界价值网络。《全球价值链发展报告（2019）》指出，全球价值链的发展改变了各经济体的互联模式，一方面，发展中国家的中产阶级群体壮大，既增加了国内需求，提高了市场消费份额，又加速了发展中国家和发达国家之间的贸易结构趋近化。另一方面，基础设施和全球价值链、贸易、投资之间的关系愈发紧密。互联网经济时代的到来，扩大了以数字化物联为基础的贸易、投资活动规模，提高了其在全球价值链中的占比。《全球价值链发展报告（2021）》的主题是"超越制造"，即发挥全球价值链对数字技术创新的驱动作用、对服务中的引导作用、对就业的拉动作用，更好地促进微型、小型、中型企业参与贸易、投资活动，获得数字经济收益。上述变化反映出全球需求的发展趋势，为各国经济体嵌入、攀升、引领全球价值链提供了更为广阔的空间。《2020年世界发展报告：全球价值链以贸易促发展》更是提出了"国际合作有助于在参与全球价值链中获益"的观点。

在此背景下，开展第三方市场合作不仅能满足第三方国家发展需求，也符合中国和发达国家的利益诉求。对发达国家而言，可以发挥技术优势，在信息基础设施建设和数字经济建设的第三方市场合作项目中获得更多利益；对中国而言，第三方市场合作为各种所有制类型、各种规模的企业提供了参与全球价值链的机会，在市场开放条件下获得可持续发展能力，实现了自身利益最大化；对第三方国家而言，借助中国和发达国家各自的比较优势，改善基础设施，提升技术水平，优化营商环境，为其参与全球价值链分工奠定了良好基础。

4.3.3 贸易投资的系统性演化

经济全球化的不断发展加快了贸易自由化和投资自由化的进程，放松管制、取消垄断、消除壁垒等措施已成为各国政策主流。从国际层面看，各国遵循多边主义和平等互利原则，积极签署多边投资协议和自贸协定，规避双重税收，减少贸易投资壁垒，实现生产要素在世界范围内自由流动。根据比较优势理论和要素禀赋理论，拥有丰裕要素资源的国家会通过国际贸易和对外直接投资获取自身利益。随着各国经济发展，一些国家摆脱自身禀赋的束缚，逐渐成长为新兴市场国家和较为发达的国家，参与到国际贸易和投资活动中，使得贸易和投资参与主体数量不断增加，从最初打破原有垄断市场，形成正常的市场竞争环境到引发过度竞争，导致贸易、投资参与主体无法获得预期收益。在此情况下，各国会重审国家间关系，重构利益格局，完成从竞争向竞合的转变。当然，合作不代表完全抛弃竞争，在国家间关系和企业行为主体关系中，竞争往往与合作并存，构成了当今世界的竞合状态。第三方市场合作的出现符合贸易投资发展规律，是贸易投资系统演化的结果。在全球化时代，国家间的相互依存度上升、利益深度融合，使得合作意愿不断加强，拥有不同比较优势的国家通过合作形成合力，可以降低贸易投资成本和风险，以应对单一国家难以解决的全球性问题，实现自身利益诉求。

4.4 第三方市场合作的短期博弈分析

参与第三方市场合作的国家或地区各有所长，凭借各自的要素禀赋进行合作，从而获取资源和利益。合作共识的达成，是各经济体对付出成本和获取利益进行权衡比对的结果，也是各经济体从非合作博弈到合作博弈的跨越。

4.4.1 模型假设条件

（1）条件假定：第一，中国、发达国家和第三方国家是博弈的三方，均符合理性经济人假设，均追求自身利益的最大化。第二，假设博弈方具有完全信息，即每个参与方对其他参与方的策略和收益完全了解。第三，假设博弈方独立进行决策，彼此间不商量、不沟通，即在选择行动时，不知道其他参与方的行动是什么。

（2）策略集：中国和发达国家是合作伙伴国，分别在产能、资金、技术、管理经验上拥有不同优势，两国的行为策略空间集为｛合作，不合作｝。第三方国家在合作中提供市场，是项目实施地，其策略空间集为｛合作，不合作｝。

（3）第三方国家可以单独与中国或单个发达国家开展合作，也可以与中国和发达国家共同开展第三方市场合作，即第三方国家可以自由选择合作对象。

（4）从成本—收益分析角度来看，开展第三方市场合作的条件是总收益减去总成本大于0，即政治、经济、文化、规则收益的总和要大于其成本的总和。

第三方市场合作博弈参数如表4.1所示。

表4.1 第三方市场合作博弈参数

参数符号	含义
C_S	中国单独与第三方国家合作，中国所获得的收益
CT_S	中国单独与第三方国家合作，第三方国家所获得的收益
T_0	第三方国家不进行合作，单独发展所获得的收益
D_S	发达国家单独与第三方国家合作，发达国家所获得的收益
DT_S	发达国家单独与第三方国家合作，第三方国家所获得的收益
CD_J	中国、发达国家、第三方国家开展第三方市场合作，中国和发达国家所获得的收益之和
CD_T	中国、发达国家、第三方国家开展第三方市场合作，第三方国家所获得的收益

注：表中收益是前文所述四种收益之和，且参数值均大于0。

4.4.2 模型阐释

（1）模型1：中国单独与第三方国家合作。与传统的国际经济合作和国际援助不同，第三方市场合作充分发挥第三方国家的主动性，合作过程的各个环节都充分考虑第三方国家的意见和诉求，合作项目区域选择、合作模式比选均是充分考量东道国自身实际情况后，做出的理性决策。所以，当东道国不合作时，中国就难以获得合作预期收益。基于东道国多为发展中国家，经济基础较为薄弱的现实，我们推定第三方国家独自发展的收益要小于与中国合作获得的收益，即 $CT_S > T_0$。根据博弈论可知，该博弈模型属于完全信息静态非合作博弈，存在唯一纳什均衡解，即中国与东道国双方合作，获得的收益为（C_S，CT_S）。中国单独与第三方国家合作的支付矩阵如表4.2所示。

表4.2 中国单独与第三方国家合作的支付矩阵

策略		第三方国家	
		合作	不合作
中国	合作	(C_S，CT_S)	(0，T_0)
	不合作	(0，T_0)	(0，T_0)

（2）模型2：发达国家单独与第三方国家合作。与模型1分析同理，得出 $DT_S > T_0$。博弈有唯一的纳什均衡解，即发达国家与东道国双方合作，收益为（D_S，DT_S）。

（3）模型3：中国、发达国家、第三方国家开展第三方市场合作。模型3为第三方市场合作博弈模型，支付矩阵中出现了新的收益 CD_J 和 CD_T。

第三方市场合作的支付矩阵如表4.3所示。

表4.3 第三方市场合作的支付矩阵

策略		第三方国家	
		合作	不合作
中国和发达国家	合作	(CD_J，CD_T)	(0，T_0)
	不合作	(0，T_0)	(0，T_0)

4.4.3 模型分析

从合作参与方数量来看，模型1和模型2属于双边合作模式，即在要素资源一定的前提下，只考虑预期收益，第三方国家或地区会根据收益大小择优从中国或发达国家中选择一方开展合作。面对这种具有排他性的选择，中国和发达国家为了获得合作收益，会不断竞争直至一方退出。这种恶性竞争不仅损害了他国利益，而且破坏了正常的市场秩序；不仅增加了合作成本，而且加大了合作风险。恶性竞争甚至还会造成项目质量下降、工期不能按时完成等后果，对第三方国家或地区的经济增长产生不利影响。

模式3是第三方市场合作模式，面对新的收益选择CD_T，东道国会重新权衡三种模式的成本—收益关系，对合作主体做出理性选择。只有当CD_T同时大于CT_S和DT_S时，第三方国家才会选择第三方市场合作模式，这就意味着第三方市场合作能否为东道国带来更高的收益，是合作能否顺利开展的关键。所以，对中国和发达国家而言，优势互补、创造更高的合作收益非常重要，这也证明了第三方市场合作具有避免恶性竞争的作用。

可见，第三方市场合作是由双边特定互惠性合作向多边扩散互惠性合作的转变，是中国和发达国家从非合作博弈向合作博弈的"跨越"，彼此在竞合博弈中求收益、求发展。为此，我们可以通过增加合作收益，降低合作成本的方式推动第三方市场合作。第三方市场合作参与方的利益预期具有差异性，发达国家在竞争中求收益，发展中国家在发展中求收益，第三方国家在合作中求收益，参与企业在合作中求利润。面对共同利益，参与方的利益偏好不同，或关注利益绝对量，只和自己比，或关注利益相对量，会和别人比。

当肯·斯奈德在1991年建立了相对收益模型[220]，用于分析相对收益竞争下合作的可能性。本书不赘述相对收益模型的论证过程，只借用其理论逻辑和研究结论。相对收益关注程度会改变博弈方的支付结构和博弈结果，如果A国只关注相对收益，且当其仅和B国开展合作时，就会形成零和博弈。这种对相对收益的关注不利于合作的开展，即一国对相对收益的关注度越强，彼此间合作的可能性越小。

斯奈德相对收益模型的研究结论是：通过增加博弈方的数量，降低相对收益关注度的负面影响，实现利益的相对公平分配。这一研究结果再次证明了第三方市场合作存在的合理性，一方面，第三方市场合作与双边合作的区别之一是扩大了合作主体的数量，即通过增加博弈方数量，降低了各国对相对收益的关注度,提升了合作概率;另一方面,第三方市场合作中各经济体地位平等、机会平等、规则平等、发展平等的合作原则,有利于实现利益的相对公平分配。

从实践来看,第三方市场合作项目投资金额大、实施周期长,单个国家往往不具有单独承担第三方市场合作项目供给成本的能力,这也凸显出合作建设的重要性。

4.5 第三方市场合作的长期博弈分析

由于第三方市场合作涉及多个合作主体,合作关系复杂,当利益预期与利益分配不一致时,很有可能导致合作方出于各自的经济理性一味追求自身利益最大化,陷入合作困境,甚至终止合作。本书在此引入研究长期博弈的蜈蚣模型,尝试推导出第三方市场合作方在面向长远利益时的行为选择。

4.5.1 模型假设条件

(1)中国和发达国家选择在第三方国家开展合作,两国符合理性经济人假设,博弈次数为有限次。

(2)两国具有完全信息,都能够了解其他参与方的一切信息,即每个参与方对其他参与方的策略和收益完全了解。

(3)两国的策略空间集分别为中国(A){D,R}(不合作,合作),发达国家(B){d,r}(不合作,合作),且博弈顺序有先后,属于完全信息动态有限次博弈。

(4)博弈具有重复性,设定有限次数为100。

4.5.2 模型分析

按照蜈蚣博弈模型,当A做出决策时,会考虑到博弈的最后一步即第100步,然后采用逆推归纳法,做出行为策略选择。如图4.1所示,在博弈最后一个节点上,B选择"合作"收益为100,选择"不合作"收益为101,在理性经济人假设下,B会选择"不合作"。当A考虑到B会在第100步选择"不合作"时,A的收益只有98,小于B的收益101,因此,具有理性的A会在第99步时抢先选择"不合作",获得99的收益。以此类推,可推导出该模型的纳什均衡为（1，1），即 A 在第一步就选择"不合作"，远远小于双方都选择"合作"时的收益（100，100）。

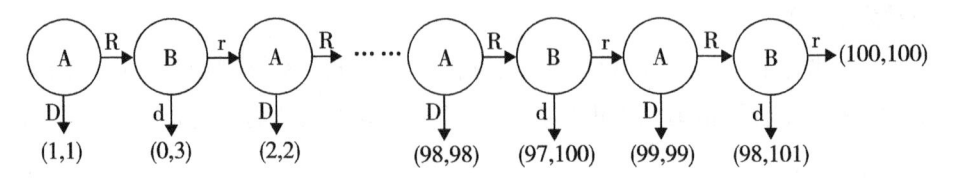

```
    R       r       R              R       r       R       r
 A ───→ B ───→ A ───→ …… ───→ A ───→ B ───→ A ───→ B ───→(100,100)
 │D      │d      │D              │D      │d      │D      │d
 ▼       ▼       ▼               ▼       ▼       ▼       ▼
(1,1)  (0,3)  (2,2)           (98,98)(97,100)(99,99)(98,101)
```

图 4.1　第三方市场合作蜈蚣博弈模型

这一博弈结果反映出，双方基于各自理性做出策略选择，形成的博弈均衡解是最差解。如图 4.1 所示，若 A、B 双方能够合作，一直选择 R 与 r，每合作一次，双方的收益都会增加。从长远利益考虑，基于理性经济人假设，A、B 在首次博弈中都应选择合作 R 或 r 而不是不合作 D 或 d。

一般而言，若 A 首先选择合作行为，B 在接收到 A 的信息后，基于收益考量，也会选择合作行为，如此循环往复，就形成了长期合作。即便在博弈的最后一个节点，B 为了获得更多的合作利益，选择"不合作"，而 A 为了促成长期合作，也可以主动让渡自身利益，将最终收益改为（99，101），此时 B 在完全信息条件下也会继续选择合作。此外，如果将博弈次数设为无限次，博弈期间任何一方退出，都会遭受巨大的远期损失，所以对博弈方而言，在每次博弈中都选择"合作"依然是理性的。

蜈蚣博弈模型表明，中国和发达国家应从长远利益考虑，及时修正完善合作策略，构建紧密的合作关系，实现长期合作。事实上，项目建设周期长、投资金额大等第三方市场合作特性，更强调获取长远收益，这有助于合作方构建稳定、长期的合作关系，通力协作扩大共同利益。

通过对第三方市场合作进行递进式的博弈分析可知，第三方市场合作改善了国家间的过度竞争，追求三方利益的帕累托改进。由于第三方市场合作项目建设时间长，合作效果体现具有滞后性，因此需要合作方用长期、发展的眼光看待合作，避免过度追求短期利益而影响合作进程。此外，在非合作博弈中，双方出于有限理性，忽视长远利益，做出自认为最优的竞争决策，往往会导致恶性竞争的出现，这既不符合中国和发达国家的利益，还会对第三方国家的建设项目造成伤害。因此，中外双方应达成长期合作共识，由非合作博弈转为合作博弈，增进三方的合作收益。

第三方市场合作的理论分析框架如图 4.2 所示。

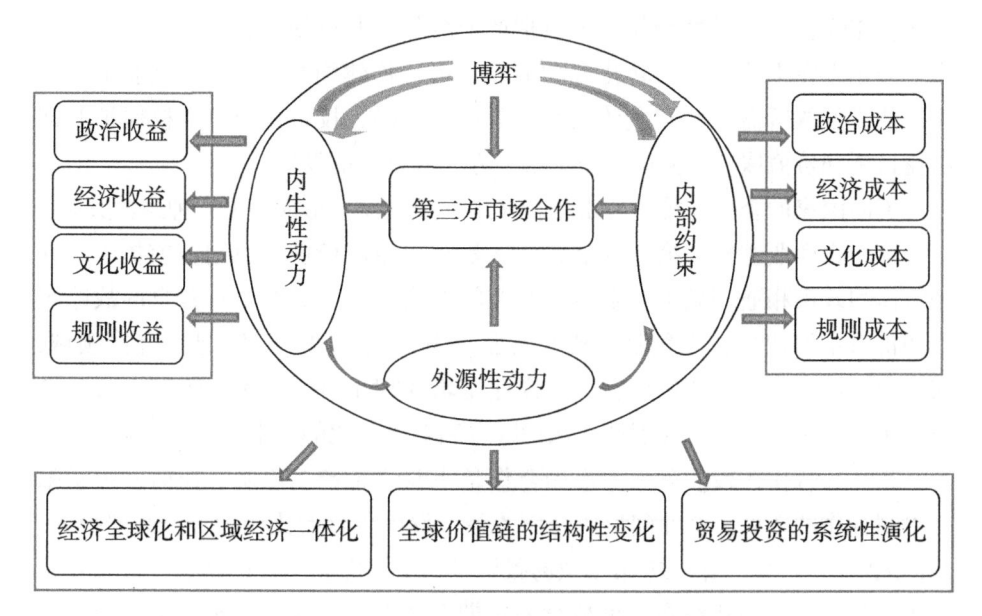

图4.2　第三方市场合作的理论分析框架

4.6　第三方市场合作的运行机理

通过前文博弈分析可知，第三方市场合作对合作方均有利，研究第三方市场合作的经济效应，需要精准把握第三方市场合作的内在逻辑、经济理性和运行机制。

4.6.1　第三方市场合作的内在逻辑

第三方市场合作反映了政治与经济的双向互动，是国家利益与企业利益趋同的有益尝试。在既有的第三方市场合作项目中，政府和企业作为局中人形成了多样化的主体关系，并通过贸易投资的内在运行机制，实现了不同的利益预期。

（1）基于项目特征的要素整合，阐释第三方市场合作主体关系逻辑。企业是第三方市场合作的参与者和实施者，承载着生产要素的组合及运用功能，发挥着创新先行者和实践者的示范作用。企业是否角色圆满、功能到位、作用充分，直接影响第三方市场合作的规模和质量。

从实践角度来看，产业链上、中、下游各类型的所有制企业，都有资格参与第三方市场合作项目所涉及的贸易、投资、知识产权保护活动。第三方市场合作既包括资源性合作，也包括产能合作；既有松散合作，也有紧密合作，合作方在不断的作用转化和功能互动中，构建相互依存、相互影响、相互扶持、各取所需的互利主体关系，形成了贸易、投资、知识产权保护共同利益目标和价值取向，共同致力于第三方市场合作的发展。

不同国家的企业在第三方市场合作中同频共振，形成以下三种逻辑关系：

第一，商业逻辑。第三方市场合作是在遵循市场扩张原则的前提下，在经济体间政策相通基础上，发生在企业间的商业行为。企业从各自的战略定位和价值主张出发，在贸易投资利益驱动下，通过"共商"寻找合作领域，筛选合作项目，评估项目可行性。商业逻辑体现了合作方参与第三方市场合作，实现贸易、投资、知识产权保护既得利益最大化的诉求。

第二，合作逻辑。第三方市场合作是由双边特定互惠制合作向多边扩散互惠制合作的拓展，企业间形成合作关系，发挥各自的比较优势，共同投入、共担风险，"共建"第三方市场贸易投资项目，"共享"合作利益，推动要素资源高效配置，构建稳定、可持续的长期合作关系。合作逻辑体现了合作方参与第三方市场合作，实现互利共赢和可持续发展的诉求。

第三，时空逻辑。从时间维度看，开展第三方市场合作的中国企业与发达国家企业是否有过合作历史、发达国家企业所在国与第三方国家之间是否存在过"宗主国与殖民地"的历史关系，都关乎第三方市场合作的成效，也影响着企业对五种合作模式的选用顺序；从空间维度看，参与第三方市场合作的企业在"一带一路"沿线的不同国域、地域开展贸易、投资、知识产权项目合作，相互间整合利益目标，协调利益结构，实现合作空间区域化。

多元化的主体构建了多维度的关系。除了企业形成的主体逻辑关系外，第三方市场合作还蕴含着政企逻辑。对于影响第三方市场合作运行和发展中的各种不确定性因素，政府从宏观层面认知，企业从微观层面认知。政府和企业从不同层面认知内外部条件，创造机会、识得机会、利用机会。这种政企逻辑关系表现为政府努力建立、健全各种法律法规和政策，从顶层设计上为企业创造贸易投资机会、提供制度保障，并对本国企业进行协调和引导，为第三方市场合作设计全面的贸易投资创新方案。企业则研究既有知识产权保护法则、国际投资和国际贸易惯例、多边规则带来的贸易投资机会，研究东道主国家规则变化带来的市场结构改变和进入第三方国家市场的机会，研究第三方市场合作规则带来的要素资源优化配置机会，并在政府引导下，把握上述机会，实现自身利益最大化。

（2）基于全球治理体系，阐释第三方市场合作利益关系逻辑。第三方市场合作是全球治理模式和跨国性规则治理的集中体现，其历经了从全球贸易到全球价值链的市场化过程，承载着解决发展现实问题的重任。

第一，第三方市场合作是缓解大国竞争关系的战略抓手。当今世界国际经贸发展不确定性和风险复杂性叠加，逆全球化思潮涌动，给经济全球化带来新挑战。中国政府始终坚持多边贸易体制，高度重视大国关系，面对大国战略竞争下产生的贸易摩擦、投资分歧和外交博弈等一系列政治经济问题，中国基于地缘优势和竞争优势统筹规划，从政治、经济、外交多重维度参与全球治理，丰富第三方市场合作的战略内涵。中国通过第三方市场合作，规避大国间在经济领域的恶性竞争，积极与英国、法国、比利时、日本、韩国等欧亚发达国家、周边国家构建紧密的合作伙伴关系，加强彼此的利益关联，避免陷入合作困境。

第二，第三方市场合作有利于推动中国伙伴关系建设。近年来，越来越多的国家和地区愿意与中国建立多层次、全方位的伙伴关系。中国是世界上最大的发展中国家，据商务部、国家统计局统计，2021年中国国内生产总值和人均国内生产总值双双实现新突破，成为全球第二大经济体；进出口贸易总额达39.1万亿元，同比增长21.4%，成为世界第一大贸易国；全行业对外直接投资9366.9亿元，同比增长2.2%；吸引外资全球占比大幅提高，实际使用外资规模占全球跨国直接投资总额比重的15%，连续四年蝉联全球第二大外资流入国。中国的贸易投资地位和完备的工业体系为第三方市场合作奠定了坚实基础。第三方市场合作是多边化市场合作，能够吸引更多国家参与合作、共享合作成果，对内有助于国内、国际双循环市场的合理发展，对外有利于平衡中"邻"外交关系，实现经济合作多边化、区域经济一体化和政治多极化，构建内具活力、外具张力的伙伴关系。

第三，第三方市场合作同构共建共享共赢的经济关系，开启国际经济合作新模式。第三方市场合作是在企业间、政府间、政府与企业间开展全方位的国际经济合作，每一份第三方市场合作联合声明的发表或谅解备忘录的签署都是各国政府达成合作共识、协调国家间经贸规则规制和标准的结果，每一个第三方市场合作项目都蕴含了共同利益观、价值观和可持续发展观，体现了参与国共同打造"利益共同体"和"责任共同体"的决心。

从经济内涵角度考量，第三方市场合作以共建共享共赢为实质内涵，通过资源再分配和市场深度整合，稳定和延长全球价值链，实现全产业链合作；从合作机制角度考量，第三方市场合作以多边合作机制为基础，实现合作主体多元化、合作模式多级化、合作项目多样化；从经济价值角度考量，第三方市场合作改变了经济增长模式，优化了贸易投资结构，实现了利益主体的利益最大化。

4.6.2 第三方市场合作的经济理性

本书界定的经济理性，是指经济体根据客观规律，利用市场机会，在第三方市场合作所涉及的贸易、投资、知识产权保护活动中所追求的经济目标、所做出的行为选择、所选择的合作模式符合利益最大化原则。具体表现为：一方面，第三方市场合作的各利益方权衡"成本—收益"关系，通过理性行为选择，实现贸易、投资、知识产权保护利益最大化目标；另一方面，不同收入水平国家在自身要素禀赋的约束下，对标贸易、投资、知识产权保护利益最大化目标要求，理性选择合作模式及合作区域。

（1）兼顾多方利益，实现理性合作目标。第三方市场合作遵循经济发展客观规律，遵守世贸组织规则和多边合作机制，在生产要素可自由流动的前提下，顺应市场经济基本逻辑，在制度规则实现"软联通"基础上，开展基础设施"硬联通"。第三方市场合作过程，是参与合作的主体追求利益最大化的优选过程，是实现市场利益、贸易利益、投资利益、知识产权保护利益及市场规模最大化的有效途径。第三方市场合作的目标理性是因为把握了"得"与"德"的关系，兼顾自得利益与他得利益，统一商业道德与社会道德，融合战略价值和国际道义价值，在道德法则下，使合作方获得心安理得的利益，实现多方共赢。

对第三方国家而言，第三方市场合作结合了技术、标准、装备、管理、服务、资金等多种生产要素，将完整的产业体系转移到沿线国家。第三方市场合作联动了国际援助和技术帮扶，提供了地区公共产品，提升了沿线国家发展水平。对中国而言，开展第三方市场合作有利于拓展国际经济合作模式，实现国内、国外市场双循环和产业结构转型升级，向全球价值链高端攀升。对发达国家而言，与中国开展第三方市场合作，能够实现生产要素转移，有利于解决生产规模逐步扩大和生产要素投入不断增加导致的"规模不经济"问题。

（2）利益机制博弈，获得理性合作行为。美国耶鲁大学教授阿诺德·沃尔弗斯（Arnold Wolfers）说过：合作是不同激励元素耦合的结果，其中既包括源自合作方内部以加强合作关系为目标的内在因素，也包括来自外部以共同应对外部风险和威胁为目标的外在因素。[221] 以三个国家开展第三方市场合作为例，从经济角度来看，各利益主体参与第三方市场合作可获得贸易、投资、知识产权保护收益，我们称之为"三方收益"。与之相对，参与第三方市场合作需要付出的成本称为"三方成本"；从政治角度来看，第三方市场合作作为改善国与国之间双边关系的一种途径，有利于减少分歧，即在合作过程中可以产生"双边收益"；从第三方市场合作实践来看，内部分歧多发生在双边之间①，单纯解决内部分歧需要付出"双边成本"，这一成本不因是否参与第三方市场合作而改变。

当不存在内部分歧时，即双边成本为0，只要三方收益大于三方成本或三方收益大于双边收益，各利益主体就会以最主动的态度参与第三方市场合作；当存在内部分歧时，各主体付出双边成本解决分歧，在这一过程中可能会获得双边收益，而付出三方成本可收获三方收益，同时也可能会收获双边收益。此时各主体做出理性行为选择的关键，取决于三方成本和双边成本的博弈。若三方成本小于双边成本且三方收益大于双边收益，或不存在双边收益，各主体会以次主动的态度参与第三方市场合作。若三方成本大于双边成本且三方收益大于双边收益，或不存在双边收益，各主体会被动参与第三方市场合作。若三方成本大于双边成本且三方收益小于双边收益，第三方市场合作就无法开展（见表4.4）。由此可见，第三方市场合作各利益方在权衡成本和收益关系后，做出是否与另外两国开展第三方市场合作的基本判断，这种判断符合经济理性的要求，是三方利益机制博弈和国家战略博弈的结果。

表4.4 第三方市场合作各利益主体"成本—收益"博弈过程

情形	成本		收益		成本—收益比较	博弈结果
	三方成本A	双边成本B	三方收益C	双边收益D		
1	√	×	√	√	C>A 或 C>D	最主动参与
2	√	√	√	√	A<B 且 C>D	次主动参与
				×	A<B	
3	√	√	√	√	A>B 且 C>D	被动参与
				×	A>B	
				√	A>B 且 C<D	不参与

注：根据博弈理论分析第三方市场合作利益机制绘制，√表示存在此种成本或收益，×表示不存在此种成本或收益。

（3）比选贸易、投资、知识产权保护发展路径，形成理性合作模式。第

---

① 若内部分歧是三方共有的，那么第三方市场合作无法建立和发展。

三方市场合作的参与方拥有的比较优势和要素禀赋各异，经济发展水平、制度环境、营商环境参差不齐，发展诉求也不尽一致。面对产品服务类、工程合作类、投资合作类、产融结合类和战略合作类多样化的合作模式，各方应立足各自实际，理性思考如何比选贸易、投资、知识产权保护发展路径，如何优选合作模式、合作区域以实现贸易、投资、知识产权保护利益增进。

高收入国家多为发达国家，法律制度健全，贸易、投资政策和知识产权保护制度完善，营商环境良好，产业聚集力和辐射力强大，历经经济全球化、区域经济一体化的发展，高收入国家间早已形成了比较成熟的区域贸易、投资网络，具有稳定的贸易、投资、知识产权保护协同关系。中国在与高收入国家采用多种模式开展第三方市场合作的同时，优选投资合作类项目，以产业链为纽带，进行跨国并购和相互投资，共同开发第三方市场，彼此间产业链、供应链、价值链相互套嵌、相互融合，以扩大贸易、投资与知识产权保护利益。

相对于高收入国家，低收入国家在资源禀赋条件、经济发展水平、制度环境、营商环境上存在差距，贸易、投资政策不稳定，知识产权保护制度不健全。第三方市场合作联合声明或谅解备忘录在一定程度上可以约束东道国政府行为，改善其制度环境的不足。中国在低收入国家开展的第三方市场合作项目多集中在基础设施建设领域，可优选产融结合类、产品服务类、工程合作类合作模式，将原本用于援助的资金转变为以私人部门贸易投资的形式注入发展中国家，提高资金利用效率，改变低收入国家对国际援助的依赖，改善其基础设施薄弱的现状，为实现贸易发展奠定基础。

中收入国家整体发展态势良好，区域内资源禀赋的整合协调能力较强，和许多沿线国家有过殖民统治的历史渊源，对第三方国家或地区有较为深入的了解。第三方市场合作能有效减少中收入国家间贸易投资的同质竞争和不公平竞争，中国与中收入国家可以首选战略合作模式，形成战略联盟，在研发、制造、工程、资本、人才等方面实现企业间全方位、多领域、深层次的合作，实现贸易转移、投资扩大以及知识产权保护水平的提升。

从合作区域来看，第三方市场合作联合声明或谅解备忘录是逐年分批次发表或签署的，因此，需要构建梯队发展层次，聚焦亚洲和非洲，按区域分界、按国别分段选择合作领域，挑选合作项目，打造标志性合作项目。中国可以将东南亚国家作为第三方市场合作场域的第一梯队，充分借助《区域全面经济合作伙伴关系协定》（RCEP）在降低关税、原产地规则和统一市场准入规则方面的积极作用，扩大第三方市场合作伙伴关系；将南亚国家作为第二梯队，优化经贸合作风险结构，避免"龙象之争"对贸易造成的不利影响；将西亚国家作为第三梯队，强化地缘经济的优势互补原则，着力为亚洲发展中国家贸易发展谋福祉；将非洲作为重点地区，在能源领域，利用非洲国家天然具有的可再生能源优势，打造示范性项目。①

第三方市场合作的内涵规范了其内在逻辑，内在逻辑关系又形成了第三方市场合作的经济理性目标、行为和模式。第三方市场合作丰富了国际经济合作模式，通过其内在逻辑赋予国际经济合作规避恶性竞争、避免零和博弈、缓解大国博弈关系等新功能，通过其特有的经济理性对全球贸易投资进行优化比选，其所蕴含的合作理念、所体现的利益诉求，契合了全球政治经济格局的发展趋势。

4.6.3　第三方市场合作的运行机制

第三方市场合作的参与方众多，从国内看，主要有政府及其相关部门、企业、行业协会、金融机构和保险机构；从国外看，主要有发达国家政府、企业、国际组织、金融机构、保险机构和第三方国家或地区。在合作过程中，多个参与方按照市场经济原则，基于贸易、投资、知识产权保护多维度利益预期，构建合作机制，以保证第三方市场合作的有序开展。

第三方市场合作以沿线国家为依托，受国际贸易投资体系从垄断到竞争再到合作的系统性变化影响，成为贸易投资业务组合、要素资源组合的重要模式，用于实现贸易和投资便利化、稳定化和可持续化。第三方市场合作项目多是在政府推动下由企业建设实施，投资周期长，项目金额大，因此，其运行机制既要"宏观与微观"相结合，又要"国内与国外"相联合。第三方市场合作发展至今，已建立了宏观、中观、微观三级合作平台，从贸易、投资、知识产权保护多维度助推第三方市场合作良性发展（如图 4.3 所示）。

宏观合作平台以政府为主体，通过协调沟通机制，发挥政策对接职能，实现政策协同常态化和多层次交流，明晰权责、达成规则共识，是第三方市场合作的重要基础。政府间发表第三方市场合作联合声明或签署谅解备忘录，形成方向引领，达成合作共识；通过建立合作工作组、开展经济战略对话和高层互访，加强第三方合作参与方之间的政策沟通，协调关税、市场准入、知识产权保护制度等国家间的经贸规则和标准，为合作国政府的权利义务制

---

① 对不同收入的国家如何比选合作模式，如何进行第三方市场合作区域选择，本书在第 5、6、7 章进行了实证分析，此处的论述引用了该实证结果。

图4.3 第三方市场合作运行机制

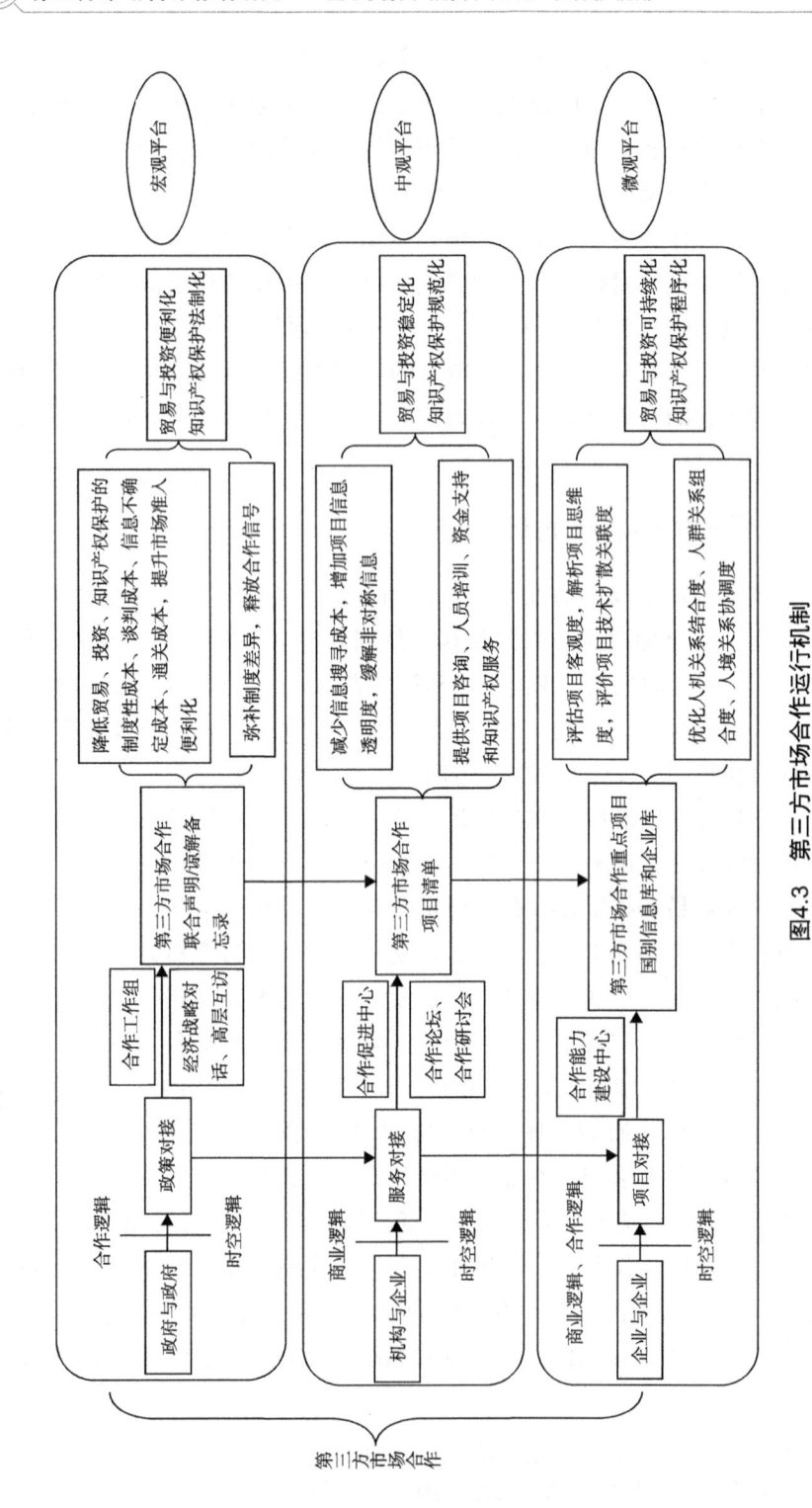

资料来源：作者基于第三方市场合作主体的贸易、投资、知识产权保护利益预期分析绘制。

定、企业合作领域筛选、合作范围以及合作模式优选奠定基础。政策对接和政策协同可以减小合作方贸易、投资、知识产权活动遭受不公平待遇的发生概率，避免双重税收，削减制度性成本、政策壁垒成本、贸易谈判成本和通关成本，降低信息不确定性，推进贸易与投资便利化、知识产权保护法制化。

中观合作平台以金融机构、行业协会、使领馆等为主体，通过激励保障机制和防范保护机制，发挥服务对接职能，推动服务机构多元化，是第三方市场合作顺利开展的关键。金融机构、行业协会、使领馆等通过第三方市场合作促进中心和合作基金会，动态更新第三方市场合作项目清单，为企业提供对外合作项目咨询、人员培训、资金支持和知识产权服务，提高进入第三方市场的企业对当地贸易投资规制和环境的熟悉程度，降低合作风险；通过开展合作论坛、合作研讨会，传递各国供需诉求，增加项目信息透明度，减少企业信息搜寻成本，有效缓解贸易、投资、知识产权保护中的非对称信息问题，协调利益分配，为合作所需的人和物提供跨境流动的便利条件，促进贸易与投资稳定化、知识产权保护规范化。

微观合作平台以企业为主体，通过共生利益融合机制，发挥项目对接职能，促进项目建设规范化，是第三方市场合作项目实施的保障。企业通过合作能力建设中心，建立第三方市场合作重点国别项目信息库和企业库；根据各自的资源禀赋，评估项目客观度、解析项目思维度、评价项目技术扩散关联度，细化项目落实所需的人、物、境，以及人机关系结合度、人群关系组合度、人境关系协调度，激发贸易投资活力，提高知识产权保护水平，带动沿线国家产业发展，实现贸易与投资可持续化、知识产权保护程序化。

从实践角度来看，第三方市场合作宏观、中观、微观三级合作平台存在着相互交叉的逻辑关系，在机制运行过程中发挥着传导作用。宏观平台中政府间的政策对接体现了合作逻辑和时空逻辑，中观平台中的机构与企业间的服务对接体现了商业逻辑和时空逻辑，微观平台中的企业与企业间的项目对接体现了商业逻辑、合作逻辑和时空逻辑。合作机制的内在运行过程规定着第三方市场合作的功能作用边界，影响着第三方市场合作的稳定性和可持续性。

4.7　第三方市场合作决策模型和经济效应模型

根据前文博弈分析可知，中国和发达国家在第三方国家开展第三方市场合作可以规避恶性竞争，实现利益创造和利益共享。本部分基于经济学理论，以三国合作为例，构建合作决策模型和经济效应模型，分析东道国的决策行为以及合作产生的经济效应。其中，经济效应是指合作伙伴国对东道国进行资本投资所获得的利润，以及东道国利用他国资本所获得的利润。

假设有 A、B、C 三个国家，A 国为传统工业强国，资金雄厚，技术优势突出，具有先进的管理理念和跨国经营经验，但国内制造业空心化。B 国为新兴经济体，拥有优质产能和充裕的外汇储备，制造业门类齐全，基础设施建设经验丰富，对开拓国际市场有着强烈需求。C 国处于工业化初级阶段，国内基础设施建设程度落后，资本匮乏，技术水平较低，需要通过国际经济合作方式在 A 国和 B 国中寻找合作方来共同建设基础设施。(A 国代表发达国家，B 国代表中国，C 国代表"一带一路"沿线的发展中国家。)

4.7.1 第三方市场合作决策模型

（1）模型设定。

第一，假设 C 国与 A、B 两国的第三方市场合作包括融资和建设两个方面。A、B 两国分别具有资金、技术、项目建设经验等比较优势，在合作过程中，A、B 两国作为合作国 i 发挥协同作用，向东道国 C 提供规模为 b_i 的资金并负责项目建设，项目结束后东道国 C 还本付息，并分享项目带来的收益。

第二，假设项目所需要的总资金规模为 B_i，其中合作国提供规模为 b_i 的信贷，东道国自筹资金规模为 (B_i-b_i)。合作国和东道国的项目收益分配比例通过谈判确定为 $(\beta_i, 1-\beta_i)$，即 A、B 每个国家获得的项目收益比例为 $\beta_i/2$，$0 < \beta_i < 1$。则合作国 A、B 和东道国 C 的净收益 π 分别表示为

$$\pi_A = \pi_B = \beta_i/2 \times A(\lambda_i q_i)^\alpha + b_i(r_i - \sigma) - b_i r_i m \tag{4.1}$$

$$\pi_C = (1-\beta_i)A(\lambda_i q_i)^\alpha - b_i r_i(1-m) - \sigma(B_i - b_i) \tag{4.2}$$

式中，$A(\lambda_i q_i)^\alpha$ 为项目预期收益；A 为技术水平；λ_i 为东道国的基础设施质量；q_i 为基础设施规模，如港口吞吐量、公路里程数等；α 为产出弹性，$0 < \alpha < 1$；r_i 为贷款利息率；σ 为金融市场无风险收益率；m 为合作国给予东道国的贷款利益优惠；$\sigma(B_i-b_i)$ 为东道国将自有资金投放到金融市场所获得的无风险收益。

令 $\tau_i = \lambda_i/p_i$，p_i 为项目建设单价，τ_i 为项目质量与价格之比，称为质价比。B_i 则可以表示为 $p_i q_i$。则式（4.1）和式（4.2）可以写为

$$\pi_A = \pi_B = \beta_i/2 \times A(\tau_i B_i)^\alpha + b_i(r_i - \sigma) - b_i r_i m \tag{4.3}$$

$$\pi_C = (1-\beta_i)A(\tau_i B_i)^\alpha - b_i r_i(1-m) - \sigma(B_i - b_i) \tag{4.4}$$

（2）东道国的决策行为分析。在合作前，合作方通过谈判确定项目收益分配比例 β_i，东道国通过调整项目融资结构实现自身利益最大化。

$$\max_{B_i, b_i} \pi_C = (1-\beta_i)A(\tau_i B_i)^\alpha - b_i r_i(1-m) - \sigma(B_i - b_i) \tag{4.5}$$

假设

$$r_i = \sigma + \delta_i \frac{b_i}{B_i} \tag{4.6}$$

式中，δ_i 为风险溢价系数，取值大于 0；令 $\gamma_i = \frac{b_i}{B_i}$，表示合作国提供融资规模占项目总融资规模的比例，合作国提供资金规模越大，东道国贷款利息率越高。

将式（4.6）代入式（4.5）得到

$$\max_{B_i, b_i} \pi_C = (1-\beta_i)A(\tau_i B_i)^\alpha - B_i[\sigma - \sigma m \gamma_i + \delta_i(1-m)\gamma_i^2] \tag{4.7}$$

借鉴 Addessi 和 Saltari（2012）[222]的做法，令 $AC = \sigma - \sigma m \gamma_i + \delta_i(1-m)\gamma_i^2$ 定义为第三方市场合作项目平均成本，则项目达到成本最小时的融资规模为

$$\gamma_i^* = \left(\frac{b_i}{B_i}\right)^* = \frac{\sigma}{2\delta_i} \times \frac{m}{1-m} \tag{4.8}$$

将式（4.8）代入式（4.7）后，令 $\frac{\partial \pi_A}{\partial B_i} = 0$ 解得

$$B_i^* = \left\{ \frac{\alpha(1-\beta_i)A\tau_i^\alpha}{\sigma\left[1-\sigma\frac{m^2}{4\delta_i(1-m)}\right]} \right\}^{\frac{1}{1-\alpha}} \tag{4.9}$$

将式（4.8）代入式（4.6）得到最优贷款利率、最优融资规模以及东道国的最优收益

$$r^* = \frac{\sigma}{2} \times \frac{2-m}{1-m} \tag{4.10}$$

$$b_i^* = B_i^* \frac{\sigma}{2\delta_i} \times \frac{m}{1-m} \tag{4.11}$$

$$\pi_C^*(B_i^*, r_i^*, b_i^*) = \sigma B_i^*\left[1 - \sigma \frac{m^2}{4\delta_i(1-m)}\right]\left(\frac{1}{\alpha} - 1\right) \tag{4.12}$$

由式（4.9）和式（4.12）可知，$\frac{\partial B_i^*}{\partial \tau_i} > 0$，$\frac{\partial \pi_C^*}{\partial \tau_i} > 0$，说明项目总融资规

模和东道国收益都与项目质价比正相关，即合作伙伴国提供的项目质价比越高，项目总融资规模越大，东道国获益越多。

通过上述分析可知，在东道国 C 资金有限、产能不足、技术落后，不能独自进行基础设施建设时，通过第三方市场合作，C 国可以获得来自 A、B 两国的外部融资、技术和建设经验，增加收益；合作国利用资金、技术和建设经验，带动东道国的基础设施建设和本国资金、产能"走出去"，优势互补，提高项目建设质价比，有效利用优质产能，实现多方共赢，由此证明了第三方市场合作具有利益创造和利益共享的内在逻辑。

4.7.2 第三方市场合作经济效应模型

（1）假设条件。

第一，假设 C 国与 A、B 两国的第三方市场合作包括融资和建设两个方面。

第二，A 国和 B 国在 C 国开展第三方市场合作均以资金为基础，且 A 国、B 国面临相同的资本收益率 R。

第三，当 C 国单独与 A 国或 B 国合作时，资本收益为

$$R_{C1} = F_0 - r(K_a^c + K_b^c) \tag{4.13}$$

第四，当 C 国与 A、B 两国共同开展第三方市场合作时，资本收益为

$$R_{C2} = F_1 - r(K_a^c + K_b^c) \tag{4.14}$$

式中，F_0 为第三方国家与一国单独合作所获得的收益；F_1 为第三方国家与 A、B 两国共同进行第三方市场合作所获得的收益，根据本书第 2 章理论基础和第 4 章短期博弈分析，第三方市场合作可以规避恶性竞争，发挥协同效应，这就意味着双方达成合作共识后可以获得更多的利益，实现多方共赢，即 $F_0 < F_1$；K_a^c 和 K_b^c 分别为 A 国和 B 国投入到 C 国的资本；r 为融资利息率。

（2）第三方市场合作国的协同经济效应分析。当 A 国和 B 国对 C 国进行竞争性投资时，A 国和 B 国的经济效应即收益分别为 C_S 和 D_S

$$C_S = R_C \times K_a^c - R \times K_a^c = [F_0 - r(K_a^c + K_b^c) - R] \times K_a^c \tag{4.15}$$

$$D_S = R_C \times K_b^c - R \times K_b^c = [F_0 - r(K_a^c + K_b^c) - R] \times K_b^c \tag{4.16}$$

①当 A 国和 B 国未发表第三方市场合作联合声明或签署谅解备忘录时，A 国和 B 国对 C 国进行非合作博弈，两国追求经济利益最大化时满足

$$\frac{\partial C_S}{\partial K_a^c} = F_0 - 2rK_a^c - rK_b^c - R = 0 \tag{4.17}$$

$$\frac{\partial D_S}{\partial K_b^c} = F_0 - 2rK_b^c - rK_a^c - R = 0 \tag{4.18}$$

由此得出：$K_a^c = K_b^c = \dfrac{F_0 - R}{3r}$，A 国和 B 国的总投资资本 $K = K_a^c + K_b^c = \dfrac{2(F_0 - R)}{3r}$，A 国和 B 国的经济效应为 $C_S = D_S = \dfrac{(F_0 - R)^2}{9r}$，两国总经济效应 $\pi = C_S + D_S = \dfrac{2(F_0 - R)^2}{9r}$。

② 当 A 国和 B 国发表第三方市场联合声明或签署合作谅解备忘录，C 国也愿意参与第三方市场合作时，A 国和 B 国的总经济效应为

$$\pi = R_C \times (K_a^c + K_b^c) - R \times (K_a^c + K_b^c) = [F_1 - r(K_a^c + K_b^c) - R] \times (K_a^c + K_b^c) \tag{4.19}$$

$$\frac{\partial \pi}{\partial K_a^c} = F_1 - 2r(K_a^c + K_b^c) - R = 0 \tag{4.20}$$

$$\frac{\partial \pi}{\partial K_b^c} = F_1 - 2r(K_a^c + K_b^c) - R = 0 \tag{4.21}$$

A 国和 B 国的总投资资本 $K = K_a^c + K_b^c = \dfrac{F_1 - R}{2r}$，两国总经济效应 $\pi = \dfrac{(F_1 - R)^2}{4r}$，相比 A、B 两国未发表第三方市场合作联合声明或签署谅解备忘录，开展第三方市场合作两国可以增加的经济效应为 $\dfrac{(F_1 - R)^2}{4r} - \dfrac{2(F_0 - R)^2}{9r} > 0$。

(3) 东道国的经济效应分析。当 A 国和 B 国不与 C 国合作时，进入 C 国的资本总量为 0，经济效应为 0。当 A 国和 B 国分别对 C 国进行资本投资时，进入 C 国的资本总量为 $K = K_a^c + K_b^c = \dfrac{2(F_0 - R)}{3r}$，C 国的经济效应为 $\dfrac{2(F_0 - R)^2}{9r}$。当 A 国和 B 国发表第三方市场合作联合声明或签署谅解备忘录，在 C 国开展第三方市场合作，进入 C 国的合作性资本为 $K = K_a^c + K_b^c = \dfrac{F_1 - R}{2r}$，C 国的经济效应为 $\dfrac{(F_1 - R)^2}{8r}$。一般而言，东道国参与第三方市场合作需要开放本国市场，增加市场开放度，以提高资本收益率，当 $\dfrac{F_0 - R}{F_1 - R} >$

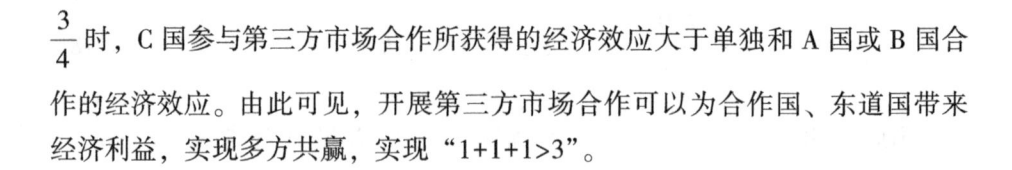

$\frac{3}{4}$ 时，C 国参与第三方市场合作所获得的经济效应大于单独和 A 国或 B 国合作的经济效应。由此可见，开展第三方市场合作可以为合作国、东道国带来经济利益，实现多方共赢，实现"1+1+1>3"。

4.8 本章小结

本章基于经典的传统国际经济合作理论和共生、协同、国际公共产品、博弈理论，构建了第三方市场合作的理论分析框架，得出如下结论：

（1）基于对第三方市场合作的事实判断，从合作共赢、平等发展、投资意愿、满足供需和契约精神等方面，认知第三方市场合作的丰富内涵。通过权衡政治、经济、文化、规则成本—收益关系，评估第三方市场合作的内部条件。通过对经济全球化、区域经济一体化、全球价值链结构性变化和贸易投资系统性演化的分析，评估第三方市场合作的外部条件。第三方市场合作是内外部条件相互耦合、共同作用的结果。

（2）第三方市场合作具有不同的时间效应。根据博弈理论，从短期来看，中国和发达国家基于竞争预期展开博弈，平衡收益预期和预期收益的关系，最终选择从非合作博弈走向合作博弈；从长期来看，通过引入长期博弈模型分析得出，中国和发达国家用发展的眼光关注长期利益，求同存异，选择合作是理性的。

（3）在内在逻辑上，第三方市场合作的多元化主体间形成了多维度关系，并以微观、中观和宏观合作平台作为运行机制，最终实现各自的利益预期。第三方市场合作中的经济理性体现为，各主体兼顾多方利益，达成理性合作目标，通过利益机制博弈，获得理性合作行为，通过比选贸易、投资、知识产权保护发展路径，形成理性合作模式。

（4）通过构建第三方市场合作决策模型，研究发现合作国提供的第三方市场合作项目质价比越高，越有利于提高东道国的净收益和合作国的资本输出程度，这为第三方市场合作国指明了一个重要方向——在合理的价格区间内建设优质项目。通过分析第三方市场合作的经济效应，验证了开展第三方市场合作对三方均有利的结论。

第 5 章　第三方市场合作贸易效应及区域、模式优选研究

根据第 4 章探讨的第三方市场合作经济效应，第 5、6、7 章从贸易、投资和知识产权保护三个维度，结合第三方市场合作项目特征，测度其经济效应。"稳外贸"是学界和政界关注的重要问题之一，党的二十大报告指出：加快建设贸易强国，推动共建"一带一路"高质量发展，维护多元稳定的国际经济格局和经贸关系。这对中国经济稳进发展具有重要意义。据商务部统计，中国同沿线国家和地区的贸易发展迅速，2013—2022 年，中国与沿线国家进出口总值由 6.5 万亿元增至 13.83 万亿元，年均增长 8.6%，占同期中国外贸总值的比重由 25% 提升至 33%。2022 年中国货物贸易进出口总额比 2021 年增长 7.7%，对沿线国家进出口总额增长 19.4%。东盟依然是中国第一大贸易伙伴。中国与沿线国家的贸易增长成为全球贸易发展的新亮点。本章将从贸易角度构建实证模型，测度第三方市场合作的贸易效应及区域、模式选择。

5.1　理论机制与研究假设

第三方市场合作是国际经济合作的重要形式，与国际贸易有着密不可分的关系。由比较优势和资源禀赋理论可知，一国会寻求与自身资源禀赋具有互补性的经济体展开贸易合作。第三方市场合作的基础是合作方比较优势和资源禀赋的互补性，这种互补性促使合作方形成合作性的贸易关系。中国也将国家间是否具有贸易互补性作为筛选第三方市场合作伙伴的重要标准。

5.1.1　第三方市场合作降低国际贸易成本

成本是影响国际贸易的重要因素之一。按照交易环节，国际贸易会产生信息搜寻成本、制度性成本、谈判成本、运输成本、政策壁垒成本以及通关成本等。从实践角度而言，中国已与 14 个国家先后发表了第三方市场合作联合声明或签署了谅解备忘录。虽然每个联合声明或谅解备忘录的结构、内容并不完全一致，但在文本内容上都明确表示中国与合作方均已达成合作共识，

为双方企业对沿线国家的市场开拓提供服务。通过政府间发表联合声明或签署谅解备忘录达成合作共识，发挥市场优化配置资源的作用，减少过度竞争；强调金融机构为合作企业提供融资支持，保证项目顺利实施；增强国家间、企业间互信，优化合作环境，为两国政府和企业搭建项目信息交流平台。每一份联合声明的发表或谅解备忘录的签署都是各国政府多次沟通、多次协调的结果，这在一定程度上削减了贸易环节的制度性成本。各国通过第三方市场合作，实现供需对接、市场对接、企业对接，促进信息传播与流动，有效缓解国际贸易中的非对称信息问题，降低国际贸易中的信息不确定性及贸易谈判成本，提高沟通效率和频率。就项目涉及领域而言，第三方市场合作以基础设施建设为主要合作领域，通过基础设施的互联互通降低国际贸易的运输成本。第三方市场合作是政府间、企业间的市场化合作，为合作方建立良好经贸关系，协调关税、市场准入制度，避免双重税收，推进贸易和投资便利化奠定了基础，有效降低了国际贸易中的政策壁垒成本和通关成本。

基于上述分析，提出假设1：第三方市场合作通过降低国际贸易成本，增加合作各方的贸易利益，对合作方彼此间的双边贸易具有促进作用。

5.1.2 第三方市场合作通过"五通"建设影响贸易

第三方市场合作源于"一带一路"倡议，"五通"是"一带一路"倡议的主要内容，二者之间具有强关联性。中国通过第三方市场合作，与沿线国家不断深化"五通"合作，融通内外，促进生产要素的跨境流动，助力中国企业拓展贸易市场。

（1）政策沟通。政策沟通是贸易开展的重要基础。因为市场准入、协调关税、原产地规则、贸易便利化等一系列贸易促进措施，都要依托各国政府的政策沟通。区域间开展合作有利于改善国家间的政治关系，对经贸活动的开展具有正向促进作用。在第三方市场合作中，每一份第三方市场合作联合声明的发表或谅解备忘录的签署都是各国政府"政策沟通"的体现。政府首脑出席企业协议签约仪式，不仅增加了政府首脑间的互动频率，还能加强与东道国政府的政策沟通和协调，为企业实现贸易便利化、扩大双边贸易规模奠定基础。

（2）设施联通。设施联通是贸易开展的重要保障。早在1994年世界银行就在《世界发展报告》中肯定了基础设施建设对贸易量增长的关键性作用。全球基础设施中心经过对全球50个国家的数据研究认为，2016—2040年全球基础设施投资需求高达94万亿美元，主要集中于沿线国家。第三方市场合作

第5章 第三方市场合作贸易效应及区域、模式优选研究

强调设施联通，以基础设施建设为优先发展领域。据国家发展和改革委员会统计，中国企业参与的第三方市场合作覆盖基础设施、能源、金融、医疗卫生等多个领域，其中铁路、港口、桥梁等国际基础设施投资建设项目最多，占比近70%。可见，第三方市场合作项目的开展有利于沿线国家间基础设施的互联互通，从硬件上改善沿线国家的对外贸易环境，降低运输成本，提高物流效率，扩大双边贸易。

（3）贸易畅通。贸易畅通是贸易规模扩大的有利条件。第三方市场合作需要合作方间实现贸易畅通，为合作过程中机器设备、技术、原材料等跨境流动提供便利条件。在第三方市场合作过程中，中国和发达国家共同开发第三方市场，寻求共同利益，这种规避恶性竞争、注重打造普惠区域经济合作框架的天然属性，为合作方彼此间双边贸易的扩大创设了条件。将合作地点选择在第三方国家，可以更好地整合三方资源，疏通贸易堵点，优化区域资源配置，实现贸易从畅通到规模扩大的进阶目标。

（4）资金融通。资金融通是贸易开展的重要支撑。沿线国家的金融发展和金融服务能力是促进中国对外贸易的重要条件。第三方市场合作专门设有产融结合类项目，为企业提供多种融资渠道，分散金融机构的融资风险，解决资金融通问题。此外，越来越多的国家为给第三方市场合作项目提供资金支持，设立第三方市场合作基金，提供低息贷款。2019年，国家发展和改革委员会外资司提出了"继续与有条件的国家共设投融资平台"的倡议。可见，第三方市场合作有助于解决沿线国家融资难、融资贵的问题，为企业筹措资金、开展贸易活动提供机会和平台。

（5）民心相通。民心相通是贸易开展的桥梁纽带。贸易是调剂余缺、互通有无、互惠互利。国家间的文化距离、制度距离会直接影响贸易和投资。第三方市场合作秉承正确义利观，充分考虑第三方国家的福祉和利益，在合作过程中，为第三方国家创设大量就业机会，注入经济可持续发展的动力。以中德在莫桑比克合作建设的马普托大桥项目为例，项目实施过程中先后聘用当地劳务人员逾5000名，创设就业岗位3788个，在大桥建成后设立收费站，永久解决了200人的就业问题。这种先义后利的合作理念温暖了人心，沟通了民心，营造了和谐稳定的环境，为扩大双边贸易提供了有利条件。

由于第三方市场合作项目实施地点多为沿线发展中国家，基于上述分析，提出假设2：第三方市场合作对发展中国家的贸易促进效应大于发达国家。

5.2 计量模型设定和数据说明

5.2.1 计量模型设定

本章将开展第三方市场合作视作一种"自然实验",测度第三方市场合作的贸易效应。基于中国与14个国家发表联合声明或签署谅解备忘录是分批次逐年进行的事实,选用政策分析的常用方法——双重差分模型(DID)考察开展第三方市场合作是否对参与国彼此间的双边贸易产生影响。

双重差分模型的使用需要处理组和控制组具有高度相似性特征,由于沿线国家发展水平存在异质性,本章采用倾向得分匹配法(PSM)解决样本选择偏误带来的内生性问题。主要思路为:首先,基于沿线国家各类特征变量信息测算其倾向得分;其次,根据倾向得分匹配值的相近程度,将处理组和控制组样本进行匹配,保证实证对象更好地满足双重差分模型所要求的平行趋势假设;最后,利用匹配成功的样本进行双重差分估计。

基于上述分析,设定PSM匹配的Logit回归模型如下:

$$Y_{ij} = \beta_0 + \beta_1 \ln AGDP + \beta_2 \ln POP + \beta_3 DIST + \beta_4 LANDLOCK + \beta_5 TIG + \beta_6 LANG + \beta_7 LEGAL + \beta_8 COL + \beta_9 FTA + \varepsilon_i \quad (5.1)$$

其中,被解释变量 Y_{ij} 为第三方市场合作虚拟变量,将与中国发表第三方市场合作联合声明或签署谅解备忘录,以及落地实施第三方市场合作项目的国家赋值为1,反之赋值为0。"一带一路"倡议覆盖面广,涉及国家众多,各国经济发展水平、市场规模、文化传统、法律渊源、与中国的地理距离和经贸关系参差不齐。综上考虑,选择了可能影响两国开展第三方市场合作的因素作为匹配变量,即经济规模(AGDP)、人口总量(POP)、地理距离(DIST)、是否为内陆国家(LANDLOCK)、领土是否接壤(TIG)、是否具有共同的官方语言和共同的种族语言(LANG)、是否具有共同的法律渊源(LEGAL)、是否具有殖民关系(COL)、是否加入同一个区域一体化组织(FTA)。

使用双重差分估计的双向固定效应测度贸易效应模型为

$$\ln TRADE_{ijt} = \beta_0 + \beta_1 TPMC_{ijt} \times YEAR_{ijt} + \beta_2 TPMC_{ijt} + \beta_3 YEAR_{ijt} + \beta_4 X_{ijt} + \varepsilon_{ijt} \quad (5.2)$$

式中,i、j、t 分别为出口国、进口国和年份;被解释变量 $\ln TRADE$ 为双边贸易额;核心解释变量为第三方市场合作分组虚拟变量(TPMC)、时间虚拟变量（YEAR）以及二者的交互项（TPMC×YEAR）；X 为影响双边贸易的一系列控制变量。

5.2.2 变量说明及数据来源

（1）被解释变量。本章的被解释变量即结果变量，是 83 个[①]国家间的双边贸易额（TRADE），数据来源于 CEPII 的 BACI 数据库。

（2）核心解释变量。双重差分模型的核心解释变量为第三方市场合作，包括 TPMC、YEAR 和 TPMC×YEAR 三个虚拟变量。其中，TPMC 为分组虚拟变量，截至 2023 年 3 月，中国共发表或签署了 14 份第三方市场合作联合声明或谅解备忘录，将与中国发表联合声明或签署谅解备忘录的合作方，以及落地实施第三方市场合作项目的国家赋值为 1，反之赋值为 0；YEAR 为政策冲击时间虚拟变量，将发表联合声明或签署谅解备忘录之前的年份赋值为 0，之后赋值为 1，上述数据来源于国家发展和改革委员会公布的《第三方市场合作指南和案例》；TPMC×YEAR 为分组与时间虚拟变量的交互项；其系数 β_1 为第三方市场合作贸易效应。

（3）控制变量。本章的双重差分模型是对传统引力模型进行的拓展分析，因此，在回归模型中尽可能多地加入控制变量来确保估计结果的准确性，具体如下：

①贸易双方经济发展水平（AGDP）。一般而言，贸易双方的经济发展水平与双边贸易规模呈正比。为了消除通货膨胀因素的影响，本章以 2015 年不变价（美元）统计的人均 GDP 来测度贸易双方经济发展水平，该数据来源于

---

① 83 个国家包括 68 个沿线国家、14 个已经发表第三方市场合作联合声明或签署谅解备忘录的国家以及中国。

68 个沿线国家为阿尔巴尼亚、阿富汗、阿联酋、阿曼、阿塞拜疆、埃及、埃塞俄比亚、爱沙尼亚、巴布亚新几内亚、巴基斯坦、巴林、巴拿马、白俄罗斯、保加利亚、波兰、波黑、俄罗斯、厄瓜多尔、菲律宾、格鲁吉亚、哈萨克斯坦、吉尔吉斯斯坦、加纳、柬埔寨、捷克、卡塔尔、科威特、克罗地亚、拉脱维亚、老挝、黎巴嫩、立陶宛、罗马尼亚、马达加斯加、马尔代夫、马来西亚、北马其顿、蒙古、孟加拉国、秘鲁、缅甸、摩尔多瓦、摩洛哥、莫桑比克、南非、尼泊尔、沙特阿拉伯、斯里兰卡、斯洛伐克、斯洛文尼亚、塔吉克斯坦、泰国、土耳其、土库曼斯坦、文莱、乌克兰、乌兹别克斯坦、匈牙利、亚美尼亚、也门、伊拉克、伊朗、以色列、印度、印度尼西亚、约旦、越南、几内亚。

14 个已经发表第三方市场合作联合声明或签署谅解备忘录的国家有法国、韩国、加拿大、葡萄牙、澳大利亚、新加坡、日本、意大利、荷兰、比利时、西班牙、奥地利、瑞士、英国。

世界银行 WDI 数据库。

②贸易双方地理距离（DIST）。地理距离是影响双边贸易的重要因素，地理距离与贸易规模呈反比。该数据来源于 CEPII 的 GRAVITY 数据库。

③贸易双方人口总量（POP）。人口总量与国家市场需求成正比，人口越多越有利于双方开展贸易，该数据来源于世界银行 WDI 数据库。

④其他控制变量。贸易双方领土是否接壤（TIG），是否为内陆国家（LANDLOCK），是否具有共同的官方语言和种族语言（LANG）、共同的法律渊源（LEGAL）和殖民关系（COL），是否加入同一个区域一体化组织（FTA），当上述问题答案为"是"时赋值为 1，反之赋值为 0，以上数据均来源于 CEPII 的 GRAVITY 数据库。

5.2.3 样本选择

"一带一路"倡议是个开放性倡议，根据《"一带一路"贸易合作大数据报告（2018）》对"一带一路"国家及区域的划分，同时兼顾数据的连续性和可得性，本章选取 2006—2021 年包括中国在内的 83 个国家和地区的双边贸易额进行分析，样本总量为 83510 个。

为减小异方差和异常项对数据平稳性的影响，本章对相关变量取对数处理。各变量的描述性统计分析结果如表 5.1 和表 5.2 所示。

表 5.1 全样本描述性统计

变量名	单位	观测值	均值	标准差	最小值	最大值
$\ln TRADE$	万美元	83510	10.89	3.45	0.0002	20.8671
$\ln AGDP_i$	美元	83510	8.95	1.38	5.5303	11.2522
$\ln AGDP_j$	美元	83510	8.95	1.38	5.5303	11.2522
$\ln DIST$	千米	83510	8.43	0.84	4.7412	15.1314
$\ln POP_i$	人	83510	16.87	1.63	12.7030	21.1545
$\ln POP_j$	人	83510	16.87	1.63	12.7030	21.1545
TIG	—	83510	0.04	0.19	0	1
$LANDLOCK_i$	—	83510	0.17	0.38	0	1
$LANDLOCK_j$	—	83510	0.18	0.39	0	1

续表

变量名	单位	观测值	均值	标准差	最小值	最大值
LANG	—	83510	0.10	0.29	0	1
LEGAL	—	83510	0.44	0.50	0	1
COL	—	83510	0.11	0.31	0	1
FTA	—	83510	0.21	0.40	0	1

表 5.2 分组样本描述性统计

变量名	组别	观测值	均值	标准差	最小值	最大值
$\ln TRADE$	处理组	1930	14.62	2.68	3.13	20.32
	控制组	81580	10.30	3.41	0.00	18.90
$\ln AGDP_i$	处理组	1930	9.10	1.39	5.53	12.15
	控制组	81580	8.84	1.36	5.53	12.15
$\ln AGDP_j$	处理组	1930	9.17	1.39	5.53	12.15
	控制组	81580	8.84	1.36	5.53	12.15
$\ln DIST$	处理组	1930	8.78	0.63	7.06	9.74
	控制组	81580	8.52	0.84	4.74	15.13
$\ln POP_i$	处理组	1930	18.28	2.03	13.84	21.35
	控制组	81580	16.73	1.60	12.73	21.35
$\ln POP_j$	处理组	1930	18.30	2.04	13.86	21.35
	控制组	81580	16.69	1.62	12.73	21.35
TIG	处理组	1930	0.03	0.18	0	1
	控制组	81580	0.04	0.19	0	1
$LANDLOCK_i$	处理组	1930	0.03	0.18	0	1
	控制组	81580	0.19	0.38	0	1
$LANDLOCK_j$	处理组	1930	0.03	0.18	0	1
	控制组	81580	0.18	0.39	0	1
LANG	处理组	1930	0.17	0.37	0	1
	控制组	81580	0.09	0.29	0	1
LEGAL	处理组	1930	0.32	0.47	0	1
	控制组	81580	0.44	0.50	0	1

续表

变量名	组别	观测值	均值	标准差	最小值	最大值
COL	处理组	1930	0.12	0.32	0	1
	控制组	81580	0.11	0.31	0	1
FTA	处理组	1930	0.27	0.44	0	1
	控制组	81580	0.20	0.40	0	1

由表5.2可见，处理组与控制组存在显著差异。匹配变量中的人均GDP水平、人口总量、地理距离，以及结果变量即双边贸易规模，处理组均值都明显高于控制组。因此，上述因素对国家间发表联合声明或签署谅解备忘录，以及开展合作项目具有一定影响。但发表联合声明或签署谅解备忘录、开展项目合作是否真正具有贸易效应，以及在多大程度上发挥促进作用仍需进一步实证检验。

5.3 实证检验与结果汇报

5.3.1 估计倾向得分

本章使用Logit模型用是否发表联合声明或签署谅解备忘录、开展项目合作对协变量进行回归，估算第三方市场合作概率，得出倾向得分值，如表5.3所示。

表5.3 Logit模型回归结果

变量	估计值	标准差	Z值	P值
$\ln AGDP_i$	0.218***	0.050	4.20	0.000***
$\ln AGDP_j$	0.198***	0.050	3.76	0.000***
$\ln DIST$	−0.695***	0.135	5.15	0.000***
$\ln POP_i$	0.670***	0.047	14.19	0.000***
$\ln POP_j$	0.650***	0.047	13.81	0.000***
TIG	−0.667	0.427	−1.56	0.118
$LANDLOCK_i$	−0.775**	0.380	−2.04	0.041**
$LANDLOCK_j$	−0.732*	0.380	−1.92	0.054*
$LANG$	0.009	0.209	0.05	0.964

续表

变量	估计值	标准差	Z值	P值
LEGAL	−0.135	0.156	−0.87	0.386
COL	0.501**	0.243	2.06	0.040
FTA	1.144***	0.221	5.18	0.000***
_cons	−36.327***	1.998	−18.18	0.000***

注：*、**、*** 表示在10%、5%和1%的水平下显著。

由表5.3可见，处理组与控制组的初始划分存在显著的系统性差异，不是随机的。人均GDP、人口总量、贸易双方是否具有殖民关系和是否加入同一个区域一体化组织的系数全部为正，表明经济发展水平越高、国内市场规模越大的国家、同属于一个区域一体化组织的国家之间发表联合声明或签署谅解备忘录、开展项目合作的概率越大。地理距离和是否为内陆国家系数显著为负，表明两国间地理距离越远、越是内陆国家，发表联合声明或签署谅解备忘录、开展项目合作的概率越小。

5.3.2 匹配质量检验分析

考察第三方市场合作给参与方带来的贸易效应，理想的做法是比较同一个国家或地区在联合声明或谅解备忘录发表或签署与否两种状态下的贸易规模差异，但在现实中只能观测到同一个国家或地区的一种状态。为此，本章运用PSM法构造"反事实"样本，考虑到控制组样本较为充足，本章采用1∶4无放回近邻匹配法对控制组和处理组进行匹配（孙晓华等，2020）[223]。为满足共同支撑假设，将非重合区域样本删除后对匹配变量进行了平衡性检验和匹配质量总体检验（见表5.4和表5.5），并画出倾向匹配前后两组PS值的核密度图（见图5.1）。

表5.4 匹配平衡性检验结果

变量	样本	平均值 处理组	平均值 控制组	标准偏差（%）	t检验 t	t检验 p>|t|
$\ln AGDP_i$	匹配前	8.931	8.747	11.9	1.87	0.062
$\ln AGDP_i$	匹配后	8.947	8.921	1.1	0.11	0.911
$\ln AGDP_j$	匹配前	8.950	8.730	15.0	2.35	0.019
$\ln AGDP_j$	匹配后	8.942	8.97	−1.9	−0.20	0.841

115

续表

变量	样本	平均值 处理组	平均值 控制组	标准偏差（%）	t检验 t	t检验 p>|t|
ln$DIST$	匹配前	8.793	8.404	52.3	7.09	0.000
	匹配后	8.782	8.772	1.4	0.17	0.867
lnPOP_i	匹配前	18.209	16.673	82.0	14.39	0.000
	匹配后	18.130	18.031	5.3	0.58	0.565
lnPOP_j	匹配前	18.241	16.634	85.9	14.97	0.000
	匹配后	18.162	18.238	−4.1	−0.43	0.668
TIG	匹配前	0.033	0.038	−2.7	−0.40	0.688
	匹配后	0.035	0.053	−9.9	−0.96	0.335
$LANDLOCK_i$	匹配前	0.033	0.173	−47.1	−5.70	0.000
	匹配后	0.035	0.042	−2.6	−0.42	0.673
$LANDLOCK_j$	匹配前	0.033	0.182	−49.3	−5.94	0.000
	匹配后	0.035	0.038	−1.1	−0.19	0.852
$LANG$	匹配前	0.167	0.123	20.5	3.54	0.000
	匹配后	0.174	0.216	−3.5	−0.33	0.739
$LEGAL$	匹配前	0.325	0.441	−24.1	−3.59	0.000
	匹配后	0.339	0.312	5.6	0.62	0.535
COL	匹配前	0.112	0.108	2.8	0.43	0.667
	匹配后	0.122	0.147	−7.9	−0.79	0.433
FTA	匹配前	0.196	0.171	6.4	1.00	0.317
	匹配后	0.187	0.200	−3.4	−0.35	0.724

表5.5 匹配质量总体检验结果

样本	$Pseudo\text{-}R^2$	LR	$MeanBias$	B	R
匹配前	0.255	556.8	33.3	163.4*	0.80
匹配后	0.006	3.82	4.0	18.3	0.74

由表5.4可见，匹配后各组主要变量的标准偏差均小于10%，t检验也反映出匹配后的样本在匹配变量上不存在显著差异。由表5.5可见，无论是$Pseudo\text{-}R^2$、似然比检验值，还是整体平均偏差都有非常明显的下降，其他检验指标中，B为18.3%，小于25%，R为0.74，介于[0.5,2]。由图5.1

可见，匹配缩小了两组样本 PS 值的核密度差异，两组样本满足平行趋势假设，可以通过 DID 回归分析测度第三方市场合作对贸易影响的真实效果。

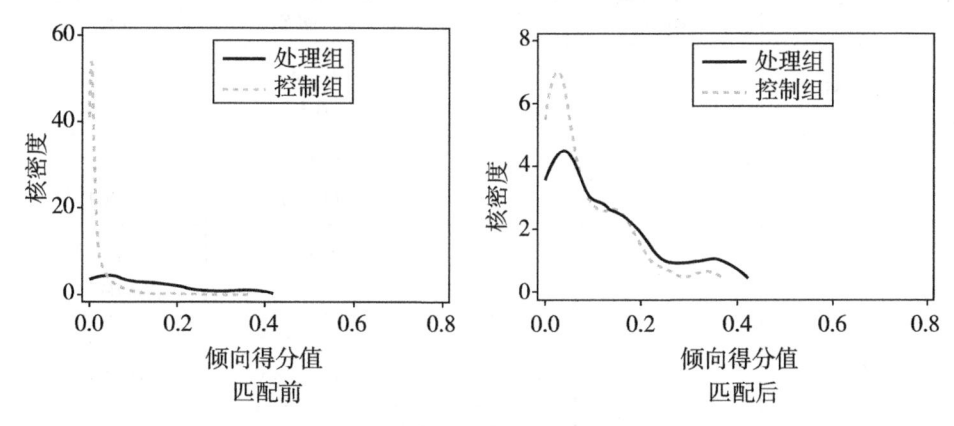

图 5.1　倾向得分值概率分布密度函数

数据来源：作者使用 Stata 软件自行绘制。

5.3.3　基准回归结果

为使结果更具严谨性，本章使用混合回归和固定效应两种回归方法进行估计，具体结果如表 5.6 所示。

表 5.6　第三方市场合作贸易促进效应 PSM-DID 估计结果

变量	模型（1） OLS	模型（1） FE	模型（2） OLS	模型（2） FE
TPMC×YEAR	4.364*** (0.460)	0.099** (0.047)	0.676*** (0.233)	0.424*** (0.053)
TPMC	3.946*** (0.085)		0.635*** (0.045)	
YEAR	5.127*** (0.544)		0.627*** (0.228)	
$\ln AGDP_i$			1.195*** (0.006)	0.462*** (0.022)
$\ln AGDP_j$			0.929*** (0.006)	0.448*** (0.027)

续表

变量	模型（1）		模型（2）	
	OLS	FE	OLS	FE
ln$DIST$			-0.833*** (0.013)	-0.043 (0.064)
lnPOP_i			1.233*** (0.004)	0.716*** (0.064)
lnPOP_j			0.974*** (0.005)	0.373*** (0.043)
TIG			0.987*** (0.043)	0.063 (0.277)
$LANDLOCK_i$			-0.691*** (0.023)	-1.769*** (0.608)
$LANDLOCK_j$			-0.284*** (0.021)	-0.047 (0.208)
$LANG$			0.262*** (0.025)	0.263 (0.543)
$LEGAL$			0.349*** (0.016)	0.287* (0.146)
COL			0.654*** (0.026)	0.087 (0.090)
FTA			0.973*** (0.021)	0.087*** (0.028)
控制时间趋势	是	是	是	是
N	83510	83510	83510	83510
R^2	0.748	0.473	0.708	0.391

注：*、**、***表示在10%、5%和1%的水平下显著，括号内的数字为稳健性标准误。

模型（1）未加入控制变量，模型（2）加入了控制变量，$TPMC \times YEAR$系数均显著为正，说明第三方市场合作对参与国的双边贸易规模具有正向促进作用，可谓真正实现"1+1+1>3"的效果，即假设1得证。这与商务部公布的2022年中国外贸运行形势整体向好，其中，与沿线国家货物贸易额达13.83万亿元，同比增长19.4%的现实相符。

5.3.4 稳健性检验

第三方市场合作产生了显著的贸易效应，但该贸易效应是源自第三方市场合作本身所释放的红利，还是存在其他随机性因素，需要进一步检验。为此，本章对初始样本更换匹配方式，即分别采用半径匹配和核匹配方法重新匹配后，在保证匹配的平衡性检验结果和质量总体检验结果符合回归要求的前提下，再进行 DID 回归稳健性检验，最终回归结果如表 5.7 所示。

表 5.7 半径匹配和核匹配回归结果

变量	半径匹配 OLS	半径匹配 FE	核匹配 OLS	核匹配 FE
TPMC×YEAR	0.636*** (0.242)	0.366** (0.054)*	0.637*** (0.242)	0.363*** (0.054)
TPMC	0.644*** (0.045)		0.637*** (0.045)	
YEAR	0.647*** (0.233)		0.640*** (0.233)	
$\ln AGDP_i$	1.194*** (0.006)	0.409*** (0.027)	1.194*** (0.006)	0.407*** (0.027)
$\ln AGDP_j$	0.922*** (0.006)	0.478*** (0.027)	0.922*** (0.006)	0.468*** (0.027)
$\ln DIST$	-0.815*** (0.012)	-0.068 (0.064)	-0.815*** (0.012)	-0.068 (0.064)
$\ln POP_i$	1.138*** (0.004)	0.200*** (0.059)	1.138*** (0.004)	0.200*** (0.059)
$\ln POP_j$	0.955*** (0.005)	0.434*** (0.042)	0.955*** (0.005)	0.434*** (0.042)
TIG	1.009*** (0.041)	0.128 (0.271)	1.009*** (0.041)	0.128 (0.271)
$LANDLOCK_i$	-0.654*** (0.022)	-0.548 (0.566)	-0.654*** (0.022)	-0.548 (0.566)
$LANDLOCK_j$	-0.270*** (0.021)	-0.122 (0.207)	-0.270*** (0.021)	-0.122 (0.207)

续表

变量	半径匹配		核匹配	
	OLS	FE	OLS	FE
LANG	0.253***	0.205	0.253***	0.205
	(0.025)	(0.487)	(0.025)	(0.487)
LEGAL	0.373***	0.296*	0.373***	0.296*
	(0.016)	(0.142)	(0.016)	(0.142)
COL	0.670***	0.072	0.670***	0.072
	(0.025)	(0.090)	(0.025)	(0.090)
FTA	0.990***	0.0158	0.990***	0.0158
	(0.020)	(0.028)	(0.020)	(0.028)
控制时间趋势	是	是	是	是
N	83490	83473	83500	83489
R^2	0.708	0.085	0.708	0.086

注：*、**、***表示在10%、5%和1%的水平下显著，括号内的数字为稳健性标准误。

由表5.7可见，无论采用半径匹配方法还是核匹配方法进行DID估计，核心解释变量的系数在1%水平上均显著为正，这说明第三方市场合作确实可以扩大参与国间的双边贸易规模，与基准回归估计结果一致，说明本章实证结果是稳健的。

5.3.5 异质性分析

由于沿线国家资源禀赋和自身条件参差不齐，发展目标及诉求不尽相同，对中国推进第三方市场合作的意愿和目的的理解程度不同，且中国与沿线国家间的政治关系、经贸关系也存在差异，这就可能导致不同收入水平国家、不同区域国家开展第三方市场合作对双边贸易具有不同的作用效果。此外，不同联合声明或谅解备忘录涉及的合作内容侧重点和发表或签署时间不尽相同，发挥作用的时间先后，以及不同类型的第三方市场合作，都有可能导致第三方市场合作的贸易效应出现差异化。

(1) 第三方市场合作贸易效应的国家异质性分析。为进一步优选第三方市场合作区域，本章按照世界银行划分标准，将中等偏下和中等偏上收入国家并称为中收入国家，最终形成高收入、中收入、低收入三类国家样本。根据出口国和进口国属于不同国家分类可以得到九个回归结果，因为第三方市场合作是中国与发达国家在沿线国家开展的国际经济合作，所以，回归结果中没有涉及两个低收入国家组合的 DID 系数，具体结果如表 5.8 所示。

表 5.8 第三方市场合作贸易效应的国家差异性回归结果

变量	(1)	(2)	(3)	(4)	(5)	(6)	(7)	(8)
出口国	高收入国家	高收入国家	高收入国家	中收入国家	中收入国家	中收入国家	低收入国家	低收入国家
进口国	高收入国家	中收入国家	低收入国家	高收入国家	中收入国家	低收入国家	高收入国家	中收入国家
TPMC× YEAR	0.066 (0.085)	0.292*** (0.100)	0.258 (0.195)	0.967*** (0.126)	1.178*** (0.120)	1.213*** (0.386)	−0.248 (0.234)	0.616*** (0.250)
控制变量	是	是	是	是	是	是	是	是
控制时间趋势	是	是	是	是	是	是	是	是
N	3696	5588	3620	5578	15452	2890	3218	9398
R^2	0.222	0.376	0.014	0.051	0.323	0.146	0.184	0.137

注：*、**、***表示在 10%、5% 和 1% 的水平下显著，括号内的数字为稳健性标准误。

由表 5.8 可见，(2)、(4)、(5)、(6)、(8) 列的 DID 系数显著为正，这说明第三方市场合作对中低收入国家即发展中国家的贸易促进作用大于发达国家，故假设 2 得证。这可能是因为，第一，中收入国家具有自身的比较优势和特色强项，拥有较大的发展潜力，在开展第三方市场合作时，其以项目为契机，偏好从国内采购项目所需的机器设备和相关产品，进而带动本国出口贸易额的增长。第二，中收入国家的重合产业及其技术水平相似度高，联合中收入国家进行第三方市场合作，可有效减少贸易中的同质竞争和不公平竞争，从而扩大贸易规模。第三，相较于高收入国家，中、低收入国家之间的经济发展差距较小，接近性也是一种资源的理念，可促使这两类国家间开展贸易。这也说明沿线国家是第三方市场合作的最大受益者。第 (1)、(3)、(7) 列的 DID 系数不显著说明第三方市场合作对高收入国家间，以及高收入和低收入国家间的贸易促进作用不显著。当贸易双方都为高收入国家即发达国家时，因为大多数发达国家凭借其健全的法律制度、完善的经济政策、强大的产业聚集力和辐射力，早已构建了比较成熟的区域贸易网络，形成了彼此间的稳定贸易关系，所以，第三方市场合作对发达国家间的贸易促进作用不显著。而低收入国家经济发展水平、制度文化传统、资源禀赋条件、产业结构与发达国家存在很大差距，其发展诉求也不尽一致，这就可能导致低收入国家响应第三方市场合作的意愿、能力和强度不如中收入国家那样强烈，加之中收入国家的贸易增长对低收入国家的贸易形成挤占，从而导致第三方市场合作对高低收入国家间的贸易促进作用不显著。

（2）第三方市场合作贸易效应的区域异质性分析。根据《"一带一路"贸易合作大数据报告（2018）》对"一带一路"沿线国家及区域的划分标准，结合第三方市场合作的项目实施地点，本章分设六个区域①进行分样本回归分析，以测度第三方市场合作贸易效应的区域异质性，具体结果如表5.9所示。

表5.9　第三方市场合作贸易效应的区域差异性回归结果

变量	（1）东南亚地区	（2）大洋洲地区	（3）西亚地区	（4）南亚地区	（5）东欧地区	（6）非洲及拉美地区
TPMC×YEAR	0.586*** (0.132)	0.423 (0.363)	0.414*** (0.085)	0.428*** (0.075)	0.450 (0.284)	0.182 (0.193)
控制变量	是	是	是	是	是	是
控制时间趋势	是	是	是	是	是	是
N	7830	3023	17300	15296	8561	8780
R^2	0.525	0.275	0.323	0.482	0.683	0.489

注：*、**、***表示在10%、5%和1%的水平下显著，括号内的数字为稳健性标准误。

由表5.9可见，第三方市场合作对亚洲地区国家的双边贸易促进效应显著，对大洋洲地区、东欧地区、非洲及拉美地区的贸易促进效应不显著。从地理角度而言，中国地处亚洲，是第三方市场合作的主要推动者和重要参与

---

① 由于中亚五国没有开展第三方市场合作项目，无法测度其贸易效应大小，故在表5.9中未体现。东南亚地区包括马来西亚、印度尼西亚、缅甸、泰国、老挝、柬埔寨、越南、文莱、菲律宾；大洋洲地区包括巴布亚新几内亚。西亚地区包括伊朗、伊拉克、土耳其、约旦、黎巴嫩、以色列、沙特阿拉伯、也门、阿曼、阿联酋、卡塔尔、科威特、巴林、阿塞拜疆、格鲁吉亚、亚美尼亚；南亚地区包括印度、巴基斯坦、孟加拉国、阿富汗、斯里兰卡、尼泊尔、马尔代夫；东欧地区包括俄罗斯、乌克兰、白俄罗斯、摩尔多瓦、波兰、立陶宛、爱沙尼亚、拉脱维亚、捷克、斯洛伐克、斯洛文尼亚、匈牙利、波黑、阿尔巴尼亚、克罗地亚、保加利亚、罗马尼亚、北马其顿；非洲及拉美地区包括南非、摩洛哥、埃及、马达加斯加、埃塞俄比亚、加纳、莫桑比克、几内亚、巴拿马、厄瓜多尔、秘鲁。

者，地缘经济和地缘政治的作用使得中国与亚洲国家的合作最为紧密，通过第三方市场合作可以改善亚洲区域基础设施较为薄弱的现状，扩大贸易规模。进一步观察贸易效应系数可知，东南亚系数较大，双边贸易促进效果最为明显，这是因为中日第三方市场合作主要集中在东南亚国家，两国签署的合作项目协议数量较多，在东南亚国家打造了很多示范性项目，带动了双边贸易的发展。

（3）第三方市场合作模式的异质性分析。本章根据国家发展和改革委员会发布的《第三方市场合作指南和案例》中涉及的五种合作类型进行分类回归，以测度不同合作模式对贸易促进作用的异质性，具体结果如表5.10所示。

表5.10 第三方市场合作不同类型对贸易效应的回归结果

变量	（1）产品服务类	（2）工程合作类	（3）投资合作类	（4）产融结合类	（5）战略合作类
TPMC×YEAR	0.522*** (0.077)	0.834*** (0.086)	0.711*** (0.100)	0.526*** (0.082)	0.754*** (0.122)
控制变量	是	是	是	是	是
控制时间趋势	是	是	是	是	是
N	83510	83510	83510	83510	83510
R^2	0.435	0.391	0.319	0.298	0.518

注：*、**、***表示在10%、5%和1%的水平下显著，括号内的数字为稳健性标准误。

由表5.10可见，五种合作模式都能实现合作参与国间双边贸易的增进，说明第三方市场合作具有显著的贸易促进效应，再次印证假设1成立。进一步观察五种合作类型系数大小可知，工程合作类、战略合作类、投资合作类的系数大于产品服务类和产融结合类，对双边贸易的促进作用更强。相比产品服务类和产融结合类，合作类第三方市场合作更为立体和深入，更能加强中外企业的利益融合，深化合作层次，优化资源配置，为扩大彼此间的双边贸易奠定良好基础。

5.4 机制检验

基于5.1的机制分析，分别从贸易成本角度和"五通"角度对第三方市场合作促进参与国间双边贸易规模的机制进行检验。

5.4.1 第三方市场合作对贸易成本的机制检验

本章采用2009—2020年68个沿线国家进出口通关时间（time）和费用（cost）测度通关成本，其中，通关时间以小时计算，通关费用以美元计算，数据来源于世界银行营商环境调查数据库和营商环境报告；采用铁路总公里数（railway）测度运输成本，数据来源于世界银行WDI数据库；采用全球治理指标体系中话语权和问责（VA）、政治稳定性与无暴力程度（PSV）、政府效能（GE）、监管质量（RQ）、法治水平（RL）、腐败控制（CC）六个指标的均值测度制度成本（inst），数值越高，说明制度环境质量越好，数据来源于世界银行WGI数据库；其余控制变量与基准回归中的控制变量相同。

表5.11 第三方市场合作对贸易成本的机制检验

变量	lntime	lncost	lnrailway	lninst
TPMC×YEAR	-0.032***	-0.111***	0.450**	0.322**
	(0.011)	(0.037)	(0.210)	(0.151)
控制变量	是	是	是	是
样本数	808	810	802	816

注：*、**、***表示在10%、5%和1%的水平下显著，括号内的数字为稳健性标准误。

由表5.11可见，第三方市场合作对通关时间、通关费用、铁路总公里数和制度成本的影响均显著。这说明第三方市场合作密切了中国与沿线国家的经贸往来，加强了合作参与方间的政策沟通和协调，以及互联互通程度，有利于贸易便利化。机制检验结果说明第三方市场合作可以降低贸易成本。

5.4.2 第三方市场合作对"五通"建设的机制检验

本章采用第三方市场合作参与国双边高级官员互访数量（visit）测度政策沟通，数据来源于外交部网站；采用中国向各沿线国家的对外承包工程完成营业额（turnover）测度设施联通，数据来源于国家统计局；采用贸易密集度（intensity）测度贸易畅通，数据来源于CEPII的BACI数据库和UNCOMTRADE数据库①；采用中资银行在沿线国家设立的分支机构数量（banknum）测度资

---

① 贸易密集度计算公式为：出口密集度=（A国对B国的出口额/A国的出口总额）/（B国进口总额/世界贸易中进口总额）；进口密集度=（A国从B国的进口额/A国的进口总额）/（B国出口总额/世界贸易中出口总额）。本章将中国与沿线国家出口密集度和进口密集度分别计算后各赋权重0.5计算贸易密集度。

金融通，该数据从各大中资银行网站搜集整理得到；采用沿线国家开设孔子学院（课堂）数量（$confucius$）测度民心相通，数据来源于孔子学院总部和国家汉语国际推广领导小组办公室官网；其余控制变量与基准回归中的控制变量相同。

表 5.12 第三方市场合作的"五通"机制检验

变量	ln$visit$	ln$turnover$	ln$intensity$	ln$banknum$	ln$confucius$
TPMC×YEAR	0.072***	0.630***	0.821***	0.026**	0.154***
	(0.022)	(0.156)	(0.176)	(0.012)	(0.074)
控制变量	是	是	是	是	是
样本数	2365	1098	1180	2135	739

注：*、**、*** 表示在 10%、5% 和 1% 的水平下显著，括号内的数字为稳健性标准误。

由表 5.12 可见，第三方市场合作对于"五通"的影响均显著。开展第三方市场合作后中国与沿线国家政策沟通频率、互联互通程度和贸易密切程度显著提高，中资银行金融机构在沿线国家分支机构数量显著增加、文化沟通有所加强，说明第三方市场合作的开展对"五通"建设具有积极影响。

5.5 区域及合作国家选择

5.5.1 区域选择

前文的实证结果证明了第三方市场合作可以释放贸易潜力，促进第三方市场合作参与国双边贸易规模的扩大，为进一步精准化选择合作区域，本节选取 Peter Drysdale（1967）[224]基于 RCA 指数提出的贸易互补指数，测度分析中国和沿线国家的贸易关系。计算公式为

$$TCI_{ij} = \sum_k \left[(RCA_{ik}^x \times RCA_{jk}^m) \times \left(\frac{M_{wk}}{M_w}\right) \right] \quad (5.3)$$

$$RCA_{ik}^x = \frac{\frac{X_{ik}}{X_i}}{\frac{X_{wk}}{X_w}}, \quad RCA_{jk}^m = \frac{\frac{M_{jk}}{M_j}}{\frac{M_{wk}}{M_w}}$$

式中，$RCA_{ik}^x \times RCA_{jk}^m$ 为单类产品的贸易互补性指数；TCI_{ij} 为综合贸易互补性指

数；RCA_{ik}^x、RCA_{jk}^m 分别为在 k 类产品①上 i 国的出口比较优势和 j 国的进口比较优势；X_{ik}、X_i 为 i 国 k 类产品的出口额和该国总出口额；M_{jk}、M_j 为 j 国 k 类产品的进口额和该国总进口额；M_{wk}、M_w 为世界 k 类产品的进口额和总进口额。TCI_{ij} 介于 0 和 1 之间说明两国贸易互补性弱，TCI_{ij} 大于 1 说明两国贸易互补性强。

由图 5.2 和图 5.3 可见，中国进口与东南亚、东欧、中亚出口的贸易互补指数大于 1 或接近 1，中国出口与东南亚、中亚进口的贸易互补指数接近 1 或大于 1，表明彼此间贸易互补性较强。从时间趋势来看，中国进口与西亚、中亚、非洲及拉美地区出口的贸易互补性逐渐增强，与东南亚、南亚、东欧出口的贸易互补性呈现减弱趋势；中国出口与沿线各地区进口贸易的互补性都逐渐增强。总体而言，这是中国和沿线地区随着经济发展和产业政策的调整，相继进行产业结构优化升级的结果。贸易互补性的增强得益于三个方面：第一，中国和沿线各地区具有资源互补性。中国在制造业、基础设施建设、能源等领域有较强的实力和优势，沿线国家在农产品、矿产资源、劳动力等方面具备一定优势。资源互换和互补增加了贸易的互补性。第二，各国提供政策支持，创造良好的贸易环境。自"一带一路"倡议提出以来，中国加强与沿线国家的政策沟通和协调，采取了关税优惠、贸易便利化等一系列政策和措施，支持双边贸易合作。第三，区域经贸合作实现了彼此间产业链和供应链的畅通对接。

从贸易角度来看，为减少中国和沿线国家贸易互补性降低对双边贸易规模的不利影响，中国可以将东南亚、南亚作为第三方市场合作的重点区域，发挥第三方市场合作的贸易促进效应，扩大彼此间的贸易规模；基于西亚、中亚、非洲和拉美地区与中国贸易互补性增强的现实，通过开展全类型的第三方市场合作进一步扩大彼此间的双边贸易，发挥市场力量，实现贸易效应叠加。

---

① 本书产品类别参考 SITC 统一分类统计方法，根据其 1 位码可将商品分为以下 10 个大类：SITC0，食品和活动物；SITC1，饮料及烟草；SITC2，非食用原料（不包括燃料）；SITC3，矿物燃料、润滑油及有关原料；SITC4，动植物油、脂及蜡；SITC5，化学制品；SITC6，主要按原料划分类的制成品；SITC7，机械及运输设备；SITC8，杂项制品；SITC9，未另分类的其他商品和交易。

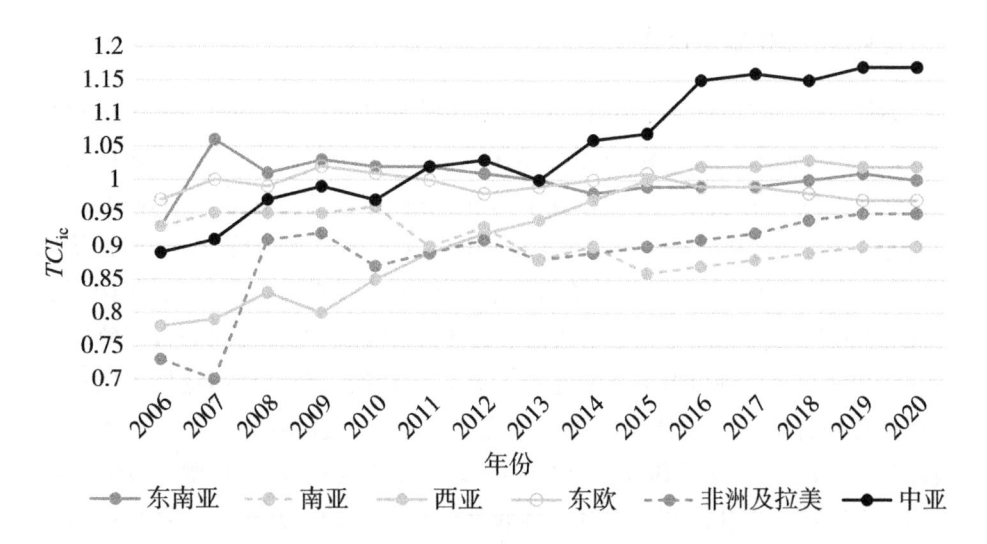

第5章 第三方市场合作贸易效应及区域、模式优选研究

图 5.2 2006—2020 年沿线各地区出口与中国进口的贸易互补性指数

注：C 代表中国，i 为"一带一路"沿线各地区，TCI_{ic} 为 i 地区出口与中国进口间的互补性。

数据来源：作者根据联合国贸易发展数据库数据使用式（5.3）计算所得。

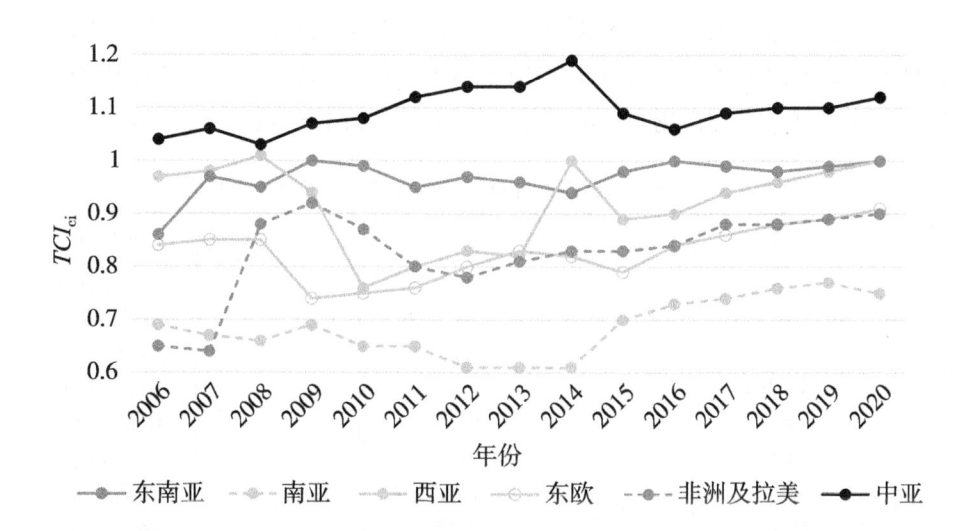

图 5.3 2006—2020 年中国出口与沿线各地区进口的贸易互补性指数

注：C 代表中国，i 为"一带一路"沿线各地区，TCI_{ci} 为中国出口与 i 地区进口间的互补性。

数据来源：作者根据联合国贸易发展数据库数据使用式（5.3）计算所得。

5.5.2 合作国家选择

为促进第三方市场合作参与国双边贸易规模的扩大,一方面,当中国和既定的合作国开展第三方市场合作时,依据不同的贸易效应可以在东道国区域上做出选择;另一方面,当中国对既定的东道国落地实施第三方市场合作项目时,如何选择最佳的合作国也是需要考虑的问题。如当东道国为马来西亚时,从地理位置考量,新加坡可能是最优合作国;从是否具有殖民关系考量,英国可能是最优合作国。因此,在选定东道国后,本章根据是否有共同语言、殖民关系、法律渊源、地理位置等指标选择合作国,构造一个合作国选择函数将这一选择程序标准化,具体步骤为:首先,构造一个包括共同语言(LANG)、殖民关系(COL)、法律渊源(LEGAL)、地理距离(DIST)、接壤(TIG)、加入同一个区域一体化组织(FTA)等属性的得分函数;其次,计算沿线国家即东道国同合作国的得分,取最大值即推荐合作国。选择函数如下所示

$$score = \beta_1 LANG + \beta_2 COL + \beta_3 LEGAL + \beta_4 \ln DIST + \beta_5 TIG + \beta_6 FTA \quad (5.4)$$

$$coop = \max[(score_1, score_2, \cdots, score_{14})] \quad (5.5)$$

其中,coop 表示得分最高的国家,其他变量含义和数据来源与前文实证部分相同,系数 β 取自表 5.6 模型(二)固定效应回归结果。本章用 Python 软件对 68 个沿线国家和 14 个合作国运行上述合作国选择函数,得到中国在沿线国家开展第三方市场合作的最佳合作国,具体结果如表 5.13 所示。

表 5.13 中国在沿线国家开展第三方市场合作的最佳合作国

合作国	东道国	合作国	东道国	合作国	东道国
日本	蒙古国 缅甸 泰国 老挝 柬埔寨 越南 文莱 孟加拉国	法国	南非 摩洛哥 埃及 马达加斯加 埃塞俄比亚 加纳 莫桑比克 也门	奥地利	哈萨克斯坦 吉尔吉斯斯坦 乌兹别克斯坦 塔吉克斯坦 土库曼斯坦 立陶宛 亚美尼亚 格鲁吉亚 阿富汗 斯洛伐克 斯洛文尼亚 乌克兰 白俄罗斯 沙特阿拉伯

续表

合作国	东道国	合作国	东道国	合作国	东道国
英国	马来西亚 印度 巴基斯坦 阿曼 马尔代夫 阿联酋 北马其顿 伊朗 伊拉克 土耳其 尼泊尔 斯里兰卡 约旦 黎巴嫩 以色列	西班牙	科威特 巴林 俄罗斯 摩尔多瓦 波兰 爱沙尼亚 拉脱维亚 捷克 匈牙利 波黑 克罗地亚 保加利亚 罗马尼亚	荷兰	厄瓜多尔 巴拿马
葡萄牙	菲律宾 印度尼西亚	澳大利亚	巴布亚新几内亚 卡塔尔	意大利	阿塞拜疆 阿尔巴尼亚
韩国	秘鲁	新加坡	几内亚		

5.6 本章小结

本章从 CEPII 数据库、联合国贸易发展数据库、世界银行 WGI 和 WDI 数据库获取 2006—2021 年 83 个国家的双边贸易数据及其他控制变量数据，使用 PSM-DID 方法实证测度第三方市场合作的贸易效应，获得以下结论：

（1）总体来看，第三方市场合作可有效扩大参与国间双边贸易规模。中国应加大第三方市场合作力度，实现要素资源的跨境流动和优化配置，推动全球产业链高、中、低端有机融合，联通企业与市场的贸易机会，实现各方利益主体的贸易利益增进。

（2）分区域、分国家来看，第三方市场合作对不同收入水平和不同区域国家的贸易促进效应存在异质性，即对中低收入国家和亚洲地区国家双边贸易的促进效应更加显著，中国应将亚洲地区作为第三方市场合作的优选区域，构建梯队发展层次，强化地缘经济的优势互补，着力为亚洲地区发展中国家贸易发展谋福祉。

（3）第三方市场合作的不同类型对参与国间双边贸易均具有显著促进作用，工程合作类、战略合作类、投资合作类第三方市场合作的贸易促进效应更为显著。

（4）从贸易角度选择第三方市场合作区域时，通过测算贸易互补指数，认为中国可以将东南亚、南亚地区作为重点合作区域，并从法律、文化、地理距离等方面筛选合作国。

第6章　第三方市场合作投资效应及区域、模式优选研究

根据商务部统计，2013—2022年，中国与沿线国家双向投资合计超过2700亿美元，中国对沿线国家直接投资累计达1822亿美元，沿线国家已成为中国企业对外投资的首选地；沿线国家在华实际累计投资800多亿美元。第三方市场合作是市场导向、政府意志和企业合作意愿的有机结合，即以市场合作为原则，在政府协调推动下由市场配置资源，形成明确的产业指向和地域目标。本章将从投资角度构建实证模型测度第三方市场合作的投资效应。

6.1　理论机制与研究假设

6.1.1　第三方市场合作对对外直接投资的作用机制

（1）第三方市场合作对对外直接投资的直接作用

①第三方市场合作通过降低信息搜寻成本，激励投资

由于各国政治、经济、文化环境存在差异，任何一个海外投资者都会在进行投资活动前倾注时间，投入人力、物力去了解东道国社会制度，以规避风险和减小不确定因素所带来的财产损失。第三方市场合作是一种市场经济下的国际经济合作行为，市场是信息的聚集地，市场共享信息的最大优势就是信息的全面性和即时性，这为合作国的决策提供了重要保障。第三方市场合作联合声明或谅解备忘录的文本内容之一就是政府为企业创造交流沟通平台，促进企业间项目信息的共享和交流。这为合作方实施投资活动，提供了更多的直接信息，降低了企业信息搜寻成本，有利于中国对外直接投资活动的开展。

②第三方市场合作可提升进入市场的便利化，促进投资

第三方市场合作不仅是政府间、企业间的合作，更是市场化的合作。在市场的驱动和导向下，合作国加深了对进入市场主体资格的认知和投资数额的把握，增强了进入市场、参与投资活动的信心。合作方发表或签署的第三方市场合作联合声明或谅解备忘录，其内容中涉及的合作企业的合作领域、

合作范围、合作条件以及三国政府的权利和义务规定，为投资者制定投资战略、协调投资比例、优选投资区域和投资模式、规范投资行为提供良好的指引作用。在第三方市场合作开展过程中，对参与第三方市场合作项目的企业简化注册手续，缩短注册时间，对项目工作人员的签证、工作许可给予便利条件，可以激发投资者对东道国投资的积极性，鼓励投资者到该国投资。

（2）第三方市场合作对对外直接投资的间接作用

①第三方市场合作通过共商、共建、共享，增强合作信心，吸引投资

从合作对象来看，第三方市场合作就政策而言，属于经济体之间的合作行为；就形式而言，是在遵循市场扩张原则基础上，企业之间的商业行为和合作行为。合作方从各自的战略定位和价值主张出发，通过协商寻找合作领域，并持续性投入资源开展合作。从合作机制来看，第三方市场合作采用的多边机制有助于突破现有双边投资机制的局限，增信释疑，深化利益融合，促使企业关注长期利益，推动市场要素资源高效配置。从合作实践来看，发表联合声明或签署谅解备忘录作为一种方向引领，是各国政府"政策通"的体现和达成合作共识、寻求共同利益、落实"共商、共建、共享"原则的表现，这种方向引领增强了合作参与方的投资信心，因此，发表联合声明或签署谅解备忘录不仅可以促使缔约国之间投资活动的开展，也可以促使缔约国对第三国投资。

②第三方市场合作联合声明或谅解备忘录可改善制度差异，促进投资

投资者在进行海外投资时首要考虑的就是投资的安全性，而与安全性息息相关的则是东道国的制度环境。良好的制度环境会降低一国对外直接投资活动的交易费用、转移成本、风险和不确定性，从而提高企业在国内外市场的要素配置效率和投资绩效。沿线国家营商环境不佳、制度环境不完善，不利于吸引外资，中国投资者也会因东道国政治动荡、宗教冲突或经济不稳定而对其开展投资心存疑虑。一般而言，制度环境造成的风险包括由东道国本身制度产生的绝对风险和与母国制度差异而产生的相对风险，以及因双边制度联系等问题引发的特定风险。第三方市场合作是一种政府推动下的企业境外合作行为，中国政府通过与合作国、东道国政府的政策沟通和协调，在经营便利性和投资安全性上为投资者提供一定程度的保障，改善国家间制度差异给单个企业"出海"投资造成的困扰，形成"集体行动优势"，从而促进中国对外直接投资规模的扩大。此外，第三方市场合作涉及沿线国家自然资源及基础设施建设较多，项目建设关系着东道国的国家安全，这就需要第三方市场合作参与国之间的相互信任。发表联合声明或签署谅解备忘录能够切

实增强缔约国的政治互信，减少投资者对环境的适应成本，且联合声明或谅解备忘录中明确的开展合作条件以及各自享有的权利和应尽的义务，还会增强缔约国之间的制度保护，降低合作者海外资产遭受不公平待遇的概率，一定程度上降低东道国制度环境带来的相对风险，激发中国对沿线国家的投资活力，实现中国对外直接投资的良性循环。

当然，联合声明或谅解备忘录的改善作用会随着东道国国内体制的改善而减弱，从而可以预见，联合声明或谅解备忘录对中、低收入国家的改善效应更为明显，对高收入国家的作用可能不会特别明显。因为对于制度较为完善的高收入国家，其国内体制本身的优势就能吸引外国投资者进行投资。

6.1.2 第三方市场合作类型与中国对外直接投资

《牛津法律大词典》中将"契约"定义为两方和多方之间为履行相互设定的合法义务而形成的具有法律强制力效用的协议。一份完备的契约几乎可以解决合作中的所有问题，合作双方构建的契约关系既是理性的自由抉择，更是对利益的精确考量。联合声明或谅解备忘录试图构建一种理性化、法律化和责任化的契约关系，合作方之间达成合作共识、确定共同目标是其签署和执行的基础，"共同参与、协作共赢"的契约合作精神会贯穿第三方市场合作全过程，在此基础上的契约合作更具有完备性、持续性和适应性，其中不仅包括发表联合声明或签署谅解备忘录各方之间构成的关系契约，还包括三方在合作过程中形成的隐形契约。在开展第三方市场合作过程中，中国的优质产能与发达国家的高端技术融合，采用契约方式管理和约束彼此之间的行为，凸显对合作动机、合作效应、合作机制、利益分配和彼此之间竞合关系的约束力，更加强调专业化合作和长期契约关系的维护，而这种着眼于未来的长远契约关系的建立有助于合作方开展更为广泛、长期的合作。国家发展和改革委员会发布的《第三方市场合作指南和案例》将第三方市场合作划分为产品服务类、工程合作类、投资合作类、产融结合类、战略合作类五种类型，与产融结合类和产品服务类相比，工程合作类、投资合作类和战略合作类由于需要中国企业通过并购、合资、参股、总分包、联合竞标等方式与外方企业依托某一具体项目开展第三方市场合作，更符合契约合作的内涵和外延，因此本书将这三种类型定义为契约合作型第三方市场合作（如图6.1所示）。

基于上述分析，本章提出如下假设：

假设1：第三方市场合作可促进中国企业向合作国及沿线国家的对外直接投资。

```
          ┌─────────── 中国对外直接投资 ───────────┐
          │                                              │
          ▼                                              ▼
       投资风险                                        投资成本
```

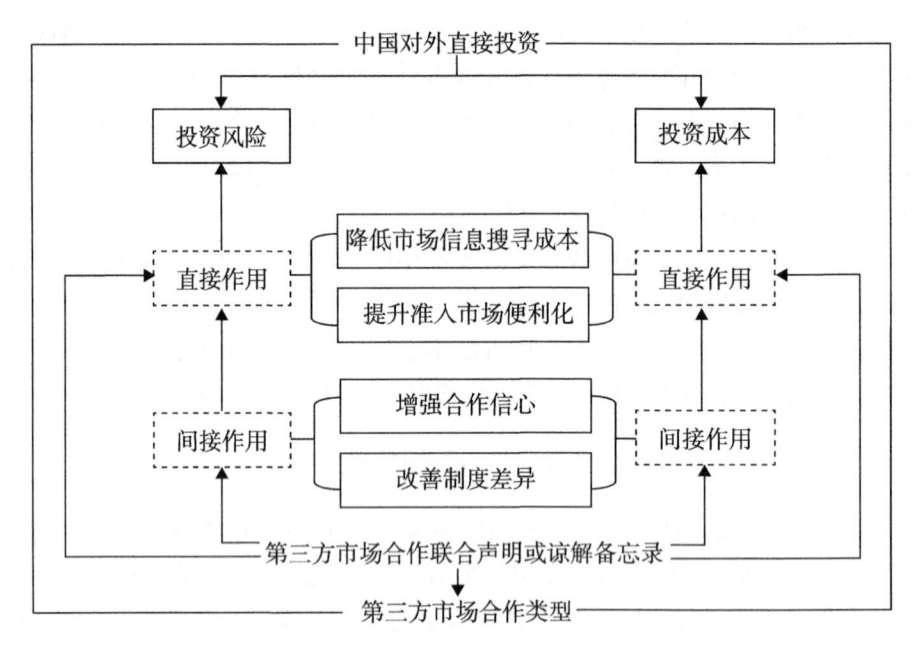

图6.1　第三方市场合作对中国对外直接投资的影响机制

资料来源：作者自行绘制。

假设2：第三方市场合作联合声明或谅解备忘录可改善东道国的制度环境质量，但存在国别差异，即对中、低收入或制度欠完善国家的投资促进作用比高收入或制度较完善的国家更加显著。

假设3：契约合作型第三方市场合作对中国对外直接投资的促进作用更为显著。

6.2　计量模型设定和数据说明

6.2.1　计量模型设定

本章在文献研究和机制分析基础上，设定如下计量模型用于检验第三方市场合作对中国对外直接投资的影响：

$$OFDI_{it} = \beta_0 + \beta_1 TPMC_{it} + \beta_2 INST_{it} + \beta_3 TPMC_{it} \times INST_{it} + \beta_4 X_{it} + \varepsilon_{it} \tag{6.1}$$

式（6.1）中 t 表示年份，i 表示国家，被解释变量 $OFDI_{it}$ 表示中国在第 t 年对国家 i 的投资存量；核心解释变量 $TPMC_{it}$ 为虚拟解释变量，表示中国在

第 t 年与 i 国发表第三方市场合作联合声明或签署谅解备忘录；$INST_{it}$ 表示东道国 i 在第 t 年的制度环境；$TPMC_{it} \times INST_{it}$ 为交叉项，表示发表第三方市场合作联合声明或签署谅解备忘录在东道国 i 制度环境的影响下对 $OFDI$ 的影响效果；X_{it} 为控制变量，包括东道国市场规模 GDP_{it}、劳动力成本 $AGDP_{it}$、自然资源禀赋 NR_{it}、技术资源禀赋 RD_{it}、贸易开放度 $OPEN_{it}$；ε_{it} 为随机误差项。

6.2.2 变量说明及数据来源

（1）被解释变量

本章的被解释变量是中国对外直接投资额（$OFDI$），为更好地反映中国对外直接投资的逐年动态变化和企业投资动机，避免流量数据的异常值对实证结果产生有偏性影响，本章选择中国对外直接投资的存量数据作为被解释变量，相关数据来源于中国对外直接投资统计公报。

（2）核心解释变量

①第三方市场合作（$TPMC$）

本章的解释变量第三方市场合作联合声明或谅解备忘录是虚拟变量，截至 2023 年 4 月，中国已经发表或签署且生效的第三方市场合作联合声明或谅解备忘录共 14 份，将与中国发表第三方市场合作联合声明或签署谅解备忘录，以及落地实施第三方市场合作项目的国家赋值为 1，反之赋值为 0。相关数据来源于国家发展和改革委员会发布的《第三方市场合作指南和案例》。

②东道国制度环境质量（$INST$）

东道国制度环境质量是开展第三方市场合作的企业关注的因素之一，制度环境不仅会影响企业投资成本，而且关系到企业投资收益，二者关系在模型中以交叉项方式呈现。本章采用全球治理指标体系中话语权和问责（VA）、政治稳定性与无暴力程度（PSV）、政府效能（GE）、监管质量（RQ）、法治水平（RL）、腐败控制（CC）六个指标的均值测度东道国制度环境质量，数值越大说明制度环境质量越高，反之，则说明制度质量越低。相关数据来源于世界银行 WGI 数据库。

（3）控制变量

企业对外直接投资的动机分为市场导向型、成本导向型、资源导向型和技术导向型，据此本章在模型中增加与之对应的控制变量以保证回归结果的无偏性。

①东道国市场规模（GDP）

通常市场规模越大，越有利于企业实现规模效应和低成本。为了消除通货膨胀因素的影响，本章以2015年不变价（美元）统计的东道国GDP来衡量东道国市场规模。

②东道国劳动力成本（AGDP）

东道国劳动力成本是影响企业投资区域选择的重要因素之一，中国企业在进行对外直接投资区域选择时往往偏好于劳动力成本较低的国家（姜逸倩、申俊喜，2013）[225]，但由于各国工资水平数据的可获性差，本书借鉴Helpman（1987）[226]的做法，消除通货膨胀因素，以东道国人均GDP（以2015年不变价美元表示）来测度东道国劳动力成本。

③东道国自然资源禀赋（NR）

国内资源稀缺性和国外资源供给的不稳定性双重作用的叠加，促使中国投资者偏好于向自然资源丰富的国家进行投资。本章选取东道国燃料、矿产和金属出口额在货物总出口额中所占比重表示东道国自然资源禀赋。

④东道国技术资源禀赋（RD）

对外直接投资是技术共享和溢出的重要渠道。向技术优势国学习、引进先进技术是中国实现技术跨越、提升技术水平的有效途径。具有较高技术资源禀赋的国家对中国对外直接投资的吸引力更强。本章以东道国研发支出占GDP比重表示东道国技术资源禀赋。

⑤东道国贸易开放程度（OPEN）

一国贸易开放度越大，说明其贸易壁垒越弱，与别国的经贸联系越紧密，越有利于吸引外资。本章采用东道国进出口货物和服务贸易额占GDP比重，来测度东道国贸易开放程度。

上述五个控制变量所需数据均来源于世界银行WDI数据库。

⑥两国地理距离（DIST）

地理距离是中国企业在对外直接投资时考虑的因素之一，相关数据来源于CEPII的GRAVITY数据库。

6.2.3 样本选择

"一带一路"倡议是个开放性倡议，根据《"一带一路"贸易合作大数据报告（2018）》对"一带一路"国家及区域的划分，并考虑数据的连续性和可得性，本章最终选取2003—2021年82[①]个国家和地区的相关数据进行分析，样本总数量为1558个（见表6.1）。

表6.1 变量描述性统计分析

变量名	单位	观测值	均值	标准差	最小值	最大值
ln$OFDI$	万美元	1558	9.584	2.854	0	15.896
$TPMC$	—	1558	0.174	0.379	0	1
$INST$	—	1558	−0.059	0.813	−1.895	1.862
VA	—	1558	−0.180	0.941	−2.26	1.65
PSV	—	1558	−0.200	0.911	−3.18	1.62
RQ	—	1558	0.092	0.920	−2.40	2.26
CC	—	1558	−0.104	0.903	−1.67	2.39
GE	—	1558	0.076	0.876	−1.72	2.44
RL	—	1558	−0.037	0.903	−1.9	2.01
lnGDP	美元	1558	25.223	1.889	20.592	30.653
ln$AGDP$	美元	1558	8.708	1.337	5.542	11.205
ln$DIST$	千米	1558	8.710	0.495	7.063	9.737
NR	%	1558	24.495	28.861	0	99.986
RD	%	1558	0.923	0.979	0	5.436
$OPEN$	%	1558	88.747	50.166	0.167	437.327

为减小异方差和异常项对数据平稳性的影响，对 $OFDI$、GDP、$AGDP$、$DIST$ 四个变量取对数处理。

[①] 82个国家包括68个沿线国家、14个已经发表第三方市场合作联合声明或签署谅解备忘录的国家。其中68个沿线国家为阿尔巴尼亚、阿富汗、阿联酋、阿曼、阿塞拜疆、埃及、埃塞俄比亚、爱沙尼亚、巴布亚新几内亚、巴基斯坦、巴林、巴拿马、白俄罗斯、保加利亚、波兰、波黑、俄罗斯、厄瓜多尔、菲律宾、格鲁吉亚、哈萨克斯坦、吉尔吉斯斯坦、加纳、柬埔寨、捷克、卡塔尔、科威特、克罗地亚、拉脱维亚、老挝、黎巴嫩、立陶宛、罗马尼亚、马达加斯加、马尔代夫、马来西亚、北马其顿、蒙古、孟加拉国、秘鲁、缅甸、摩尔多瓦、摩洛哥、莫桑比克、南非、尼泊尔、沙特阿拉伯、斯里兰卡、斯洛伐克、斯洛文尼亚、塔吉克斯坦、泰国、土耳其、土库曼斯坦、文莱、乌克兰、乌兹别克斯坦、匈牙利、亚美尼亚、也门、伊拉克、伊朗、以色列、印度、印度尼西亚、约旦、越南、几内亚。

14个已经发表第三方市场合作联合声明或签署谅解备忘录的国家有法国、韩国、加拿大、葡萄牙、澳大利亚、新加坡、日本、意大利、荷兰、比利时、西班牙、奥地利、瑞士、英国。

6.3 实证检验与结果汇报

6.3.1 基准回归结果

在进行实证检验前,采用相关系数矩阵和膨胀方差因子方法确保模型不存在共线性问题。同时,通过 Hausman 检验发现固定效应比随机效应更有效,因此,采用混合回归和固定效应回归逐步添加控制变量,测度第三方市场合作对中国对外直接投资的影响,具体结果如表6.2所示。

表6.2 第三方市场合作投资效应混合回归与固定效应模型估计结果

变量	模型(1) OLS	模型(1) FE	模型(2) OLS	模型(2) FE	模型(3) OLS	模型(3) FE
$TPMC_{it}$	3.076*** (0.395)	2.529*** (0.153)	2.861*** (0.374)	2.440*** (0.157)	1.668*** (0.378)	1.085*** (0.178)
$INST_{it}$			−0.150 (0.253)	1.901*** (0.345)	0.535 (0.386)	0.941* (0.470)
$TPMC_{it} \times INST_{it}$			1.132*** (0.406)	0.203* (0.101)	0.616 (0.383)	0.993*** (0.166)
$\ln AGDP$					−1.535*** (0.386)	−4.868*** (0.699)
$\ln GDP$					1.064*** (0.174)	10.582*** (2.575)
NR					0.030** (0.012)	0.007* (0.003)
$OPEN$					0.090*** (0.013)	0.025*** (0.002)
RD					0.112 (0.259)	0.710*** (0.193)
$\ln DIST$					−0.793 (0.516)	−1.281 (0.850)
N	1558	1558	1558	1558	1558	1558
R^2	0.171	0.157	0.190	0.177	0.472	0.647

注:*、**、*** 表示在10%、5%和1%的水平下显著,括号内的数字为稳健性标准误。

由表6.2可见，核心解释变量TPMC的系数在各模型中均显著为正，说明发表联合声明或签署谅解备忘录，既能有效促进中国对沿线国家对外直接投资存量的增加，又能促进中国对与其发表联合声明或签署谅解备忘录国家对外直接投资存量的增加，假设1得证。

加入控制变量后，模型（2）、模型（3）中使用固定效应回归的INST变量系数显著为正，说明中国偏好于向制度环境质量较好的国家进行直接投资。TPMC×INST系数显著为正，说明东道国制度环境质量对中国对外直接投资的影响受联合声明或谅解备忘录的调节。以模型（3）中的固定效应为例，对于没有和中国发表联合声明或签署谅解备忘录的国家，当该国制度环境质量每提升1个百分点，中国OFDI存量就会上升0.941个百分点；对于和中国发表联合声明或签署谅解备忘录的国家，当该国制度环境质量每提升1个百分点，中国OFDI存量就会上升3.019个百分点。可见，联合声明或谅解备忘录在一定程度上能够改善东道国的制度环境，促进中国对其开展投资活动。

变量lnGDP、NR和RD的回归系数均显著为正，lnAGDP的回归系数显著为负，说明东道国市场规模、自然资源禀赋、技术资源禀赋和劳动力成本对中国向沿线国家的对外直接投资有着显著的影响作用。这验证了理论界对中国对外直接投资市场导向型、资源导向型、技术导向型和成本导向型动机划分的正确性。立足现实可见，近年来随着国内劳动力和土地等生产要素价格的上升，中国更倾向于投资低成本国家。

变量OPEN的回归系数显著为正，说明贸易开放度高的国家更能吸引中国对其进行投资。从某种程度上说，开放程度高的国家，信息发布的效率和频率也高，与别国的经贸往来更为紧密，这为中国企业客观认知东道国投资环境提供了良好契机。变量lnDIST为负但不显著，说明距离不是影响中国对外直接投资区域选择的重要因素。

6.3.2　稳健性检验

为了验证上述研究结果是否受变量选择的影响，本章改变东道国制度环境质量的测度方法，将全球治理指标体系中衡量东道国制度环境质量的六项指标逐一引入模型进行分析，具体结果如表6.3所示。

由表6.3可见，核心解释变量及交互项系数回归结果基本与整体回归一致，说明本章实证结果是稳健的。进一步分析可知，发表联合声明或签署谅解备忘录对东道国制度环境六项分类指标的改善程度存在差异性。变量PSV、RQ、CC、GE系数显著为正，说明中国企业偏好于向政治环境稳定、政府清正廉明且行政效率高的国家进行投资，这符合中国对外直接投资的区域选择标准。变量 VA 和 RL 系数为正但不显著，说明东道国的话语权和问责制以及法治水平不是影响中国对外直接投资的重要制度环境因素。这是因为沿线国家多为发展中国家，与发达国家相比，它们在世界经济舞台的话语权相对较小，但中国提出的"一带一路"倡议旨在建立一条互尊互信、合作共赢之路，中国企业不会因为东道国话语权小，问责制低而减少对其投资。此外，随着中国企业境外合规经营意识的逐步增强和中国合规管理政策指引体系的不断健全，东道国法治水平不再是约束中国企业对外直接投资的重要因素。2020年1月中国国际贸易促进委员会发布的《中国企业对外投资现状及意向调查报告》显示，"依法合规、诚信经营"原则已渗透到企业日常经营活动中，在接受调查且已开展对外直接投资的中国企业中，开展过合规培训的占61.9%，设有独立合规部门且将合规工作纳入董事会或最高管理层会议讨论事项的企业占37.8%，正可谓"行稳致远、进而有为"。

表6.3 稳健性检验结果

变量	(1) INST=VA	(2) INST=PSV	(3) INST=GE	(4) INST=RQ	(5) INST=CC	(6) INST=RL
$TPMC_{it}$	0.340** (0.150)	0.546*** (0.148)	0.162 (0.208)	0.039 (0.194)	0.178 (0.170)	0.137 (0.181)
$INST_{it}$	0.024 (0.025)	0.313** (0.138)	0.498** (0.230)	0.384*** (0.128)	0.572*** (0.222)	0.188 (0.275)
$TPMC_{it} \times INST_{it}$	0.837*** (0.149)	0.870*** (0.171)	0.965*** (0.169)	0.797*** (0.154)	0.782*** (0.134)	0.761*** (0.146)
控制变量	是	是	是	是	是	是
控制时间趋势	是	是	是	是	是	是
N	1558	1558	1558	1558	1558	1558
R^2	0.645	0.645	0.647	0.643	0.648	0.644

注：*、**、***表示在10%、5%和1%的水平下显著，括号内的数字为稳健性标准误。

6.3.3 内生性检验

内生性的来源之一是遗漏重要解释变量。为此，本章已在回归模型中尽量加入多个控制变量来保证回归结果的无偏性。内生性的另一来源是双向因果关系，即发表联合声明或签署谅解备忘录会促进中国对外直接投资存量的增加，但也有可能是对外直接投资存量的不断增加促进了联合声明的发表或谅解备忘录的签署。因此，模型有可能存在内生性问题。为了避免传统计量方法的缺陷及内生性问题，考虑到联合声明的发表或谅解备忘录的签署是逐年进行的，本章在进行平行趋势检验通过的前提下（如图 6.2 所示）使用多期 DID 模型进行检验，具体回归结果（见表 6.4）与基准回归结果一致，再次说明本章的实证结果是稳健可信的。

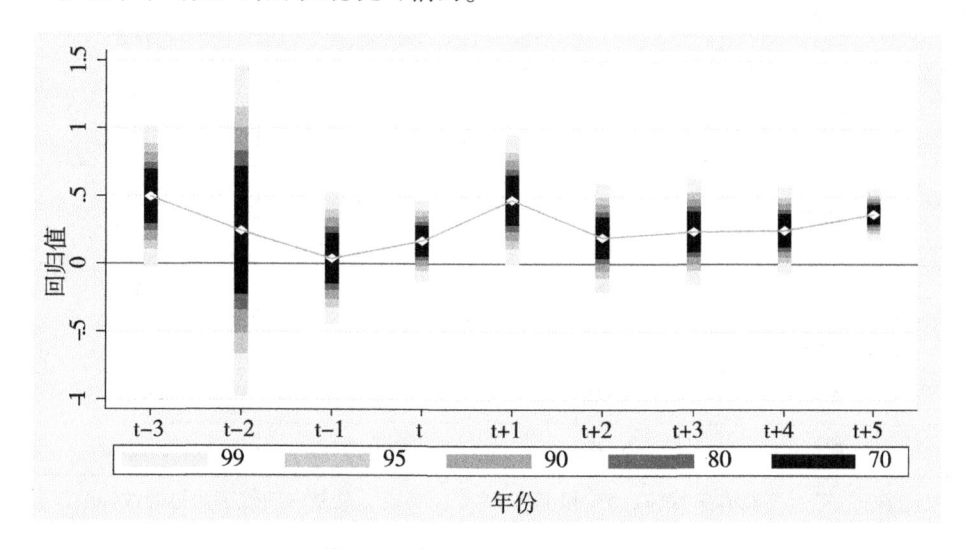

图 6.2 多期 DID 平行趋势检验

表 6.4 第三方市场合作对中国对外直接投资影响的多期 DID 回归结果

变量	$\ln OFDI_{it}$		
	模型（1）	模型（2）	模型（3）
$TPMC_{it}$	0.339*** (0.082)	0.348*** (0.084)	0.700*** (0.141)
$INST_{it}$		0.533* (0.266)	0.767*** (0.277)
$TPMC_{it} \times INST_{it}$		0.088** (0.040)	0.430*** (0.115)
$\ln AGDP$			-1.650*** (0.553)
$\ln GDP$			0.431*** (0.120)

续表

变量	$\ln OFDI_{it}$		
	模型（1）	模型（2）	模型（3）
NR			0.125*** (0.043)
OPEN			0.018** (0.008)
RD			0.319 (0.780)
lnDIST			-1.363 (1.767)
控制时间趋势	是	是	是
控制个体效应	是	是	是
N	1558	1558	1558
R^2	0.912	0.912	0.926

注：*、**、*** 表示在 10%、5% 和 1% 的水平下显著，括号内的数字为稳健性标准误。

6.3.4 异质性分析

（1）不同收入水平国家的异质性分析

由于东道国制度环境质量对中国对外直接投资的影响受到联合声明或谅解备忘录的调节，且沿线各国的发展程度差异较大，因而，为进一步优化区域开放合作格局，优选投资合作区域，本章依照世界银行的划分标准，将整体样本分为高收入、中等偏上收入、中等偏下收入和低收入国家四类样本，但由于低收入国家只有六个，为了减小因样本量较少导致的整体回归结果有偏，遂将低收入和中等偏下收入国家进行合并，将其统称为中等偏下及低收入国家样本组，使用固定效应进行分组回归分析，具体结果如表 6.5 所示。

由表 6.5 可见，TPMC 系数均显著为正，说明第三方市场合作对中国 OFDI 的促进作用明显，这再次证明了基准回归结果的稳健性，同时也证明了第三方市场合作存在的必然性和合理性。市场扩张的内在动力与全球价值链重构均要求多边模式组合，而第三方市场合作正是多边组合模式的延伸和扩张。

表6.5 第三方市场合作投资效应的国家异质性回归结果

变量	高收入国家	中等偏上收入国家	中等偏下及低收入国家
$TPMC_{it}$	2.020*** (0.441)	1.309* (0.647)	1.736*** (0.590)
$INST_{it}$	0.776 (0.567)	3.151*** (0.557)	-1.930*** (0.475)
$TPMC_{it} \times INST_{it}$	1.953 (1.382)	-2.091 (1.135)	2.327*** (0.808)
控制变量	是	是	是
控制时间趋势	是	是	是
N	570	475	513
R^2	0.702	0.623	0.840

注：*、**、*** 表示在10%、5%和1%的水平下显著，括号内的数字为稳健性标准误。

变量 INST 及 TPMC×INST 的回归结果表现出明显的国别差异性。高收入国家样本 INST 系数为正但不显著，说明高收入国家的制度环境质量对中国对外直接投资没有显著促进作用，这是因为高收入国家的法律制度较为完善、各项政策较为稳定，中国企业在进行对外直接投资时对其制度环境质量的关注度较低；中等偏上收入国家样本 INST 系数显著为正，说明中等偏上收入国家的制度环境质量对中国 OFDI 存在积极促进作用，这也体现出中国对中等偏上收入国家进行对外直接投资具有明显偏好。纵观当今国际投资格局发展态势，制度环境质量高的国家，其投资空间大多已被发达国家占据，余留的投资空间较小，中国企业竞争力与发达国家企业存在一定差距，为了获得更多的投资市场份额，中国企业退而求其次，选择到中等偏上收入国家投资也是良策。中等偏下及低收入国家样本 INST 系数显著为负，说明若这些国家没有和中国发表联合声明或签署谅解备忘录，此类国家制度环境质量就会对中国 OFDI 存在负向作用，这种结果虽有些令人意外但也在情理之中。回顾中国制度变迁及企业发展足迹，很多开展对外直接投资的企业是在中国早期各项贸易、投资制度不健全的环境中成长起来的，对于这种不健全的制度有一定的适应性。若这些国家和中国发表了联合声明或签署了谅解备忘录，此类国家制度环境质量每提高1个百分点，就会带动中国对其直接投资存量上升2.133个百分点，可见，联合声明或谅解备忘录对东道国的制度环境质量具有一定的改善作用。

交互项回归系数除了在中等偏下及低收入国家样本中显著为正外，其余两个不显著,正如前文所述,发表联合声明或签署谅解备忘录对改善东道国制度环境具有差异性。对"一带一路"沿线的中等偏下及低收入国家而言,其制度环境相对较差,投资政策随意性较大,有的国家甚至政局不稳,越是这样的国家,发表联合声明或签署谅解备忘录对其制度环境质量的改善作用越强;对沿线中等收入偏上和高收入国家而言,制度环境相对完善,联合声明或谅解备忘录发挥的弥补作用相对较小,假设 2 得证。控制变量回归结果基本没有受到分组样本的影响,与基准回归结果基本一致。

(2) 第三方市场合作投资效应的区域异质性分析

为优选第三方市场合作区域,结合第三方市场合作的项目实施地点,本章分设六个区域①进行分样本回归分析,以测度第三方市场合作投资效应的区域异质性,具体结果如表 6.6 所示。

表6.6　第三方市场合作投资效应的区域异质性回归结果

变量	(1) 东南亚 地区	(2) 大洋洲 地区	(3) 西亚 地区	(4) 南亚 地区	(5) 东欧 地区	(6) 非洲及 拉美地区
$TPMC_{it}$	5.381*** (1.375)	11.831 (16.805)	1.319* (0.653)	2.263** (0.832)	0.265 (0.449)	3.614*** (0.509)
$INST_{it}$	0.840*** (0.250)	1.279 (0.742)	7.149*** (2.372)	2.543** (1.060)	0.270 (0.739)	2.550** (1.037)
$TPMC_{it} \times INST_{it}$	0.289*** (0.062)	7.046 (10.369)	1.184*** (0.298)	4.480* (2.241)	0.643 (0.432)	2.526** (1.046)
控制变量	是	是	是	是	是	是
控制时间趋势	是	是	是	是	是	是

---

① 由于中亚五国没有开展第三方市场合作项目,无法测度其投资效应大小,故在表6.6 中未体现。东南亚地区包括马来西亚、印度尼西亚、缅甸、泰国、老挝、柬埔寨、越南、文莱、菲律宾。大洋洲地区包括巴布亚新几内亚。西亚地区包括伊朗、伊拉克、土耳其、约旦、黎巴嫩、以色列、沙特阿拉伯、也门、阿曼、阿联酋、卡塔尔、科威特、巴林、阿塞拜疆、格鲁吉亚、亚美尼亚。南亚地区包括印度、巴基斯坦、孟加拉国、阿富汗、斯里兰卡、尼泊尔、马尔代夫。东欧地区包括俄罗斯、乌克兰、白俄罗斯、摩尔多瓦、波兰、立陶宛、爱沙尼亚、拉脱维亚、捷克、斯洛伐克、斯洛文尼亚、匈牙利、波黑、阿尔巴尼亚、克罗地亚、保加利亚、罗马尼亚、北马其顿。非洲及拉美地区包括南非、摩洛哥、埃及、马达加斯加、埃塞俄比亚、加纳、莫桑比克、几内亚、巴拿马、厄瓜多尔、秘鲁。

续表

变量	(1) 东南亚地区	(2) 大洋洲地区	(3) 西亚地区	(4) 南亚地区	(5) 东欧地区	(6) 非洲及拉美地区
N	171	19	304	133	209	324
R^2	0.908	0.978	0.775	0.924	0.553	0.789

注：*、**、***表示在10%、5%和1%的水平下显著，括号内的数字为稳健性标准误。

由表6.6可见，第三方市场合作对亚洲、非洲及拉美地区国家的投资促进效应显著，对大洋洲地区、东欧地区的投资促进效应不显著。进一步观察投资效应系数可知，东南亚地区系数较大，非洲及拉美地区次之，即投资效应促进效果较大，这是因为东南亚国家是中日、中韩第三方市场合作项目的聚集地，非洲是中欧第三方市场合作的重点区域，合作项目数量较多，第三方市场合作的开展带动了中国对上述地区进行对外直接投资。

（3）第三方市场合作模式的异质性分析

为进一步比选第三方市场合作模式，作者根据国家发展和改革委员会发布的《第三方市场合作指南和案例》对第三方市场合作的种类划分进行回归，以测度不同类型的合作模式对中国对外直接投资影响的异质性，具体结果如表6.7所示。

表6.7 第三方市场合作不同类型的合作模式对投资效应的回归结果

变量	(1) 产品服务类	(2) 工程合作类	(3) 投资合作类	(4) 产融结合类	(5) 战略合作类
$TPMC_{it}$	0.343 (0.595)	0.116* (0.058)	0.767*** (0.252)	-0.311 (0.551)	4.310*** (0.781)
$INST_{it}$	1.450*** (0.483)	1.003** (0.456)	1.230*** (0.424)	1.000*** (0.228)	1.563** (0.712)
$TPMC_{it} \times INST_{it}$	0.988** (0.460)	1.571*** (0.383)	0.485*** (0.143)	1.830*** (0.610)	2.224*** (0.717)
控制变量	是	是	是	是	是
控制时间趋势	是	是	是	是	是
N	1558	1558	1558	1558	1558
R^2	0.634	0.637	0.644	0.641	0.640

注：*、**、***表示在10%、5%和1%的水平下显著，括号内的数字为稳健性标准误。

由表 6.7 可见，不同合作类型对中国 OFDI 的影响具有明显差异性。对于 TPMC 系数，工程合作类、投资合作类和战略合作类项目均显著为正，产品服务类和产融结合类不显著，说明契约合作型的第三方市场合作对中国对外直接投资存量的增加具有显著的促进作用。这是因为契约精神是现代化国家的重要标志，参与第三方市场合作的国家基于各自需求签署项目合同后，相互磨合、互相适应，相互配合、互相协助；从产品输出到产业输出，从资源合作到产能合作，从松散合作到紧密合作，从契约合作到互信融合，在多频率、高效率的信息交流中，彼此步调渐趋一致，合作范围不断拓展，为中国对其进行直接投资奠定良好基础，假设 3 得证。

进一步观察三类契约合作型第三方市场合作系数大小可知，战略合作类的系数最大，对投资的促进作用最强，这是因为相比工程合作类和投资合作类的总承包、联建、并购方式，战略合作类往往通过战略联盟方式，使中国企业和外方企业在研发、制造、工程、资本、人才等方面实现全方位、多领域、深层次合作，这种多维度、立体化的合作方式更能有效拉进彼此之间的距离，消除信息不对称下的认知障碍，从而扩大中国对外直接投资规模。

交互项系数均显著为正，说明无论采用哪种合作类型，发表联合声明或签署谅解备忘录都能对东道国制度环境质量起到显著的弥补作用，假设 2 得证。

6.4 机制检验

基于前文机制分析，分别从话语权和问责（VA）、政治稳定性与无暴力程度（PSV）、政府效能（GE）、监管质量（RQ）、法治水平（RL）、腐败控制（CC）六个角度检验发表第三方市场合作联合声明或签署谅解备忘录对制度差异的改善作用机制（见表 6.8）。其余控制变量与基准回归中的控制变量相同。

表 6.8 第三方市场合作改善制度差异的机制检验

变量	VA	PSV	GE	RQ	RL	CC
TPMC	0.041* (0.020)	0.461*** (0.114)	0.068*** (0.020)	0.108*** (0.027)	0.023* (0.012)	0.039*** (0.008)
控制变量	是	是	是	是	是	是
样本数	1292	1292	1292	1292	1292	1292
R^2	0.408	0.678	0.650	0.724	0.566	0.679

注：*、**、*** 表示在 10%、5% 和 1% 的水平下显著，括号内的数字为稳健性标准误。

由表6.8可见，衡量东道国制度环境的六个指标回归系数均显著为正，说明签署谅解备忘录或发表第三方市场合作联合声明有利于东道国优化制度环境，改善合作参与国之间的制度差异。

6.5 区域和模式选择

第5章、第6章的实证结果表明，第三方市场合作具有贸易和投资效应。贸易和投资是拉动世界经济发展的两个引擎，鉴于贸易与投资具有替代作用，可能对中国对外直接投资方向产生影响。随着资本和技术等生产要素的跨国界流动，第三方市场合作加强了各国的产业联系，使得产业链分工更为精细化、精准化，中国在与产业结构相似度高的国家开展贸易和投资活动，既能实现内部纵向专业化分工，也有利于中国构建新的全球价值链体系。因此，选取出口产品相似度指数测度中国和沿线国家的贸易竞争关系，采用产业结构相似度指数分析中国和沿线国家的产业结构相似度，将两个指数组合分类研究，实现合作区域选择和模式选择精准化。

出口产品相似度指数（ESI）用于测度两国在世界市场出口产品结构的相似程度，本书采用Glick和Andrew（1999）[227]提出的修正后ESI指数以避免中国和"一带一路"沿线地区间贸易规模相差过大带来的影响，计算公式为：

$$\text{ESI}_{ij} = \left\{ \sum_k \left[\left(\frac{\frac{X_{iw}^k}{X_{iw}} + \frac{X_{jw}^k}{X_{jw}}}{2} \right) \times \left(1 - \left| \frac{\frac{X_{iw}^k}{X_{iw}} - \frac{X_{jw}^k}{X_{jw}}}{\frac{X_{iw}^k}{X_{iw}} + \frac{X_{jw}^k}{X_{jw}}} \right| \right) \right] \right\} \times 100 \quad (6.2)$$

其中，ESI_{ij}为i国和j国的出口产品相似程度，X为出口额，k为产品种类，w为世界市场。ESI_{ij}的取值范围为[0,100]，数值越大，说明两国在同一市场的贸易竞争性越强，反之，则贸易竞争性越弱。

根据式（6.2）计算出2010—2020年中国与"一带一路"沿线各地区的出口产品相似度指数，如表6.9所示。

表6.9 中国与"一带一路"沿线各地区出口产品相似度指数

年份	东南亚	南亚	中亚	西亚	东欧	非洲及拉美
2010	72.03	58.10	25.53	38.22	69.86	39.60
2011	65.35	59.69	25.57	31.14	69.73	40.20
2012	64.66	56.06	26.98	32.55	66.87	40.33

续表

年份	东南亚	南亚	中亚	西亚	东欧	非洲及拉美
2013	67.69	52.68	20.20	32.29	68.91	47.21
2014	69.33	56.99	20.11	34.66	71.56	48.10
2015	77.93	59.52	28.16	38.70	74.54	45.51
2016	77.90	53.78	31.12	35.53	75.43	43.21
2017	78.86	52.19	31.16	35.77	74.34	44.76
2018	79.92	53.60	30.20	36.12	75.52	43.89
2019	79.98	53.12	29.68	36.98	74.76	43.76
2020	80.01	53.24	30.11	37.22	74.91	45.02

数据来源：作者根据联合国贸易发展数据库数据使用式（6.2）计算所得。

产业结构相似度系数(S)用于测度两个国家或地区的产业结构相似程度，计算公式为：

$$S_{ij} = \frac{\sum_{y=1}^{n}(S_{iy}, S_{jy})}{\sqrt{\sum_{y=1}^{n}S_{iy}^2 \sum_{y=1}^{n}S_{jy}^2}} \tag{6.3}$$

其中 S_{ij} 为 i 国和 j 国的产业结构相似度指数；S_{iy} 和 S_{jy} 分别为 i 国和 j 国 y 产业产值占总产值的比重。基于数据的可获性，本节选择 66 个沿线国家，S_{iy} 和 S_{jy} 分别选用 i 国和 j 国 y 产业的增加值占 GDP 的比重进行测度，数据来源为世界银行数据库和国家信息中心。S_{ij} 的取值范围为 [0,1]，数值越小，说明两国的产业结构相似性越低，反之，则说明相似性越高。

对外直接投资与贸易具有密切联系。国际间的直接投资既可以对贸易产生替代作用，也可以促进贸易发展；而贸易政策的改变在一定条件下又会成为对外直接投资的重要原因。一些国家或地区基于回报稳定性、长期收益、降低成本、控制要素资源、减少贸易限制等方面的考虑，有时会选择通过对外直接投资来替代贸易。国家间的产业结构相似度也是影响对外直接投资的重要因素，当目标市场产业结构与投资者既有业务领域高度相似时，投资者不仅能够更快、更准确地做出投资决策，降低投资风险，而且还可以促进投资者更好地利用现有资源和优势，创造更高的投资回报。为对第三方市场合作区域进行选择提供更为科学合理的建议，作者将出口产品相似度指数和产业结构相似指数结合，分析二者组合关系，由于既有研究中并未对产业结构相似度和出口产品相似度的等级划分标准做出准确界定，遂采用自然断点法将 66 个国家 2020 年的中国与沿线国家的产业结构相似系数（见表 6.10）和产业结构相似度指数从大到小依次分为高、中、低三个等级，为保证两个指数的量纲一致，将出口产品相似度指数除以 100（见表 6.11），并以出口产品相似度指数为横轴，产业结构相似度指数为纵轴，绘制散点图（如图 6.3 所示）。

表 6.10 2020 年中国与沿线国家的产业结构相似系数

排名	国家	产业结构相似系数	排名	国家	产业结构相似系数	排名	国家	产业结构相似系数
1	马来西亚	1.00	23	斯洛文尼亚	0.972	45	保加利亚	0.941
2	泰国	0.999	24	塔吉克斯坦	0.970	46	老挝	0.939
2	蒙古	0.999	24	柬埔寨	0.970	46	南非	0.939
4	埃及	0.998	24	波兰	0.970	46	科威特	0.939
4	巴林	0.998	27	亚美尼亚	0.969	49	格鲁吉亚	0.937
4	越南	0.998	28	罗马尼亚	0.968	50	克罗地亚	0.933
7	印度尼西亚	0.995	29	塞尔维亚	0.967	51	拉脱维亚	0.930
8	伊朗	0.992	29	印度	0.967	52	巴基斯坦	0.928
9	白俄罗斯	0.991	31	北马其顿	0.966	53	以色列	0.920
9	哈萨克斯坦	0.991	32	立陶宛	0.962	54	尼泊尔	0.899
11	沙特阿拉伯	0.989	33	约旦	0.960	55	黎巴嫩	0.893
11	菲律宾	0.989	34	乌克兰	0.958	56	伊拉克	0.890
11	阿联酋	0.989	35	摩尔多瓦	0.957	57	波黑	0.881
14	阿塞拜疆	0.988	36	匈牙利	0.956	58	马尔代夫	0.872
15	俄罗斯	0.987	37	缅甸	0.950	59	摩洛哥	0.861
16	孟加拉国	0.986	38	新加坡	0.947	60	马达加斯加	0.860
17	吉尔吉斯斯坦	0.983	38	爱沙尼亚	0.947	60	巴拿马	0.860
18	捷克	0.982	40	阿尔巴尼亚	0.946	62	加纳	0.856
19	斯里兰卡	0.977	41	文莱	0.945	63	秘鲁	0.850
19	斯洛伐克	0.977	42	阿富汗	0.943	64	埃塞俄比亚	0.848
21	土耳其	0.975	42	卡塔尔	0.943	65	莫桑比克	0.840
22	阿曼	0.974	42	乌兹别克斯坦	0.943	65	几内亚	0.840

数据来源：作者根据世界银行数据库和国家信息中心使用式（6.3）计算所得。

表6.11 产业结构相似度和出口产品相似度的划分

类别	类型	范围	国家数量（个）	类别	类型	范围	国家数量（个）
产业结构相似度	低相似度	0.840~0.900	13	出口产品相似度	低竞争性	0.30~0.58	37
	中相似度	0.901~0.950	17		中竞争性	0.59~0.76	19
	高相似度	0.951~1.000	36		高竞争性	0.77~0.80	10

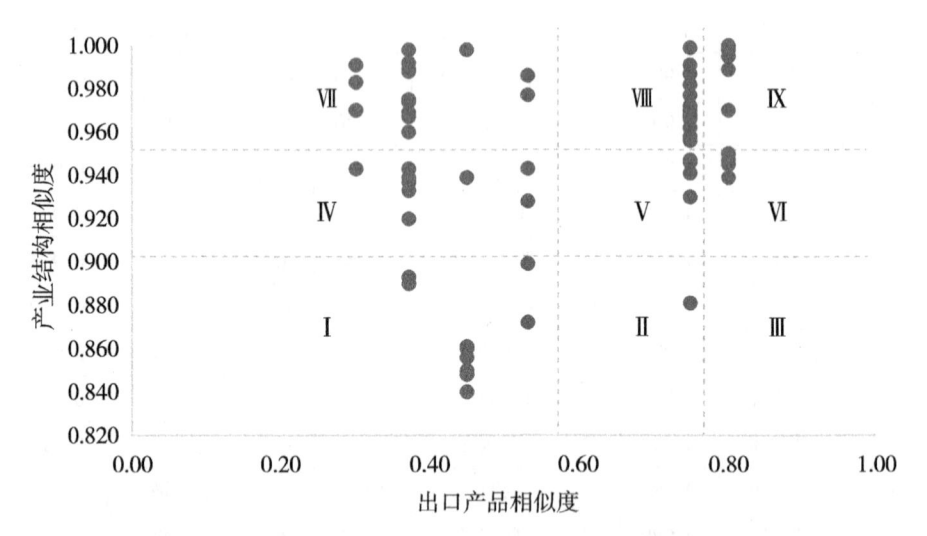

图6.3 沿线国家产业结构相似度与出口产品相似度组合关系

数据来源：作者根据表6.11计算结果自行绘制。

如图6.3所示，66个国家的组合类型为8类，其中产业结构相似度与出口产品相似度协调的类型有Ⅰ低竞争性低相似度、Ⅴ中竞争性中相似度、Ⅸ高竞争性高相似度3种，共计22个国家；出口产品相似度超前于产业结构相似度的类型有Ⅱ中竞争性低相似度、Ⅵ高竞争性中相似度2种，共计5个国家；产业结构相似度超前于出口产品相似度的类型有Ⅳ低竞争性中相似度、Ⅶ低竞争性高相似度、Ⅷ中竞争性高相似度力水平3种，共计39个国家（见表6.12）。

针对不同组合类型，将8种组合类型划分为4类，并对各组合类型国家提出开展第三方市场合作的区域选择、模式选择政策建议。

第6章 第三方市场合作投资效应及区域、模式优选研究

表6.12 产业结构相似度与出口产品相似度组合类型分布

序号	类型	国家数量	序号	类型	国家数量	序号	类型	国家数量
Ⅰ	低竞争性低相似度	12	Ⅴ	中竞争性中相似度	4	Ⅷ	中竞争性高相似度	14
Ⅱ	中竞争性低相似度	1	Ⅵ	高竞争性中相似度	4	Ⅸ	高竞争性高相似度	6
Ⅳ	低竞争性中相似度	9	Ⅶ	低竞争性高相似度	16			

组合类型Ⅰ和Ⅱ，主要包括尼泊尔、黎巴嫩、伊拉克、波黑、马尔代夫、摩洛哥、马达加斯加、巴拿马、加纳、秘鲁、埃塞俄比亚、莫桑比克、几内亚共13个国家，这些国家与中国的产业结构相似度和贸易竞争度都较低，既能和中国保持产业协同，有利于投资，又能在贸易上和中国互通有无。它们与中国距离较远，中国若想与其开展国际经济合作，就需要加强对他们的公路、铁路、水路、航空等基础设施的建设。为克服距离成本较大的问题，中国应首选产品服务类和产融结合类的第三方市场合作模式，夯实东道国的交通运输基础，利用技术溢出效应，提升东道国的技术水平和整体产业水平，为落地实施第三方市场合作项目奠定坚实的基础。

组合类型Ⅳ和Ⅴ，主要包括爱沙尼亚、阿尔巴尼亚、阿富汗、卡塔尔、乌兹别克斯坦、保加利亚、南非、科威特、格鲁吉亚、克罗地亚、拉脱维亚、巴基斯坦、以色列共13个国家，这些国家与中国的产业结构相似度中等且贸易竞争性不高，中国应根据自身要素禀赋和经济基础，充分发挥自身比较优势，努力创建一个包容度较强的市场经济体系，构建产业政策协调机制，借助双方产业结构的相似性，发挥贸易的互惠互利作用，首选工程合作类第三方市场合作模式，推动国家间资源的高效分配与整合，推进第三方市场合作健康、持续发展。

组合类型Ⅶ和Ⅷ，主要包括蒙古、埃及、巴林、伊朗、白俄罗斯、哈萨克斯坦、沙特阿拉伯、阿联酋、阿塞拜疆、俄罗斯、斯里兰卡、孟加拉国、吉尔吉斯斯坦、捷克、斯洛伐克、土耳其、阿曼、斯洛文尼亚、塔吉克斯坦、波兰、亚美尼亚、罗马尼亚、塞尔维亚、印度、北马其顿、立陶宛、约旦、乌克兰、摩尔多瓦、匈牙利共30个国家，这些国家与中国的产业结构相似度较高且贸易竞争性较低，市场潜力较大，彼此间具有一定的合作基础。中国应搭建信息分享与交流平台，保证供求信息的及时共享，发挥贸易、投资双

轮驱动效应，首选战略合作类第三方市场合作模式，建立起一种全方位、立体化、参与度高的合作机制。

组合类型Ⅵ和Ⅸ，主要包括马来西亚、泰国、越南、印度尼西亚、菲律宾、柬埔寨、缅甸、新加坡、文莱、老挝共10个国家，这些国家与中国的产业结构相似性和贸易竞争性均高，其经济发展水平较低，但在土地价格和劳动力成本等方面存在优势。基于地缘优势，选择这些国家落地第三方市场合作项目所付出的地理距离成本较小，所以，中国可以优选投资合作类第三方市场合作模式，减少国家间的贸易竞争性，实现区域产业和经济协同发展。

6.6 拓展分析

为进一步考察第三方市场合作对双边投资的影响效应，本章选取2009—2021年83个国家的双边投资数据，样本总量为80106个，构建三个计量模型，进行实证分析。

$$\ln BI_{ijt} = \beta_0 + \beta_1 TPMC_{ijt} + \beta_2 Dist\_INST_{ijt} + \beta_3 X_{ijt} + \varepsilon_{ijt} \quad (6.4)$$

$$\ln INWARD_{ijt} = \beta_0 + \beta_1 TPMC_{ijt} + \beta_2 Dist\_INST_{ijt} + \beta_3 X_{ijt} + \varepsilon_{ijt} \quad (6.5)$$

$$\ln OUTWARD_{ijt} = \beta_0 + \beta_1 TPMC_{ijt} + \beta_2 Dist\_INST_{ijt} + \beta_3 X_{ijt} + \varepsilon_{ijt} \quad (6.6)$$

其中式（6.4）中的 i、j、t 分别表示母国、东道国和年份，被解释变量 $\ln BI_{ijt}$ 为 i 国和 j 国在第 t 年的双边投资额，数据来源于国际货币基金组织数据库。核心解释变量为第三方市场合作虚拟变量（TPMC），数据来源于《第三方市场合作指南和案例》。Dist_INST 为母国和东道国制度环境质量差距的绝对值，数据来源于世界银行 WGI 数据库。x 为影响双边投资的一系列控制变量，包括母国和东道国的市场规模（GDP）、劳动力成本（AGDP）、自然资源禀赋（NR）、技术资源禀赋（RD）、贸易开放度（OPEN）、两国距离（DIST），数据来源于世界银行 WDI 数据库。式（6.5）、式（6.6）中的被解释变量 $\ln INWARD_{ijt}$ 为 i 国在第 t 年吸引 j 国的外商直接投资存量，$\ln OUTWARD_{ijt}$ 为 i 国在第 t 年对 j 国的对外直接投资存量，数据来源于国际货币基金组织数据库，其余各变量说明与数据来源均与式（6.4）相同。

为减小异方差的影响，本章对 BI、GDP、AGDP、DIST 四个变量取对数处理。

第6章 第三方市场合作投资效应及区域、模式优选研究

表6.13 拓展性分析变量描述性统计分析

变量	单位	观测值	均值	标准差	最小值	最大值
$\ln BI$	万美元	80106	1.213	4.481	−9.210	18.838
$TPMC$	—	80106	0.027	0.161	0	1
$Dist\_INST$	—	80106	0.937	0.686	0.833e−05	3.820
VA_i	—	80106	−0.230	0.956	−2.260	1.622
VA_j	—	80106	−0.230	0.956	−2.260	1.622
PSV_i	—	80106	−0.217	0.927	−3.006	1.616
PSV_j	—	80106	−0.217	0.927	−3.006	1.616
RQ_i	—	80106	0.118	0.903	−2.245	2.255
RQ_j	—	80106	0.118	0.903	−2.245	2.255
CC_i	—	80106	−0.106	0.904	−1.698	2.380
CC_j	—	80106	−0.106	0.904	−1.698	2.380
GE_i	—	80106	0.108	0.864	−2.349	2.325
GE_j	—	80106	0.108	0.864	−2.349	2.325
RL_i	—	80106	−0.026	0.895	−1.923	2.004
RL_j	—	80106	−0.026	0.895	−1.923	2.004
$\ln GDP_i$	美元	79794	16.260	1.860	12.580	21.442
$\ln GDP_j$	美元	79794	16.260	1.860	12.580	21.442
$\ln AGDP_i$	美元	79560	8.811	1.268	6.026	11.100
$\ln AGDP_j$	美元	79560	8.811	1.268	6.026	11.100
$\ln DIST$	千米	80106	8.431	0.840	4.742	13.726
NR_i	%	71916	27.859	29.025	0.125	99.797
NR_j	%	71916	27.859	29.025	0.125	99.797
RD_i	%	66374	1.015	1.027	0.013	5.436
RD_j	%	66374	1.015	1.027	0.013	5.436
$OPEN_i$	%	75582	88.066	48.893	11.855	379.099
$OPEN_j$	%	75582	88.066	48.893	11.855	379.099

6.6.1 基准回归结果

在进行实证检验前，采用相关系数矩阵和膨胀方差因子方法确保模型不存在多重共线性问题。采用逐步控制变量的方法，对式（6.4）、式（6.5）、式（6.6）进行基准回归，结果如表6.14所示。

表 6.14 拓展性分析基准回归结果

变量	(1) lnBI	(2) lnBI	(3) lnBI	(4) ln$INWARD$	(5) ln$OUTWARD$
$TPMC$	2.744 (1.844)	1.706 (1.137)	0.087 (0.120)	0.738*** (0.291)	0.397 (0.371)
$Dist\_INST$	−0.729*** (0.245)	−0.862*** (0.245)	−0.544* (0.277)	−0.210** (0.098)	−0.301 (0.213)
ln$AGDP_i$	−0.693* (0.370)	−5.953** (2.710)	−6.426*** (2.729)	−2.036*** (0.508)	−0.906*** (0.150)
ln$AGDP_j$	−0.233 (0.172)	−0.216 (0.510)	−0.282 (0.527)	−1.488*** (0.252)	−0.186*** (0.040)
lnGDP_i	0.915*** (0.264)	2.135 (2.596)	2.882 (2.632)	1.665*** (0.146)	1.178*** (0.134)
lnGDP_j	1.046*** (0.127)	0.281 (0.365)	0.213 (0.362)	1.009 (1.102)	0.973*** (0.115)
$OPEN_i$	0.009*** (0.003)	0.002 (0.006)	0.000 (0.001)	0.005*** (0.002)	0.002 (0.006)
$OPEN_j$	0.007*** (0.002)	0.002 (0.003)	0.000 (0.006)	0.003 (0.003)	0.007*** (0.003)
NR_i	0.022 (0.015)	0.030* (0.015)	0.024 (0.016)	0.005 (0.134)	0.010*** (0.004)
NR_j	0.008* (0.004)	0.006 (0.004)	0.010 (0.014)	0.011*** (0.003)	0.021*** (0.004)
RD_i	0.241 (0.639)	0.144 (0.450)	0.238 (0.451)	0.076 (0.179)	0.058 (0.089)
RD_j	0.048 (0.188)	0.136 (0.137)	0.330*** (0.110)	0.061*** (0.020)	0.175 (0.152)
ln$DIST$	−1.768*** (0.244)	−1.931*** (0.214)	−1.740*** (0.310)	−2.042*** (0.175)	−1.309*** (0.152)
年份	是	是	是	是	是
母国	否	是	否	是	是
东道国	否	是	否	是	是
母国-东道国	否	否	是	否	否
N	80106	80106	80106	80106	80106
R^2	0.427	0.656	0.879	0.702	0.591

注：*、**、***表示在10%、5%和1%的水平下显著，括号内的数字为稳健性标准误。

在表6.14中，第（1）—（3）列为式（6.4）的回归结果，第（1）列仅加入了年份固定效应，第（2）列加入了母国和东道国的固定效应，分别控制各国不随时间变化的特征，第（3）列为母国—东道国两维固定效应，控制不随年份变化的双边特征。第（4）、第（5）列分别为式（6.5）和式（6.6）的回归结果，从回归结果可见，核心解释变量除第（4）列 TPMC 系数显著外，其余各列均不显著，说明开展第三方市场合作有利于一国吸引外商直接投资，但对双边投资并没有积极的促进作用。

究其原因，可以从两方面进行解释，从理论上讲，英国经济学约翰·邓宁提出的投资发展路径理论认为，一国的净对外直接投资地位与其区域经济发展水平、人均国内生产总值以及所经历生命周期的发展阶段有关。一国在初始发展阶段的对外直接投资净额为负或接近于零，在经济发展过程中，国家吸收的外商直接投资不断增加，则对外直接投资净额为负且绝对值不断增大。随着国家综合国力的逐渐提高，对外直接投资开始出现并大幅上升，对外直接投资净额为负且绝对值不断减小，最终实现对外直接投资额超越外商直接投资额，对外直接投资净额为正且绝对值不断增加。由于各国的自然条件、经济结构、经济发展水平和发展战略的不同，各国的投资发展路径必然存在差异，这种差异客观存在，无法避免。第三方市场合作项目的落地国多为沿线国家，经济发展水平相对落后，仍然处于发展阶段，由投资发展路径理论可知，这些国家现阶段的投资流向主要体现为吸引外商直接投资。从实践上讲，沿线国家受经济发展水平和发展理念的制约，资金匮乏，技术水平较低，开展对外直接投资的能力不足，第三方市场合作的开展虽然密切了各国经贸关系，对沿线国家吸引外资具有显著的促进作用，但对沿线国家扩大对外直接投资的促进作用并不明显，这符合国际投资发展规律，遵从一国经济发展现实。

由上述实证结果可见，第三方市场合作带来的投资效应具有周期性和规律性。其在一定程度上为沿线国家指明了一条投资发展的清晰路径，有利于沿线国家吸引外资，提升技术水平，加速经济发展，缩短从吸引外资到扩大对外直接投资的发展时间，为沿线国家注入经济发展动能和投资活力。

6.6.2 稳健性检验

为证明拓展研究结果的稳健性，作者改变东道国制度环境质量的测度方法，将全球治理指标体系中衡量东道国制度环境质量的六项指标逐一引入模型再次对式（6.4）—式（6.6）进行分析，具体结果如表6.15所示。

表6.15 拓展性分析稳健性

变量	INST=VA lnBI	INST=VA ln$inward$	INST=VA ln$outward$	INST=PSV lnBI	INST=PSV ln$inward$	INST=PSV ln$outward$	INST=GE lnBI	INST=GE ln$inward$	INST=GE ln$outward$
$TPMC$	1.277 (0.874)	0.764*** (0.305)	0.497 (0.409)	1.665 (0.983)	0.797*** (0.315)	0.476 (0.414)	1.482 (0.898)	0.710*** (0.283)	0.490 (0.396)
$Dist\_INST$	−0.537*** (0.206)	−0.172* (0.084)	−0.753 (0.131)	−0.229* (0.125)	−0.133 (0.127)	−0.015 (0.107)	−0.966*** (0.235)	−0.273*** (0.107)	−0.244 (0.147)
ln$AGDP_i$	−5.910** (2.704)	−1.705*** (0.558)	−1.306 (1.721)	−5.917*** (2.714)	−2.006*** (0.134)	−1.709*** (0.289)	−5.991*** (2.751)	−2.010*** (0.504)	−1.696*** (0.404)
ln$AGDP_j$	−0.174 (0.552)	−0.534 (0.754)	−1.112 (1.088)	−0.181 (0.497)	−1.448 (0.983)	−1.086 (1.154)	−1.500*** (0.169)	−1.500*** (0.369)	−1.095 (1.162)
lnGDP_i	2.127*** (0.595)	1.663*** (0.162)	0.889*** (0.122)	2.592*** (0.217)	1.618*** (0.100)	1.436*** (0.501)	2.655*** (0.224)	1.651*** (0.169)	1.488*** (0.600)
lnGDP_j	0.289 (0.425)	1.592 (0.937)	0.426 (0.922)	0.355** (0.165)	1.164*** (0.211)	0.906*** (0.210)	1.459*** (0.310)	1.127*** (0.157)	0.909*** (0.311)
$OPEN_i$	0.006*** (0.002)	0.002 (0.005)	0.001 (0.002)	0.001 (0.006)	0.005 (0.003)	0.001 (0.003)	0.001 (0.005)	0.005 (0.003)	0.001 (0.003)
$OPEN_j$	0.004* (0.002)	0.005 (0.003)	0.003 (0.003)	0.001 (0.003)	0.003 (0.003)	0.003 (0.003)	0.002 (0.003)	0.003 (0.003)	0.003 (0.003)
NR_i	0.030* (0.015)	0.013*** (0.005)	0.021*** (0.007)	0.030* (0.015)	0.020*** (0.006)	0.021*** (0.007)	0.025 (0.015)	0.013*** (0.003)	0.020*** (0.007)
NR_j	0.006 (0.004)	0.010*** (0.000)	0.005 (0.005)	0.005 (0.004)	0.010*** (0.003)	0.004 (0.005)	0.010*** (0.002)	0.011*** (0.003)	0.005 (0.003)
RD_i	0.454*** (0.177)	0.078*** (0.022)	0.029 (0.163)	0.123 (0.450)	0.089 (0.183)	0.023 (0.163)	0.163 (0.453)	0.088 (0.180)	0.037 (0.165)
RD_j	0.171 (0.132)	0.071 (0.132)	0.052 (0.136)	0.116 (0.130)	0.079 (0.138)	0.047 (0.135)	0.155 (0.130)	0.063 (0.132)	0.055 (0.135)
ln$D$	−2.127*** (0.231)	−2.030*** (0.180)	−2.030*** (0.180)	−2.015*** (0.213)	−2.102*** (0.171)	−2.119*** (0.134)	−1.960*** (0.209)	−2.048*** (0.171)	−2.098*** (0.134)
年份	是	是	是	是	是	是	是	是	是
母国	是	是	是	是	是	是	是	是	是
东道国	是	是	是	是	是	是	是	是	是
母国-东道国	否	否	否	否	否	否	否	否	否
N	80106	80106	80106	80106	80106	80106	80106	80106	80106
R^2	0.656	0.705	0.710	0.650	0.701	0.710	0.661	0.706	0.708

注：*、**、***表示在10%、5%和1%的水平下显著，括号内的数字为稳健性标准误。

第6章 第三方市场合作投资效应及区域、模式优选研究

检验回归结果

	INST=RQ			INST=CC			INST=RL		
	lnBI	lninward	lnoutward	lnBI	lninward	lnoutward	lnBI	lninward	lnoutward
	1.707	0.740***	0.502	1.610**	0.711***	0.493	1.644	0.726***	0.520
	(0.941)	(0.294)	(0.397)	(0.741)	(0.283)	(0.389)	(0.984)	(0.280)	(0.380)
	-0.730***	-0.203***	-0.149	-0.686***	-0.163***	-0.185***	-0.786***	-0.250***	-0.225
	(0.223)	(0.017)	(0.144)	(0.228)	(0.034)	(0.030)	(0.219)	(0.070)	(0.146)
	-5.797**	-2.023***	-1.723***	-5.961***	-2.024***	-1.391***	-6.001***	-2.023***	-1.709***
	(2.704)	(0.534)	(0.205)	(2.725)	(0.588)	(0.305)	(2.701)	(0.591)	(0.205)
	-0.060	-1.439**	-1.453***	-0.222	-1.479	-1.175**	-0.270**	-1.015***	-1.079***
	(0.516)	(0.669)	(0.446)	(0.518)	(0.985)	(0.546)	(0.110)	(0.117)	(0.246)
	1.960***	1.660***	0.879***	2.007***	1.661***	0.944***	2.597***	1.663***	1.442***
	(0.610)	(0.136)	(0.350)	(0.400)	(0.104)	(0.200)	(0.333)	(0.113)	(0.262)
	0.454	1.440***	0.419***	0.407	1.116***	0.393***	1.216***	1.015***	0.342
	(0.399)	(0.257)	(0.107)	(0.419)	(0.337)	(0.107)	(0.215)	(0.137)	(0.903)
	0.002	0.005	0.001	0.001	0.005	0.001	0.002	0.005	0.001
	(0.007)	(0.003)	(0.002)	(0.006)	(0.004)	(0.002)	(0.008)	(0.004)	(0.002)
	0.001	0.003	0.003	0.002	0.003	0.003	0.002	0.003	0.003
	(0.005)	(0.003)	(0.003)	(0.003)	(0.003)	(0.003)	(0.004)	(0.003)	(0.003)
	0.029*	0.005***	0.022***	0.029*	0.006***	0.022***	0.030***	0.006	0.022***
	(0.015)	(0.001)	(0.007)	(0.015)	(0.001)	(0.007)	(0.010)	(0.013)	(0.008)
	0.006	0.011***	0.024***	0.006	0.011***	0.014***	0.005***	0.011***	0.005***
	(0.005)	(0.003)	(0.004)	(0.006)	(0.004)	(0.004)	(0.001)	(0.003)	(0.002)
	0.151	0.076	0.026	0.164	0.079	0.028	0.155	0.078	0.026
	(0.455)	(0.180)	(0.164)	(0.456)	(0.182)	(0.164)	(0.450)	(0.180)	(0.163)
	0.143	0.074	0.053	0.156	0.062	0.055	0.148	0.058	0.050
	(0.129)	(0.134)	(0.135)	(0.131)	(0.131)	(0.137)	(0.133)	(0.134)	(0.135)
	-1.964***	-2.047***	-2.104***	-1.977***	-2.056***	-2.101***	-1.958***	-2.041***	-2.092***
	(0.214)	(0.171)	(0.133)	(0.212)	(0.170)	(0.134)	(0.213)	(0.173)	(0.134)
	是	是	是	是	是	是	是	是	是
	是	是	是	是	是	是	是	是	是
	是	是	是	是	是	是	是	是	是
	否	否	否	否	否	否	否	否	否
	80106	80106	80106	80106	80106	80106	80106	80106	80106
	0.656	0.701	0.7111	0.657	0.702	0.711	0.659	0.703	0.711

由表 6.15 可见，核心解释变量 TPMC 系数基本与基准回归结果一致，说明第三方市场合作对双边投资的影响结果是稳健的。

6.7　本章小结

本章从世界银行 WDI、WGI 数据库、国际货币基金组织数据库、中国对外直接投资统计公报获得 2003—2021 年中国对 82 个国家的对外直接投资数据和 2009—2021 年 83 个国家的双边投资数据，实证分析第三方市场合作的投资效应及区域、模式选择，获得以下结论：

(1) 第三方市场合作可促进中国企业向合作国及沿线国家的对外直接投资，但对参与国彼此间的双边投资没有显著的促进作用，说明第三方市场合作投资效应具有周期性和规律性。中国应不断扩大第三方市场合作范围，吸引更多的国家参与合作。

(2) 通过发表第三方市场合作联合声明或签署谅解备忘录，缩小母国与东道国的制度差距，扩大投资，但存在国别差异，即对中低收入或制度欠完善国家的投资促进作用比高收入或制度较为完善的国家更加显著。契约合作型第三方市场合作对中国对外直接投资的促进作用更为显著。为此，中国应充分考虑东道国制度环境因素，优选合作区域，并及时补充投资违约条款内容，规避制度距离对第三方市场合作项目建设及投资活动的负面影响。

(3) 中国与第三方市场合作东道国的出口产品相似度和产业结构相似度存在差异。根据中国与沿线国家出口相似度指数和产业结构相似度指数的测算结果，进行分类组合，将沿线国家分成四种类型，并结合实证结果提出每个区域的国家如何选择合作模式的政策建议。

第7章 第三方市场合作知识产权保护效应及区域、模式优选研究

经济全球化的发展，让人们认识到知识的创造和应用对政治、经济的影响越来越明显。知识产权是人类在认识和改造世界的实践过程中形成的智力成果，需要被尊重和保护。从世界范围来看，越来越多的国家通过实施知识产权战略，提高自身国际竞争力，区域层面，与贸易和投资密切相关的知识产权保护条款内容与保护领域在不断扩大；国家层面，一国知识产权保护程度已成为关键优势；企业层面，知识资产的丰裕程度反映着企业创新能力，影响着企业国际竞争优势。国际经济合作作为经济全球化的重要组成部分，承担着推动世界经济发展、密切各国经贸联系的任务。第三方市场合作是中国和发达国家发挥各自比较优势，在满足第三方市场需求的前提下，以项目为依托开展的跨国贸易投资活动。为共同推进第三方市场合作项目建设，中外企业在合作中会进行技术转让与应用、知识传播与扩散、信息互通与共享，存在知识和技术溢出的可能性。知识和技术作为一种无形资产，需要外部契约的保障，以保证知识和技术创新者的权益。因此，第三方市场合作与知识产权保护具有关联性。本章将从知识产权保护角度构建实证模型，测度第三方市场合作的知识产权保护效应。

7.1 理论机制与研究假设

7.1.1 第三方市场合作项目特征与知识产权保护水平

知识和技术是人类的智力成果，具有流动性和不确定性，表现为：一是知识和技术可以流动，且流动方式和途径多种多样，极易产生免费"搭便车"的现象，打击知识生产者的积极性；二是知识和技术的高投入性和高风险性，可能会导致其投入产出比不合理。

知识产权制度的根本作用是保护知识产权，使企业的专利、专有技术、商标等创新成果获得利益回报，增强企业的所有权优势。

由表7.1可见，整体来看，沿线国家的知识产权法律制度不完善，存在风险性。其中，中东地区和非洲国家的知识产权法律制度数量较少，很多非洲国家都没有完整的知识产权立法。究其原因是这些国家技术创新意识薄弱，企业拥有的核心技术数量较少，缺乏保护的动力。中亚五国的知识产权保护水平呈阶梯式，但有两个国家没有加入TRIPS协议。东欧国家的知识产权保护水平相对较高，但个体差异明显。

表7.1 "一带一路"沿线部分国家知识产权法律制度及加入国际条约概况

区域和国家		国内知识产权立法数量（个）	加入国际条约数量（个）	是否加入TRIPS协议
中亚	乌兹别克斯坦	7	8	否
	塔吉克斯坦	11	16	是
	吉尔吉斯斯坦	16	20	是
	哈萨克斯坦	7	18	是
	土库曼斯坦	8	8	否
西亚	格鲁吉亚	9	17	是
	阿塞拜疆	9	11	否
	亚美尼亚	4	19	是
中东	土耳其	5	18	是
	伊朗	5	7	否
	沙特阿拉伯	4	9	是
	阿联酋	3	14	是
	阿曼	3	18	是
	科威特	4	17	是
	卡塔尔	6	13	是
	巴林	7	9	是
非洲	埃及	1	17	是
东欧	俄罗斯	6	18	是
	波兰	5	11	是
	匈牙利	6	5	是
	捷克	11	14	是
	斯洛伐克	5	3	是
	白俄罗斯	6	19	是
	保加利亚	11	33	是
	乌克兰	8	19	是
	罗马尼亚	9	13	是

续表

区域和国家		国内知识产权立法数量（个）	加入国际条约数量（个）	是否加入TRIPS协议
东南亚	新加坡	11	17	是
南亚	印度	7	19	是

注：资料搜集时间截至2022年12月。

资料来源：作者根据世界知识产权组织和世界贸易组织数据库资料整理所得。

知识产权保护水平的设定是一种知识产权国际协同治理的结果，是世界各国综合考量国内外知识产权环境而设定的某一数值。第三方市场合作涉及基础设施建设、能源开发、交通运输、水利工程等多个领域，建设周期长、技术复杂度高，在项目建设中，合作国为参与国提供的项目设计、技术咨询与服务、原材料配置、建设施工、运营管理、安装调试、人员培训、资金支持等服务，需要多元化的生产要素和各种专业技能协作完成。第三方市场合作的项目特征和要素组合方式涉及知识产权的跨境使用，或通过独立的知识产权转让（一次性卖断）和许可（使用权的让渡），或附加于货物、投资、服务等方式（商标授权使用、服务商的加盟等）。无论采用哪种形式，都需要保证知识产权的安全性。为促成第三方市场合作，各国会提升知识产权保护水平，减少企业对知识产权的模仿和剽窃行为，保护无形资产，增强所有权优势。

基于上述分析，提出假设1：第三方市场合作对知识产权保护水平具有正向促进作用。

7.1.2 第三方市场合作类型与知识产权保护水平

根据国家发展和改革委员会发布的《第三方市场合作指南和案例》，第三方市场合作分为五种类型。合作类型多样化是由沿线国家的市场需求多样化和国际经济合作业务模式的多样化共同决定的。沿线国家是发展中国家的聚集地，因经济发展不平衡，市场发展完善度各异，导致了不同市场、不同产业、不同行业的需求和利益诉求的不同。中国和发达国家的企业有着不同的经营模式和运营策略，面对投资、技术转让、国际工程承包、服务外包等多样化的国际经济合作业务模式，需要结合自身要素禀赋，根据项目特点优选合作模式。

产品服务类以提供服务为目标，为第三方市场国家项目建设提供技术许可、技术服务、法律商务咨询等解决方案。工程合作类以项目建造为目标，通过总承包、联建形式在第三方市场开展项目合作。产融结合类以为企业提供资金支持为目的,通过银团贷款、联合融资、转贷款、股权参与等多种方式,拓宽融资渠道。投资合作类以投资项目为目标,通过并购、合资、参股等方式建立知识资产的内部市场,利用企业内部化优势,将知识和技术在跨国公司内部得以转让利用。战略合作类往往通过战略联盟方式使得中外企业在研发、制造、工程、资本、人才等方面实现全方位、多领域、深层次合作。

各种合作类型的第三方市场合作,涉及的知识和技术要素丰裕度、要素搭配组合方式不同,合作目的和内容不同,对知识资产的运用程度和专有性要求也不同。通常项目使用知识和技术要素越密集,越需要较为严格的知识产权保护制度,以保证其核心技术优势,防止知识产权侵权行为的发生。

基于上述分析,提出假设 2:第三方市场合作类型对知识产权保护水平的影响具有差异性。

7.2 计量模型设定和数据说明

7.2.1 计量模型设定

在文献研究和机制分析基础上,设定如下计量模型考察第三方市场合作对知识产权保护的影响:

$$IPR_{it} = \beta_0 + \beta_1 TPMC_{it} + \beta_2 \ln AGDP_{it} + \beta_3 SA_{it} + \beta_4 INST_{it} + \beta_5 \ln OPEN_{it} + \beta_6 \ln FDI_{it} + \beta_7 \ln TE_{it} + \beta_8 \ln EDU_{it} + X_{it} + \varepsilon_{it} \quad (7.1)$$

其中 t 表示年份,i 表示国家,被解释变量 IPR 表示知识产权保护水平;核心解释变量 $TPMC_{it}$ 为虚拟变量,ε_{it} 为随机误差项,其余变量均为控制变量。

7.2.2 变量说明及数据来源

(1) 被解释变量

本章的被解释变量为知识产权保护水平(IPR)。世界经济论坛发布的《全球竞争力报告》中的知识产权保护指标是基于各国企业高级管理人员的调查数据,既能客观全面地反映各国知识产权保护状况,又能反映知识产权保护的时间变化趋势,因此,本节采用《全球竞争力报告》中的知识产权保护指数测度各国知识产权保护水平。其原始数据值介于 1 和 7 之间,指数数值越高,表明该国知识产权保护水平越高。

(2) 核心解释变量

本章的核心解释变量为第三方市场合作($TPMC$),其是虚拟变量。将与中国发表联合声明或签署谅解备忘录,以及落地实施第三方市场合作项目的国家赋值为1，反之赋值为0，数据来源于国家发展和改革委员会发布的《第三方市场合作指南和案例》。

（3）控制变量

①经济发展水平（AGDP）

一国经济发展水平的提高会使人们更加关注和重视知识产权保护，提高知识产权保护需求。同时，经济发展水平较高的国家通常也更有能力进行知识产权保护。如建立健全的知识产权管理体系，加强监测和执法能力，提供便利快捷的知识产权注册和保护服务。为了消除通货膨胀因素的影响，本章以2015年不变价（美元）统计的人均GDP衡量一国经济发展水平，数据来源于世界银行WDI数据库。

②战略性资产禀赋（SA）

一国战略性资产以该国高技术产品发展为依托，这种战略性资产构成一国的成本优势或者差异化优势，需要得到知识产权制度的保护，本章借鉴（黄宪、张羽，2018）[228]的做法，采用一国高技术产品出口额占其总出口额的比重测度一国战略性资产的拥有情况，数据来源于世界银行WDI数据库。

③制度环境质量（INST）

制度环境的健全与否对知识产权保护水平有直接的影响。完善的制度环境是知识产权保护的前提条件，也是立法有据和执法有力的重要保证。本章采用全球治理指标体系中话语权和问责（VA）、政治稳定性与无暴力程度（PSV）、政府效能（GE）、监管质量（RQ）、法治水平（RL）、腐败控制（CC）六个指标的均值测度国家制度环境质量，数值越大说明制度环境质量越高，反之，则说明制度质量越低。需要特别说明的是，为避免实证分析中出现多重共线性问题，本章对制度环境的衡量不包括知识产权保护水平。数据来源于世界银行WGI数据库。

④贸易开放度（OPEN）

开放度对知识产权保护具有双重影响。一方面，较高的开放度可以提高知识的传播与流动速度，加强国家间的知识交流和合作程度。另一方面，较高的开放度可能会增加知识产权侵权的风险，使本国的知识产权面临被模仿、剽窃等侵权威胁。本章使用一国进出口贸易总额占GDP的比重测度贸易开放度，数据来源于世界银行WDI数据库。

⑤外商直接投资（FDI）

经济全球化加速了国家间资金、技术等要素的互流。跨国公司在进行跨国经营时，往往会利用技术溢出效应，带动东道国技术水平提升，影响一国知识产权保护水平。本章采用一国外商直接投资存量在GDP中的占比衡量外商直接投资水平，数据来源于联合国贸易和发展会议（UNCTAD）数据库。

⑥技术创新能力（TE）

知识产权保护的对象是知识、技术等人类智力成果，目的是确保知识和技术创新成果在市场化、权力化、资本化的过程中不受侵犯。通常一国技术创新能力越强，对知识产权保护的要求就越高。本章采用一国人均居民专利申请量测度其技术创新能力，数据来源于世界银行WDI数据库。

⑦公众的知识产权保护意识（EDU）

一国公众的知识产权保护意识对形成尊重知识和技术的良好社会氛围具有影响作用。通常公众的受教育程度越高，知识产权保护意识越强。本章采用成人总体识字率测度公众的知识产权保护意识，数据来源于世界银行WDI数据库。

⑧国际条约参与程度（X）

加入与知识产权有关的国际条约可以在一定程度上影响一国的知识产权保护程度。本章将一国是否加入世界贸易组织、巴黎公约、专利合作公约作为一国国际公约参与程度的度量标准，分别设置三个虚拟变量（WTO、PCT、PAR），加入该条约的国家，其对应变量取值为1，反之则为0。数据来源于世界知识产权组织数据库。

7.2.3 样本选择

"一带一路"倡议是个开放性倡议，根据《"一带一路"贸易合作大数据报告（2018）》对"一带一路"国家及区域的划分，且考虑到数据的连续性和可获得性，本章最终选取2007—2019年83个[①]国家和地区的相关数据进行

[①] 83个国家包括68个沿线国家、14个已经发表第三方市场合作联合声明或签署谅解备忘录的国家以及中国。其中68个沿线国家为阿尔巴尼亚、阿富汗、阿联酋、阿曼、阿塞拜疆、埃及、埃塞俄比亚、爱沙尼亚、巴布亚新几内亚、巴基斯坦、巴林、巴拿马、白俄罗斯、保加利亚、波兰、波黑、俄罗斯、厄瓜多尔、菲律宾、格鲁吉亚、哈萨克斯坦、吉尔吉斯斯坦、加纳、柬埔寨、捷克、卡塔尔、科威特、克罗地亚、拉脱维亚、老挝、黎巴嫩、立陶宛、罗马尼亚、马达加斯加、马尔代夫、马来西亚、北马其顿、蒙古、孟加拉国、秘鲁、缅甸、摩尔多瓦、摩洛哥、莫桑比克、南非、尼泊尔、沙特阿拉伯、斯里兰卡、斯洛伐克、斯洛文尼亚、塔吉克斯坦、泰国、土耳其、土库曼斯坦、文莱、乌克兰、乌兹别克斯坦、匈牙利、亚美尼亚、也门、伊拉克、伊朗、以色列、印度、印度尼西亚、约旦、越南、几内亚。14个已经发表第三方市场合作联合声明或签署谅解备忘录的国家有法国、韩国、加拿大、葡萄牙、澳大利亚、新加坡、日本、意大利、荷兰、比利时、西班牙、奥地利、瑞士、英国。

分析，样本总数量为1079个（见表7.2）。

表7.2 变量描述性统计分析

变量名	单位	观测值	均值	标准差	最小值	最大值
IPR	—	946	3.942	1.058	1.696	6.479
TPMC	—	1079	0.207	0.405	0	1
ln$AGDP$	美元	1079	8.783	1.303	5.894	11.084
SA	%	839	10.698	11.663	0	62.247
INST	—	1079	−0.032	0.660	−1.630	1.570
ln$OPEN$	%	975	4.368	0.598	−1.787	6.081
lnFDI	%	1079	5.906	1.002	0	6.908
lnTE	百万人/件	896	3.040	2.234	−4.554	8.102
lnEDU	%	674	4.452	0.214	3.231	4.605
WTO	—	1079	0.864	0.342	0	1
PCT	—	1079	0.875	0.330	0	1
PAR	—	1079	0.870	0.336	0	1

为减小异方差和异常项对数据平稳性的影响，本章对 AGDP、OPEN、FDI、TE、EDU 五个变量取对数处理。

7.3 实证检验与结果汇报

7.3.1 基准回归结果

在进行实证检验前，本章采用相关系数矩阵和膨胀方差因子方法确保模型不存在多重共线性问题，同时，通过 Hausman 检验发现固定效应比随机效应更有效，因此，本章采用混合回归和固定效应回归逐步添加控制变量，测度第三方市场合作的知识产权保护效应，具体回归结果如表7.3所示。

由表7.3可见，核心解释变量 TPMC 的系数在各模型中均显著为正，说明第三方市场合作的开展有利于一国知识产权保护水平的提高。加入控制变量后，以模型（2）固定效应为例，第三方市场合作对知识产权保护的影响系数为0.069，即第三方市场合作的开展可以使一国知识产权保护程度提高6.9%，假设1得证。

表7.3　第三方市场合作知识产权保护效应混合回归与固定效应模型回归结果

变量	模型（1） OLS	模型（1） FE	模型（2） OLS	模型（2） FE
TPMC	0.749*** (0.082)	0.319*** (0.046)	0.042*** (0.011)	0.069** (0.032)
ln$AGDP$			0.380*** (0.142)	2.330*** (0.384)
SA			0.006*** (0.001)	0.023* (0.012)
INST			0.686** (0.320)	0.469*** (0.152)
ln$OPEN$			0.331** (0.153)	0.374*** (0.120)
lnFDI			0.073** (0.034)	0.052*** (0.016)
lnTE			0.088*** (0.023)	0.061*** (0.019)
lnEDU			0.590*** (0.109)	0.250*** (0.062)
WTO			0.237*** (0.065)	0.540** (0.251)
PCT			0.189** (0.088)	0.377* (0.193)
PAR			0.352*** (0.142)	0.307** (0.129)
N	910	910	865	892
R^2	0.283	0.106	0.629	0.507

注：*、**、***表示在10%、5%和1%的水平下显著，括号内的数字为稳健性标准误。

加入控制变量后，所有变量的回归系数均显著为正，说明这些变量对一国知识产权保护程度的提高均具有显著的正向作用。这是因为知识和技术对经济增长和社会进步具有重要作用。随着经济水平的发展，人们对知识和技术的重视程度不断增加，国家会采取越来越严格的知识产权保护措施，增强创新者的信心，激励更多的企业和个人投身创新活动，为经济发展注入持续

第7章 第三方市场合作知识产权保护效应及区域、模式优选研究

动力。

战略性资产丰富和技术创新能力强的国家，在知识产权领域往往会拥有更多的创新成果和知识产权，他们也更加重视知识产权的价值，希望通过知识产权保护获得合理的回报和竞争优势。

完善的制度环境意味着一国立法、执法、司法机构的独立性和专业性较强，存在着健全的法律框架和相关规定，用于保护专利、商标、著作权等知识产权持有人的权益，有效地打击知识产权侵权和剽窃行为，为知识产权持有人提供法律依据和救济途径。制度环境中的立法和执法力度是测度知识产权保护水平的重要因素，因此，制度环境质量越高，越有利于知识产权保护水平的提高。

开放度高的国家更有利于知识产权保护水平的提高。从全球发展趋势来看，随着科技的进步，加强知识产权保护是大势所趋。一个国家的对外开放度高，就会有更多机会接受新思想和新技术，激发本国创新活力。此外，开放还可以获得参与国际知识产权合作的机会，有助于一国建立更加完善的知识产权保护体系，提高立法质量，加强执法力度、提高执法效率。

外商直接投资是技术共享和技术溢出的重要渠道。跨国企业大多拥有大量的资金和技术，在投资过程中会产生技术外溢，通常会要求东道国提高知识产权保护水平来降低技术转移和知识产权被侵权的风险。所以，外商直接投资存量的增加有利于一国提高知识产权保护水平，营造稳定、公平的营商环境。

社会公众的知识产权保护意识是影响知识产权保护实施效果和执法效果的重要基础。知识产权保护意识的提高会推动立法和执法机构加强知识产权保护的立法和执法工作，改善知识产权保护环境，加大保护力度。

参与国际条约的虚拟变量系数显著为正，说明参与国际条约可以提高该国知识产权保护水平。国际条约为各国提供了一个共同的法律框架，确保知识产权在跨国界的保护中得到协调和统一。世界贸易组织、巴黎公约、专利合作公约都对知识产权保护水平设置了一定要求，一国加入了国际条约，就意味着要将本国的知识产权保护与国际规则、惯例接轨，并履行相关的承诺和义务，这有利于该国提高知识产权保护水平。

7.3.2 稳健性检验

本章改变知识产权保护指标的测度方法，采用世界知识产权联盟编制的知识产权保护指数重复基准回归，具体结果如表7.4所示。

表7.4 稳健性检验结果

变量	模型（1） OLS	模型（1） FE	模型（2） OLS	模型（2） FE
$TPMC$	0.607*** (0.108)	0.234*** (0.046)	0.266** (0.125)	0.066*** (0.020)
$\ln AGDP$			0.343*** (0.078)	0.431** (0.198)
SA			0.010* (0.005)	0.017*** (0.004)
$INST$			0.638*** (0.176)	0.095*** (0.021)
$\ln OPEN$			0.131 (0.135)	0.003*** (0.001)
$\ln FDI$			0.083*** (0.027)	0.010* (0.005)
$\ln TE$			0.067*** (0.020)	0.015** (0.007)
$\ln EDU$			0.090*** (0.032)	0.162*** (0.030)
WTO			0.132*** (0.025)	0.567* (0.300)
PCT			0.080** (0.037)	0.260 (0.386)
PAR			0.298*** (0.010)	0.106** (0.005)
N	873	873	691	747
R^2	0.180	0.137	0.621	0.778

注：*、**、*** 表示在10%、5%和1%的水平下显著，括号内的数字为稳健性标准误。

由表7.4可见，核心解释变量及控制变量回归结果与整体回归基本一致，说明本书实证结果是稳健的。

7.3.3 内生性检验

本章在回归模型中尽量加入多个控制变量来保证回归结果的无偏性。为解决第三方市场合作与知识产权保护之间双向因果关系造成的内生性问题，

第7章　第三方市场合作知识产权保护效应及区域、模式优选研究

选择东道国自然资源禀赋作为第三方市场合作的工具变量，用东道国燃料、矿产和金属出口额在货物总出口额中所占的比重进行测度，数据来源于世界银行 WDI 数据库。这是因为自然资源禀赋是开展第三方市场合作的重要物质基础，第三方市场合作受东道国自然资源禀赋的影响，但东道国自然资源禀赋并不受知识产权保护程度的影响，具有一定的外生性。采用 2SLS 进行第一阶段回归时，F 值大于 10，为 17.26，在不存在过度识别和弱工具变量问题前提下，第二阶段回归结果如表 7.5 所示，第三方市场合作能够提升知识产权保护水平，该结果与基准回归结果一致，说明内生性问题对本章的实证结果没有实质性影响。

表 7.5　内生性检验结果

变量	IPR
TPMC	0.320*** (0.107)
ln$AGDP$	0.408*** (0.082)
SA	0.193** (0.089)
INST	0.455* (0.229)
ln$OPEN$	0.011 (0.010)
lnFDI	0.369** (0.173)
lnTE	0.579*** (0.144)
lnEDU	0.881*** (0.172)
WTO	0.789** (0.364)
PCT	0.380* (0.193)
PAR	0.073*** (0.024)

续表

变量	IPR
控制时间趋势	是
N	984
R^2	0.678

注：*、**、*** 表示在10%、5%和1%的水平下显著，括号内的数字为稳健性标准误。

7.3.4 异质性分析

（1）不同收入水平国家的异质性分析

为进一步优选合作区域，本章依照世界银行的划分标准，将整体样本分为高收入、中等偏上收入、中等偏下收入和低收入国家四类样本，但由于低收入国家只有六个，为了减小样本量过少导致的整体回归结果有偏，遂将低收入和中等偏下收入国家合并，并统称为中等偏下及低收入国家样本组进行分组回归分析，具体结果如表7.6所示。

表7.6 第三方市场合作知识产权保护效应的国家差异性回归结果

变量	高收入国家	中等偏上收入国家	中等偏下及低收入国家
	IPR	IPR	IPR
TPMC	0.146 (0.149)	0.237** (0.110)	0.336*** (0.112)
控制变量	是	是	是
控制时间趋势	是	是	是
N	345	263	276
R^2	0.913	0.753	0.744

注：*、**、*** 表示在10%、5%和1%的水平下显著，括号内的数字为稳健性标准误。

由表7.6可见，变量TPMC回归结果表现出明显的国别差异性。高收入国家样本TPMC系数为正但不显著，说明第三方市场合作对高收入国家的知识产权保护水平没有显著促进作用，这是因为高收入国家的知识产权保护制度体系健全，政策稳定性好，执法力度较强，知识产权保护水平相对较高，有标准化的司法程序，使得知识产权所有者能够维护自身的权益并追究侵权者的责任。中等偏上、中等偏下及低收入国家样本TPMC系数均显著为正，说明第三方市场合作对这些国家的知识产权保护具有积极促进作用，进一步比较二者系数可知，中等偏下及低收入国家的TPMC系数大于中等偏上收入国家的 TPMC 系数，这也说明第三方市场合作对中等偏下及低收入国家的知识产权保护水平促进作用更大。相比高收入国家，中等偏下及低收入国家存在着知识产权保护制度不健全、执法能力不强、盗版和侵权行为普遍存在等问题。这些国家的消费者受其收入水平所限，偏好于购买价格低廉的产品，对技术复杂度强的高品质产品需求较低，这种需求牵引会导致市场上知识产权侵权多发，仿制品、盗版大量泛滥，造成公众对知识产权保护的重视程度不够，保护意识不强，难以将知识产权保护落到实处。这些国家参与第三方市场合作，可以接收中国和发达国家的先进技术和创新思想，体验到知识和技术对经济增长和人民生活水平提高的重要作用，从而强化公众的知识产权保护意识，有利于知识产权保护水平的提高。

（2）第三方市场合作知识产权保护效应的区域异质性分析

为优选第三方市场合作区域，结合第三方市场合作的项目实施地点，本节分设六个区域①进行分样本回归分析，以测度第三方市场合作知识产权保护效应的区域异质性，具体结果如表 7.7 所示。

表 7.7 第三方市场合作知识产权保护效应的区域差异性回归结果

变量	（1）东南亚地区	（2）大洋洲地区	（3）西亚地区	（4）南亚地区	（5）东欧地区	（6）非洲及拉美地区
TPMC	0.014 (0.016)	1.101 (1.237)	0.319** (0.148)	0.081*** (0.027)	0.366 (0.349)	0.421*** (0.129)
控制变量	是	是	是	是	是	是
控制时间趋势	是	是	是	是	是	是
N	117	13	221	91	208	143
R^2	0.718	0.878	0.665	0.724	0.653	0.540

注：*、**、*** 表示在 10%、5% 和 1% 的水平下显著，括号内的数字为稳健性标准误。

---

① 由于中亚五国没有开展第三方市场合作项目，无法测量其知识产权保护效应大小，故在表 7.7 中未体现。东南亚地区包括马来西亚、印度尼西亚、缅甸、泰国、老挝、柬埔寨、越南、文莱、菲律宾；大洋洲地区包括巴布亚新几内亚。西亚地区包括伊朗、伊拉克、土耳其、约旦、黎巴嫩、以色列、沙特阿拉伯、也门、阿曼、阿联酋、卡塔尔、科威特、巴林、阿塞拜疆、格鲁吉亚、亚美尼亚。南亚地区包括印度、巴基斯坦、孟加拉国、阿富汗、斯里兰卡、尼泊尔、马尔代夫。东欧地区包括俄罗斯、乌克兰、白俄罗斯、摩尔多瓦、波兰、立陶宛、爱沙尼亚、拉脱维亚、捷克、斯洛伐克、斯洛文尼亚、匈牙利、波黑、阿尔巴尼亚、克罗地亚、保加利亚、罗马尼亚、北马其顿。非洲及拉美地区包括南非、摩洛哥、埃及、马达加斯加、埃塞俄比亚、加纳、莫桑比克、几内亚、巴拿马、厄瓜多尔、秘鲁。

由表7.7可见，第三方市场合作对西亚、南亚、非洲及拉美地区国家的知识产权保护效应显著，对东南亚地区、大洋洲地区、东欧地区不显著。进一步观察知识产权保护效应系数可知，非洲及拉美地区系数较大，这是因为相比其他地区，非洲作为中法、中意、中日第三方市场合作的重要合作区域，其知识产权法律最不完善，通过合作，可以提高非洲国家对知识产权保护重要性的认知度，有利于提高该地区的知识产权保护水平。

（3）第三方市场合作模式的异质性分析

为进一步比选第三方市场合作模式，本章根据国家发展和改革委员会发布的《第三方市场合作指南和案例》中对第三方市场合作的类型划分进行分样本回归，以测度不同类型的合作模式对知识产权保护影响的异质性，具体结果如表7.8所示。

表7.8　第三方市场合作不同类型对知识产权保护效应的回归结果

变量	（1）产品服务类	（2）工程合作类	（3）投资合作类	（4）产融结合类	（5）战略合作类
TPMC	0.104** (0.050)	0.173*** (0.043)	0.082 (0.177)	0.146 (0.310)	0.305*** (0.114)
控制变量	是	是	是	是	是
控制时间趋势	是	是	是	是	是
N	786	865	785	892	747
R^2	0.445	0.613	0.445	0.451	0.447

注：*、**、***表示在10%、5%和1%的水平下显著，括号内的数字为稳健性标准误。

由表7.8可见，第三方市场合作类型对知识产权保护的影响具有明显差异性。对于TPMC系数，产品服务类、工程合作类和战略合作类项目均显著为正，说明第三方市场合作的开展可以提高该国知识产权保护水平。产品服务类项目以提供技术咨询、转移与服务为主，工程合作类和战略合作类项目需要中外企业多维度、多频次地进行知识、技术、信息的共享与交流。三种合作模式需要高知识产权保护水平来保证知识资产的专有性，防止侵权行为和被许可企业擅自转让知识资产行为的发生。

产融结合类和投资合作类对知识产权保护水平的影响不显著，这是因为产融结合类项目以为第三方市场合作项目拓宽融资渠道、分散融资风险为目的，该类项目中涉及的知识资产相对较少。投资合作类项目则是在利用企业内部化优势，保证企业技术专有优势的前提下，中方企业与外方企业开展第三方市场合作,该类项目所使用的知识和技术多采用企业内部授权、转移的方式,正如科斯定理的内部化理论所述,在企业内部完成交易可以有效消除外部市场的不完善性,从而使企业获益,假设2得证。

7.3.5 拓展分析

中国在第三方市场合作区域选择时具有两种可能性,一是选择知识产权保护程度优于本国的东道国开展合作,二是选择知识产权保护程度低于本国的东道国开展合作。为进一步明确第三方市场合作区域选择与知识产权保护制度差异大小的关系,本章将中国与沿线国家间的知识产权保护指标之差界定为两国间的知识产权保护差异度,使用 $DIST\_IPR$ 表示,分析第三方市场合作对不同方向知识产权保护的差异影响(见表7.9)。$DIST\_IPR<0$ 表示中国知识产权保护强度低于东道国,$DIST\_IPR\geqslant0$ 表示中国知识产权保护强度高于东道国。

表7.9 第三方市场合作对不同方向知识产权保护差异的影响

变量	$DIST\_IPR<0$	$DIST\_IPR\geqslant0$
	IPR	IPR
TPMC	0.132**	0.365***
	(0.062)	(0.108)
lnAGDP	0.136	0.222***
	(0.169)	(0.079)
SA	0.002**	0.007***
	(0.001)	(0.003)
INST	0.356***	0.267**
	(0.108)	(0.124)
lnOPEN	0.463***	0.035***
	(0.171)	(0.008)
lnFDI	0.051	0.126***
	(0.098)	(0.042)
lnTE	0.127**	0.050***
	(0.061)	(0.011)
lnEDU	0.187**	0.046
	(0.086)	(0.629)

续表

变量	DIST_IPR<0	DIST_IPR⩾0
	IPR	IPR
WTO	0.132*** (0.026)	0.035 (0.274)
PCT	0.523** (0.241)	0.052*** (0.008)
PAR	0.023*** (0.004)	0.071** (0.033)
控制时间趋势	是	是
N	328	553
R^2	0.681	0.686

注：*、**、*** 表示在10%、5%和1%的水平下显著，括号内的数字为稳健性标准误。

由表7.9可见，从两国知识产权差异度考虑，两类样本的 TPMC 系数都显著为正，说明第三方市场合作对提高知识产权保护水平具有积极作用，假设1再次得证。进一步比较系数大小发现，DIST_IPR⩾0样本组的 TPMC 系数要大于 DIST_IPR<0样本组，说明第三方市场合作对比中国知识产权保护水平低的国家促进作用更为明显。根据《2022年全球知识产权保护指数报告》，中国知识产权保护处在中等偏上水平。相比中国，DIST_IPR⩾0样本组的国家知识产权保护水平相对落后，通过第三方市场合作，中国和发达国家将先进的技术和知识传播到这些国家，使之发挥创新驱动作用，从而推动东道国经济发展。如果知识产权保护不到位，就可能出现技术外流风险，从而削弱国家的创新能力和竞争力。第三方市场合作对该类国家知识产权保护的促进作用，说明了中国带动知识产权保护相对滞后的国家提升了知识产权保护水平，缩小了国家间知识产权保护的差距，增强了知识产权持有者和创新者对市场的信心，有助于实现知识产权治理的国际协同，从而推动"一带一路"国际知识产权合作。

DIST_IPR 的不同方向，说明中国企业既会选择比中国知识产权保护水平低的国家，也会选择比中国知识产权保护水平高的国家开展合作。这与第三方市场合作事实相符，在现有的第三方市场合作项目落地国家中，有比中国知识产权程度高的马来西亚、阿联酋、卡塔尔等国，也有比中国知识产权保护程度低的泰国、黎巴嫩、秘鲁等国。

知识产权受科技、经济、法律等多种因素的影响，虽说各国知识产权保护水平存在差异是客观现实，但差异的背后实质是法律渊源、保护原则、保护实体、保护范围、保护措施和程序的区别。国家间的知识产权保护水平差距过大，会增加市场的不确定性，造成不公平竞争，不利于技术创新和技术转移。第三方市场合作为缩小参与国间的知识产权保护水平差距提供了一条新路径。

7.4 本章小结

本章利用从世界银行 WDI、WGI 数据库、世界知识产权组织、世界经济论坛报告获取到的 2007—2019 年 83 个国家的知识产权保护数据及其他控制变量数据，实证分析了第三方市场合作的知识产权保护效应及区域、模式选择，获得以下结论：

（1）第三方市场合作有利于一国知识产权保护水平的提高，但在国家、区域、模式上存在异质性。从国家和区域上看，第三方市场合作对中低收入国家和西亚、南亚地区、非洲及拉美地区国家知识产权保护效应更加显著；从模式上看，产品服务类、工程合作类和战略合作类第三方市场合作知识产权保护效应更加明显。中国应充分考虑沿线国家的知识产权保护水平，对于产品服务类、工程合作类和战略合作类项目，优选知识产权保护水平较低的沿线国家，通过合作提高公众的知识产权保护意识，提升知识产权保护水平，营造良好的营商环境。

（2）对于与中国有不同方向知识产权保护水平差距的东道国，第三方市场合作的知识产权保护效应存在差异性。对于比中国知识产权保护水平低的东道国，第三方市场合作对其知识产权保护水平的促进作用更为明显。为此，中国可以利用第三方市场合作，加强与沿线国家的知识产权保护务实合作，向沿线国家提供科技成果转化、知识产权培训、人才培养等多样化帮助，提升沿线国家知识产权发展层次和水平。

第8章 结论与政策建议

本章以第三方市场合作为研究主体,以贸易、投资、区域经济等多种理论为研究基础,以贸易、投资和知识产权保护为研究视角,开展理论和实证研究。通过阐述第三方市场合作的历史沿革,分析全球和沿线国家基础设施建设的供求关系,描述中国与14个国家的第三方市场合作事实,总结第三方市场合作实践特征;通过对第三方市场合作的长、短期博弈分析,阐释第三方市场合作的内在逻辑、经济理性和运行机制;通过建构决策理论模型,分析第三方市场合作的经济效应;通过对第三方市场合作案例的分析,揭示第三方市场合作的风险和收益;通过CEPII数据库、国际货币基金组织数据库、世界银行WGI、WDI数据库、中国对外直接投资公报以及世界知识产权组织、世界经济论坛全球竞争力报告获取沿线国家的贸易、投资和知识产权保护数据,实证测度第三方市场合作贸易、投资、知识产权保护效应,获得第三方市场合作区域选择及模式优选的结论。在理论和实证研究的基础上,从贸易、投资、知识产权保护、经验比较四个层面提出中国推进第三方市场合作创新实践的差异化方案和对策建议。

8.1 研究结论

8.1.1 理论研究结论

本章根据第三方市场合作的内涵和特征,选取经典传统的贸易、投资、区域经济理论和其他理论,阐释第三方市场合作存在的合理性,以及其专有属性和特定属性,获得以下理论研究认知:

(1) 比较优势理论和要素禀赋理论是第三方市场合作的合作基础。第三方市场合作的形成是在生产要素实现全球自由流动的前提下,发挥合作国比较优势,降低生产要素的融合成本,深化彼此间的国际分工,满足第三方市场需求。

(2) 区域经济理论和投资发展路径理论是第三方市场合作方案差异化的

基础。沿线国家要素禀赋分布不均衡、经济发展水平和利益诉求不一致的现实，以及市场差异化、成本—收益预期等因素，决定了第三方市场合作国需要在贸易、投资和知识产权等方面区分区域、模式开展合作。以上两种理论为第三方市场合作的区域选择和模式选择提供了理论依据。

（3）国际公共产品理论是第三方市场合作的合作动机基础。第三方市场合作为国际公共产品的提供创造了一种合作模式，在区域经济合作中得到应用和推广，第三方市场合作允许第三方参与，这种非排他性决定了其非恶性竞争性，有利于实现多方共赢。

（4）协同理论是第三方市场合作的产生基础。第三方市场合作国在达成合作共识的前提下，根据市场经济运行原则，聚合各自的比较优势，共享资源，以满足第三方市场合作需求，实现多方共赢。第三方市场合作的内涵，反映出这种合作是各国保持竞合并存关系，发挥政策、资源、利益协同综合作用的结果。

（5）共生理论是第三方市场合作的发展基础。第三方市场合作要求参与方共担风险，实现多方共赢。基于共生理论的内核和内容，第三方市场合作通过贸易、投资、技术咨询与服务活动，共同参与项目建设、共担风险、共享利益，构建相互依赖、相互扶持、互利共赢的共生关系，实现第三方市场合作的稳定、健康、可持续发展。

（6）博弈理论是第三方市场合作的理性决策基础。任何一种合作都是基于成本和收益的权衡。在第三方市场合作中，合作行为、合作对象、合作区域和模式的选择，都是合作参与方基于绝对收益与相对收益之间的权衡，本国成本与收益之间的权衡，以及国家贸易、投资、知识产权保护三者收益之间的博弈，而做出的理性决策结果。

8.1.2 事实研究结论

本章立足第三方市场合作实践，对其特征化事实和典型化事实进行描述分析，获得以下事实研究认知：

（1）通过对第三方市场合作项目数量和规模、项目合作类别和承揽方式的分析，获得第三方市场合作项目数量、规模逐年递增，存在产品服务类、工程合作类、投资合作类、产融结合类、战略合作类五种合作类别，种类丰富，DB、EPC、EPC+F、PPP、BOT、BOOT、股权投资、绿地投资、管理咨询、跨国投资专业分包、并购重组等承揽方式灵活多样的结论。通过对合作国、东道国地域分布、经济发展水平和产业结构的分析，获得欧洲和亚洲分别是第三方市场合作国、东道国的主要集中区域的结论。通过对合作领域的分析，获得第三方市场合作以基础设施为优先领域，在金融、能源、医疗、通信、环保等多个领域开展合作，实现合作领域多样化的结论。通过对合作主体的类型分析，获得第三方市场合作允许各种所有制类型的企业参与合作，实现中央企业、国有企业等参与主体多元化的结论。同时，根据第三方市场合作的项目、国别、领域及主体发展事实，总结出第三方市场合作以项目为依托、合作基础扎实、合作领域及模式多样化、合作区域集中、合作机制完善的实践发展特征。

（2）从合作区域、合作领域、项目类别角度，对中法、中日、中美、中意、中新、中国和中东国家第三方市场合作的国别典型化事实分析，获得中法第三方市场合作项目类别最全，中意第三方市场合作区域最广，中日合作项目数量较多、融资机制最完善，中美产业互补性好，中新合作模式创新的结论。通过对上述国家的第三方市场合作的经验分析，获得第三方市场合作要注重法律与机制建设、融资与项目并进，发挥行业协会、智库等多种机构的重要作用，加强战略对接和风险防控等成功经验。

8.1.3 实证研究结论

本章依据理论研究结论，从贸易、投资、知识产权保护效应三个视角分别构建实证研究模型，采用多期 DID、PSM-DID、LOGIT 模型分析方法，运用计量工具，从 CEPII 数据库、国际货币基金组织数据库、世界银行数据库、UNCOMTRADE 数据库、中国对外直接投资公报以及世界知识产权组织、世界经济论坛报告获取研究数据，实证测度第三方市场合作贸易、投资、知识产权保护效应及其区域、模式选择，获得以下实证研究结论：

（1）从贸易角度，利用从 CEPII 的 BACI 数据库、GRAVITY 数据库、世界银行 WDI、WGI 数据库获取到的 2006—2021 年 83 个国家双边贸易数据及其他控制变量数据，使用 PSM-DID 方法，实证分析第三方市场合作的贸易效应及区域、模式选择，获得第三方市场合作对合作参与国彼此间的双边贸易发展具有促进作用，且在国家、区域、模式上存在异质性的结论。从国家和区域来看，第三方市场合作对中、低收入国家和亚洲地区国家双边贸易促进效应更加显著；从模式来看，合作类第三方市场合作的贸易促进效应更加明显。

为检验第三方市场合作对贸易的影响机制，从世界银行营商环境调查数据库和营商环境报告、世界银行 WDI 数据库、世界银行 WGI 数据库获取到

2009—2020年68个沿线国家进出口通关时间和费用、铁路总公里数以及制度环境质量研究数据，从通关成本、运输成本、制度成本三个渠道检验第三方市场合作对贸易的影响机制。从中华人民共和国外交部、国家统计局、CEPII的BACI数据库和UNCOMTRADE数据库、孔子学院总部和国家汉语国际推广领导小组办公室官网查找测度政策沟通、设施联通、贸易畅通、资金融通、民心相通的研究数据，检验第三方市场合作对"五通"的影响机制，结果表明，第三方市场合作通过降低贸易成本、影响"五通"建设，对参与国间的双边贸易具有促进作用。

为进一步优化第三方市场合作的区域选择和合作国家选择，通过使用联合国贸易发展数据库数据，计算出2006—2020年中国与沿线各地区的贸易互补性指数，获得优选东南亚、南亚为合作重点区域的结论。依据是否有共同语言、殖民关系、法律渊源、更邻近的地理位置等指标，构造合作国选择函数，利用第5章实证结果数据，使用Python软件对68个沿线国家和14个合作国运行合作国选择函数，获得中国在沿线国家开展第三方市场合作的最佳合作国。

（2）从投资角度，利用世界银行WDI、WGI数据库、中国对外直接投资统计公报获取到2003—2021年中国对82个国家的对外直接投资数据及其他控制变量数据，使用固定效应、混合回归计量方法，实证分析第三方市场合作的投资效应及区域、模式选择，获得第三方市场合作可有效促进中国向合作国及沿线国家的对外直接投资，且在国家、区域、模式上存在异质性的结论。从国家和区域来看，第三方市场合作对中、低收入或制度欠完善国家的投资促进作用比高收入或制度较为完善的国家更加显著。从模式来看，契约合作型模式对中国对外直接投资的促进作用更为明显。

为检验第三方市场合作对投资的影响机制，从世界银行WDI数据库、世界银行WGI数据库获得2003—2021年68个沿线国家的制度环境，检验第三方市场合作对改善合作国与东道国制度差异的影响机制。结果表明，第三方市场合作对改善制度环境差异具有促进作用。

为进一步优化第三方市场合作区域选择和合作国家选择，考虑到贸易和投资的替代关系，通过使用联合国贸易发展数据库、世界银行、国家信息中心数据，计算出2010—2020年中国与沿线各地区的出口产品相似度指数和产业结构相似度指数后进行组合，将沿线国家划分成四种类型，获得为每个区域的国家具体选择合作模式的结论。

为考察第三方市场合作对双边投资的影响效应，从国际货币基金组织数据库中选取2009—2021年83个国家的双边投资数据，构建三个计量模型，进行实证分析，获得第三方市场合作实施中投资效应具有周期性和规律性，有利于一国吸引外商直接投资，但对双边投资没有积极的促进作用的结论。

（3）从知识产权保护角度，利用从世界银行WDI、WGI数据库、世界知识产权组织、世界经济论坛报告获取到的2007—2019年83个国家的知识产权保护数据及其他控制变量数据，使用固定效应、混合回归计量方法，实证分析第三方市场合作的知识产权保护效应及区域、模式选择，获得第三方市场合作对加强知识产权保护水平具有促进作用，且在国家、区域、模式上存在异质性的结论。从国家和区域来看，第三方市场合作对中、低收入国家和西亚、南亚地区、非洲及拉美地区国家知识产权保护效应更加显著。从模式来看，产品服务类、工程合作类和战略合作类第三方市场合作知识产权保护效应更加明显。

为进一步揭示第三方市场合作区域选择与知识产权保护制度差异大小的关系，将中国与沿线国家间的知识产权保护指标之差界定为两国间知识产权保护的差异度，并将其设置为被解释变量，分为两个不同差异方向的样本组，实证分析第三方市场合作对两国间知识产权保护差异度的影响，获得第三方市场合作对比中国知识产权保护水平低的国家促进作用更为明显的结论。

8.2 政策建议

结合理论和实证分析结论，本节从贸易、投资、知识产权保护和经验比较等多个层面对中国完善第三方市场合作内容、推进第三方市场合作深入发展提出政策建议。

8.2.1 贸易层面的政策建议

（1）通过第三方市场合作加强基础设施建设，扩大和稳定参与国彼此间双边贸易规模，一方面，以合作项目为依托，搭建贸易平台，激发合作参与国的贸易潜力，促进货物和服务的自由流动，嵌入或引领双边间全类型的产业链体系，扩大区域间的贸易转移和创造效应，实现贸易利益增进。另一方面，注重与国内省市协同配合，因地制宜开展合作，利用各地区的资源优势和合作意愿，不断拓展环保、医疗、航空航天、通信、数字化等高层次第三方市场合作项目，积极贯彻绿色发展理念，促进绿色发展，拓展和深化绿色基建、绿色能源、绿色交通等合作领域，扩大贸易商品种类和范围。

（2）根据第三方市场合作贸易效应的国家和区域异质性结论，中国应对接第三方国家发展战略目标，以亚洲地区的中低收入发展中国家为第三方市场合作的重点合作区域，不断优化第三方市场合作机制。提出如下建议：一是通过加强高层互访，建立和维护伙伴关系获得政治互信；通过增加发表第三方市场合作联合声明或签署谅解备忘录、双边协定的数量，提高政策沟通度，减少贸易壁垒和关税。二是通过加强航空、公路、铁路、海陆联通度，提高交通设施联通度，降低运输成本；通过提高电话线路覆盖率、互联网普及率和跨境通信设施建设，加强通信设施联通度，缓解信息不对称；通过跨境输电线路和油气管道建设，提高能源设施联通度，扩大贸易商品种类和规模。三是通过鼓励沿线国家积极共建自由贸易区，参与贸易谈判，达成贸易协定，提升贸易便利化程度和货物通关效率，制定共同的贸易规则和标准，降低贸易风险，提高贸易畅通度。四是通过双边本币互换，加强金融合作；通过建设本币互通清算网络，设立人民币清算行，优化金融支持环境，提高资金融通度，降低贸易结算风险。五是通过友好城市建设、孔子学院建设和提高旅游签证便利化，加强文化与人才交流，提升双边合作期待度，提高民心相通度，减少或消除贸易歧视和不公平竞争的行为，优化贸易环境。

（3）根据第三方市场合作贸易效应的模式异质性结论，中国应在兼顾第三方市场合作方式多元化的前提下，对产业聚合较强或政府拉动的标志性项目首选工程合作类、战略合作类和投资合作类模式，由国有企业或大型企业具体实施，在扩大双边贸易规模的同时，加强与合作国在技术、管理经验等领域全方位的沟通与交流，推动科技创新，促进国内产业优化升级和技术进步，不断提高出口产品技术复杂度。

8.2.2 投资层面的政策建议

（1）通过第三方市场合作扩大和稳定中国对外直接投资规模，实现投资利益增进。一方面，政府要支持建设开放型世界经济，加强制定和出台对第三方市场合作投资活动的扶持政策，引导中国企业积极参与第三方市场合作，搭建对外直接投资项目合作信息平台，为参与第三方市场合作的企业提供更多的投资咨询服务与帮助。另一方面，要提高第三方市场合作联合声明或谅解备忘录的实际利用率和企业参与率。联合声明或谅解备忘录的主要作用是表明两国政府就贸易、投资、知识产权保护活动达成合作共识，缩短中外合作企业建立相互信任的周期。为此，政府应以"开展务实合作"为目标，建立第三方市场信息共享数据库，加强重点项目的收集与跟进，定期开展第三方市场合作论坛和研讨会,交流合作信息、提供合作机会、分享合作经验、实现项目对接,对于已发表的联合声明或签署的谅解备忘录应向企业解读条款内容,以便企业认知、把握投资机会,提高合作参与率。

(2) 根据第三方市场合作投资效应的国家和区域异质性结论,中国应以亚洲、非洲及拉美地区的中、低收入国家为重点合作区域,通过制定减税、提供补贴或奖励等投资激励政策,鼓励中小企业、民营企业和国际组织参与建设"小而美"的第三方市场合作项目,激发企业投资活力,协调投资比例;通过加强与东道国政府产业政策、投资政策、税收政策等多方面的沟通交流,主动对照国际高标准经贸规则,简化投资行政审批流程,降低市场准入门槛,减少外资准入限制措施,优化营商环境,降低中、低收入国家制度环境不完善给投资带来的不确定性。

(3) 根据第三方市场合作投资效应的模式异质性结论,中国应选择工程合作类、战略合作类和投资合作类的项目合作模式,发挥中国国家开发银行、中国进出口银行等金融机构对第三方市场合作的融资支持作用,以市场化、商业化方式支持与发达国家共建第三方市场合作项目,降低投资风险,扩大市场份额,实现对外直接投资的多元化、稳健化。

此外,由于第三方市场合作投资效应的周期性和规律性,为扩大合作参与国彼此间的双边投资规模,需要不断扩大第三方市场合作项目实施的地域范围,从沿线国家拓展到非沿线国家,从发展中国家拓展到发达国家,加强各国经贸关系,充分发挥不同国家或地区的资源互补和优势协同,获得投资机会,增加投资效益。

8.2.3 知识产权保护层面的政策建议

(1) 通过第三方市场合作提升沿线国家的知识产权保护水平。一方面,在合作中,参与国要抓住技术互鉴的机遇,对合作中所涉及的专利、商标、企业商业信息等问题进行充分沟通、讨论,不断加强和完善各项知识产权保护制度的建设,尽快缩短彼此间的知识产权保护制度差距。另一方面,要促进合作技术成果与国际技术标准制定的有效结合,推进知识产权规则市场化、国际化,为企业知识产权权利获得和利益保护奠定基础。

(2) 根据第三方市场合作对知识产权保护效应的国家和区域异质性结论,中国应选择西亚、南亚地区、非洲及拉美地区的中、低收入国家为第三方市场合作重点区域,深化知识产权领域改革,加强知识产权保护合作。在国家层面,通过第三方市场合作,参与国之间加强立法合作,逐步统一知识产权保护标准，缩小知识产权保护水平的差距，增强知识产权的跨境保护力度；通过第三方市场合作，建立更强大的知识产权保护框架，加强知识产权保护执法力量的建设，提升执法机构的能力和效率，共同打击跨国知识产权侵权行为。在企业层面，加强对技术和商业秘密的保密管理，增加知识产权保护知识培训，提高公众对知识产权保护的认知度。

（3）根据第三方市场合作对知识产权保护效应的模式差异性结论，在考虑项目类别、市场结构、企业发展时空局限性、中外企业技术差距的基础上，中国应对多元化的第三方市场合作模式进行优选，对于知识产权保护水平不高的东道国，中国应优先选择产品服务类、工程合作类和战略合作类项目，发挥第三方市场合作对知识产权保护程度的促进作用，提升知识产权保护水平。

8.2.4　经验比较层面的政策建议

基于中法、中美、中日、中意、中新、中国和中东国家第三方市场合作的事实判断和经验分析，提出以下政策建议：

（1）重视法律和机制先行，实现第三方市场合作的健康有序发展。第三方市场合作是政府推动下企业市场化合作行为。因此，顶层设计和市场机制对于第三方市场合作的稳进发展非常重要。一方面，政府要制定和完善法律制度，为第三方市场合作提供明确的合作规则和合作框架，规范合作参与方的权利和义务，确保各方的权益都得到保护。另一方面，建立合作中的定期对话机制、监督机制、仲裁机制、纠纷解决机制，以保证合作的顺利进行。从项目建设角度，要构建定期对话机制，召开合作研讨会，减少合作风险和发生争议的可能性。从项目管理角度，需要构建第三方市场合作长效协同机制，实现从政府推动到企业驱动的转变。从项目落地角度，需要构建第三方市场合作的常态化机制，为企业提供市场份额、利润分配等细节问题的沟通交流平台。

（2）做好融资和项目齐头并进工作，实现第三方市场合作的稳定可持续发展。资金和技术是第三方市场国家的主要需求。第三方市场合作项目具有建设周期长、投资金额大的特点，需要长期投入大量资金，单凭企业自筹有一定困难，因此需要拓宽融资渠道，寻求多元化资金支持。一方面，积极引导开发性和政策性的金融机构、专项投资基金及地方商业银行通过银团贷款、联合融资、转贷款、股权参与等方式参与第三方市场合作项目建设，拓宽项目融资渠道，降低项目合作的风险。另一方面，设立"一方出资，一方承建"

"共同出资、联合承建""共同出资、外包建设"等多种不同的融资模式,以满足不同类型的企业、不同合作模式的项目融资需求。

(3)加强战略无缝对接,实现第三方市场合作高质量发展。第三方市场合作是国家间在制度规则实现"软联通"基础上开展的以基础设施建设为主要项目的"硬联通"。国家是第三方市场合作的推动者、协调者、监督者,各国通过战略对接实现各方共同制订和实施战略计划,整合资源和协调利益,促进合作共赢。第三方市场合作的高质量发展要从项目实施中的工作质量和项目最终产品的效果与使用价值两方面考量。因此,一方面,各国通过建立信息交流平台,及时共享战略和政策等重要信息,协调合作主体间的相互包容度,提高生产要素匹配度,加强项目落实度,提高合作质量。另一方面,通过加强高层对话,增加政治互信,协调共同利益,平等协商合作事项,保证项目最终效果,实现共同发展和繁荣。

(4)发挥商会、行业协会及智库协作作用,实现第三方市场合作可持续发展。第三方市场合作是企业跨国界的市场活动,需要商会、行业协会及智库协作,为第三方市场合作提供信息发布、商务洽谈、市场分析、项目对接、投资风险评估、业务拓展策略咨询等各项服务,降低合作信息的搜寻成本。因此,一方面,上述机构可以建立第三方市场合作信息共享数据库,组织第三方市场合作专题研讨会,拓展要素资源与合作伙伴网络,为合作方提供资源和创造合作机会。另一方面,通过对第三方市场合作提供前期调研、过程监督、后期评估等专业技术支持和学术咨询服务,协调解决合作中出现的问题和争议,保证合作关系的持久性。

(5)第三方市场合作是异质性国家间的"北-南-南"合作模式,由于各国多边体制的治理水平不同、项目推进政策不同、两国市场建设不同、规则标准不同,以及合作参与方对风险的把控能力、防范能力、预案措施都影响着第三方市场合作项目的成败。现实中确实也存在第三方市场合作失败的案例,如中日两国企业签署协议共同修建连接泰国廊曼、素万那普和乌塔堡三座国际机场的高铁,在高铁项目建设过程中,由于日本企业融资渠道受限,缺乏充足的资金与国内政策支持,日本企业决定压缩建设成本,试图将高铁建设改为准高速铁路,这与泰国的建设要求和预期不符,最终日本退出了该项目,合作失败。因此,各国应从第三方市场合作的失败案例中吸取教训,协调多边体制治理水平,加强项目推进政策协调和技术规则标准统一,拓宽融资渠道,对已经建设的项目和拟建设的项目进行实时跟踪服务和风险管控,构建多重危机应对和风险分担机制,赢得贸易、投资、知识产权保护合作收益。此外，鼓励企业通过股权合作、跨国并购以及联合投资等方式降低合作风险，通过海外投资保险、银行保理、投资保障以及双边投资保护协定等海外利益保障措施，打通项目退出通道，开辟企业回购、兼并与收购和二级出售等项目退出路径，降低合作风险，使得第三方市场合作成为具有普适价值和示范推广效应的国际经济合作模式。

（6）第三方市场合作是以项目为依托的国际经济合作模式。从项目管理角度而言，第三方市场合作包括项目筛选、启动、计划、实施、监控、结项等多个环节，合作过程中强调"责、权、利、险"。面对当今全球经济秩序的不确定性和不稳定性，以及全球治理体系的分化、调整，第三方市场合作更应注重"险"的防范，充分考虑政治因素对合作的影响作用，把握合同管理和合规管理的融合点，发挥二者对风险管理的功效，筛选项目。合作方要对影响项目的政治、经济等各种因素进行定量或定性分析，评估项目市场风险、技术风险、财务风险，并根据风险的严重程度和发生概率，对项目进行优先级排序，实现标志性项目和"小而美"项目的合理布局。合作过程中既要发挥合同管理对合规管理的促进作用，以依法合规为准绳，严格履行合同条款，夯实合作基础，降低项目运营风险，减少主观合规意愿和政策变化对合作项目实施的不良影响，又要利用合规管理对合同管理的监管功能，在项目实施周期中规范合作参与方的合作行为，达到风险管控和分担的目的，推进第三方市场合作的可持续发展。

结　语

本书以第三方市场合作为研究主体，以要素禀赋理论、比较优势理论、区域经济理论、投资发展路径理论、国际公共产品理论、协同理论、共生理论和博弈理论为理论基础，以贸易、投资和知识产权保护为研究视角，探讨了第三方市场合作的影响效应，并在此基础上提出中国实施第三方市场合作的差异化方案和扩大贸易、投资、提升知识产权保护程度的相关政策建议。本书的写作是在研究大量经典文献的基础上，获得了研究的新思路和新观点，主要体现在：

（1）构建了第三方市场合作的理论分析框架。从第三方市场合作各主体的互动关系、利益预期和理性选择行为中，揭示了第三方市场合作的内在逻辑和经济理性，阐释第三方市场合作运行机制。

（2）建立了第三方市场合作决策模型和经济效应模型。通过对第三方市场合作主体的长期、短期博弈和模型分析，揭示第三方市场合作的形成机制和存在合理性，验证第三方市场合作实现贸易、投资、知识产权保护利益增进的作用效果。

（3）突破了既有文献研究方法单一的局限性，克服了传统计量方法的不足，采用多期DID、PSM－DID、LOGIT模型分析方法，运用计量工具，从CEPII数据库、国际货币基金组织数据库、世界银行数据库、联合国商品贸易统计数据库、中国对外直接投资公报以及世界知识产权组织、世界经济论坛报告获取研究数据，实证测度第三方市场合作贸易、投资、知识产权保护效应。

限于数据及模型设立等原因，本书还存在以下不足和有待深入研究的方向：

（1）关于数据更新问题。由于全球竞争力报告公布的知识产权保护水平数据最新发布到2019年，故第7章使用的知识产权保护研究数据截止年限为2019年，因此2020年以后，对第三方市场合作知识产权保护影响的分析有所欠缺。

（2）关于第三方市场合作效应实证检验问题。限于微观企业数据的难获得性，本书只能从宏观层面测度第三方市场合作贸易、投资、知识产权保护效应，对参与第三方市场合作的企业所获得的影响效应无法进行研究，造成本书的实证分析视角不够全面。

（3）由于"一带一路"沿线国家是第三方市场合作的地缘依托，所以本书以这些国家为研究范围，搜集整理贸易、投资、知识产权保护宏观层面数据，开展实证研究，并基于沿线国家的贸易、投资、知识产权保护效应提出区域选择和模式优选的对策建议，制订第三方市场合作差异化方案。未来，随着第三方市场合作的合作区域不断扩大，其对非"一带一路"沿线国家是否也会产生贸易、投资和知识产权保护效应，是否会形成一个具有普适性的经验推广，是今后值得深入研究的方向。

参考文献

［1］ CHERYL MCEWAN, EMMA MAWDSLEY. Trilateral development cooperation: power and politics in Emerging aid relationships［J］. Development and change, 2012 (9): 1-25.

［2］ CHOO JAEWOO. South Korea's China policy［J］. East asian policy, 2020, 12 (2): 93-105.

［3］ 毛雨. 中法打造第三方市场合作标杆［N］. 中国社会科学报, 2015-07-16 (004).

［4］ 郑东超. 中国开展第三方市场合作的意义、实践及前景［J］. 当代世界, 2019 (11): 76-79.

［5］ 刘姝. 亚洲命运共同体视域下中日第三方市场合作［J］. 国际论坛, 2021, 23 (05): 111-124, 159.

［6］ 吴崇伯, 罗静远. 中日在泰国的第三方市场合作分析［J］. 创新, 2022, 16 (01): 75-86.

［7］ 迈克尔·波特著. 竞争优势［M］. 陈小悦译. 北京: 华夏出版社, 2005: 128-326.

［8］ VINER J. The customs union issue［M］. New York: Carnegie Endowment for International Peace, 1950: 20-35.

［9］ BALASS B. Trade creation and trade diversion in the european common market［J］. Economic journal, 1967, 77 (305): 1-21.

［10］ CORDEN W M. Economies of scale and customs union theory［J］. Journal of political economy, 1972, 80 (3): 465-475.

［11］ COLLIER P. The welfare effects of customs union: an anatomy［J］. The economic journal, 1979, 89 (353): 84-95.

［12］ PANAGARIYA A, PRAVIN K. On necessarily welfare-Enhancing free trade areas［J］. Journal of international economics, 2002, 57 (2): 353-367.

［13］ THOMY B, TULARAM G A, SIRIWARDANA M. Partial equilibrium analysis to determine the impacts of a southern african customs union – european union economic partnership agreement on botswana's imports [J]. American journal of economics and business administration, 2013, 5 (1): 1-14.

[14] 向洪金, 赖明勇. 建立 ECFA 对海峡两岸农产品生产与贸易的影响——基于局部均衡 COMPAS 模型的研究 [J]. 国际经贸探索, 2011, 27 (1): 18-23.

[15] 梁江艳, 高志刚. 基于局部均衡模型的中巴自贸区经济效应研判 [J]. 南亚研究季刊, 2017 (2): 103-108, 6.

[16] 赵青松, 王文倩. RCEP 的贸易效应及其影响研究: 基于局部均衡模型的分析 [J]. 价格月刊, 2021 (12): 52-59.

[17] 陈耸, 向洪金. RCEP 对全球农产品贸易、生产与福利的影响: 基于可计算局部均衡模型的研究 [J]. 国际商务研究, 2022, 43 (3): 30-39.

[18] 彭支伟, 张伯伟. 中日韩自由贸易区的经济效应及推进路径: 基于 SMART 的模拟分析 [J]. 世界经济研究, 2012 (12): 65-71, 86.

[19] 宏结, 黄什. 美国对华光伏产业实施"双反"措施的经济效应分析——基于 COMPAS 局部均衡模型的实证研究 [J]. 经济经纬, 2014, 31 (4): 49-55.

[20] 杜威剑, 李梦洁. 中日韩自由贸易区建立的经济影响: 基于局部均衡模型的分析 [J]. 国际经贸探索, 2015, 31 (3): 31-41.

[21] 谭琳元, 李先德. 大麦进口关税政策调整对中国大麦产业的影响: 基于局部均衡模型的模拟分析 [J]. 农业技术经济, 2020 (7): 17-26.

[22] 张玉梅, 盛芳芳, 陈志钢等. 中美经贸协议对世界大豆产业的潜在影响分析: 基于双边贸易模块的全球农产品局部均衡模型 [J]. 农业技术经济, 2021 (4): 4-16.

[23] PARK I, SOONCHAN P. Consolidation and harmonization of regional trade agreements (RTAs): a path toward global free trade [R]. MPRA paper, 2009, No. 14217.

[24] PLUMMER M, WIGNARAJA G. The post-crisis sequencing of economic integration in Asia: trade as a complement to a monetary future [R]. Working papers on regional economic integration 9, Asian development bank, 2006.

[25] 曹宏苓. 一般均衡分析在自由贸易区研究中的应用 [J]. 国际经贸探索, 2005 (6): 4-7.

[26] 彭秀芬. 中国-新西兰自由贸易区建设对我国乳业发展的影响 [J]. 国际贸易问题, 2009 (1): 54-60.

［27］黄鹏，汪建新．中韩 FTA 的效应及谈判可选方案：基于 GTAP 模型的分析［J］．世界经济研究，2010（6）：81-86，89．

［28］周曙东，崔奇峰．中国-东盟自由贸易区的建立对中国进出口贸易的影响：基于 GTAP 模型的模拟分析［J］．国际贸易问题，2010（3）：54-59，124．

［29］范子杰，张亚斌，魏思超．扩大进口政策的贸易与福利效应：基于投入产出结构的一般均衡模型分析［J］．国际贸易问题，2022（4）：1-19．

［30］王淑娟，张绍辉，朱启荣．构建中日韩自贸区的经济贸易效应分析［J］．东岳论丛，2022，43（7）：145-154．

［31］董婉璐，李慧娟，杨军．RCEP 对全球及中国区域电子产业发展的影响分析：基于全球与中国区域（含深圳）的 CGE 模型系统［J］．经济与管理评论，2023，39（1）：119-133．

［32］李月，郑晓雪．RCEP 对两岸三地经济及贸易网络格局的影响效应研究：基于稳态 GTAP 模拟和社会网络分析［J］．台湾研究，2023（1）：34-47．

［33］HASSON J A，TINBERGEN J．Shaping the world economy：suggestions for an international economic policy［J］．Revue economique，1966，76（301）：840．

［34］BRADA J C，MÉNDEZ J A．Economic integration among developed，developing and centrally planned economies：a comparative analysis［J］．The review of economics and statistics，1985，67（4）：549-556．

［35］BAIER S L，J H BERGSTRAND．Estimating the effects of free trade agreements on international trade flows using matching econometrics［J］．Journal of international economic，2009，77（1）：63-76．

［36］王红敏，阿布来提·依明．RCEP 协定对中国的贸易效应实证研究［J］．国际商务财会，2022（14）：11-14．

［37］查志强，李卉．基于"单国模式"引力模型的区域贸易协定效应分析：以中国—东盟自由贸易区对广西的贸易效应为例［J］．企业经济，2012，31（5）：114-117．

［38］李荣林，赵滨元．中国当前 FTA 贸易效应分析与比较［J］．亚太经济，2012（3）：110-114．

［39］宋树理，张艺，朱晓彤．中国与 RCEP 成员国农产品贸易的影响因素分析：基于贸易引力模型［J］．南海学刊，2023，9（1）：44-54．

［40］岳云霞，吴陈锐．中智自贸协定贸易效应评价：基于引力模型的事后分析［J］．拉丁美洲研究，2014，36（6）：55-59，65．

［41］李俊久，丘俭裕．中国对 APEC 成员的出口潜力及其影响因素研究：基于贸易引力模型的实证检验［J］．亚太经济，2017（6）：5-13．

［42］赵金龙，张蕊，陈健．中国自贸区战略的贸易创造与转移效应研究：以中国-新西兰 FTA 为例［J］．国际经贸探索，2019，35（4）：27-41．

［43］符大海，曹莉．区域贸易协定中环境规则的贸易效应研究：基于贸易创造和贸易转移效应的双重视角［J］．国际贸易问题，2023（3）：18-35．

［44］彭羽，杨碧舟．区域贸易协定数字贸易规则的第三国贸易效应：转移还是溢出［J］．国际贸易问题，2023（1）：36-54．

［45］GASEUL LEE, SONG SOO LIM. FTA Effects on Agricultural Trade With Matching Approaches［J］. Economics－the open－access, open－assessment e-journal, 2015（9）: 1-26.

［46］李荣林，于明言．亚洲区域贸易协定的贸易效应：基于 PSM 方法的研究［J］．国际经贸探索，2014，30（12）：4-16．

［47］李梦洁，杜威剑．自由贸易协定能有效缓解金融危机吗？：基于倾向得分匹配模型的实证检验［J］．经济经纬，2017，34（6）：63-68．

［48］郑建，周曙东．"一带一路"沿线贸易协定的贸易促进效应：基于 PSM 模型的实证分析［J］．经济经纬，2019，36（6）：62-69．

［49］徐芬．基于区内和区外双角度的中国—东盟自贸区贸易效应分析［J］．国际商务研究．2021，42（5）：99-108．

［50］赵金龙，陈健．中国 FTA 战略的外贸出口效应研究：基于宏观和微观双重视角的分析［J］．世界经济文汇，2018（5）：9-30．

［51］慕绣如，李荣林．企业出口和 OFDI 学习效应检验：基于 PSM-DID 的分析［J］．国际经贸探索，2016，32（4）：77-87．

［52］张恒龙，葛尚铭．印度的双边自由贸易协定（FTA）战略及对中国的借鉴［J］．新疆师范大学学报（哲学社会科学版），2017，38（3）：115-125．

［53］梁海．自由贸易试验区设立的贸易与投资促进效应研究：基于 PSM-DID 模型的分析［J］．区域金融研究，2021（6）：68-76．

［54］司春晓，孙诗怡，罗长远．自贸区的外资创造和外资转移效应：基于倾向得分匹配-双重差分法（PSM-DID）的研究［J］．世界经济研究，2021（5）：9-23，134．

［55］刘军，史学睿．自贸试验区对企业绩效的影响：基于逐年倾向得分匹配和多期双重差分模型［J］．软科学，2022，36（12）：89-96．

［56］姜启军，郑常伟．自贸试验区的设立促进了产业链横向协同集聚

吗?：来自沿海自贸试验区的经验证据［J］. 企业经济，2023，42（6）：53-64.

［57］JESWALD W. SALACUSE, NICHOLAS P. Sullivan. Do BITs really work?：an evaluation of bilateral investment treaties and their grand bargain［J］. Harvard international law journal，2005，46（1）：67-130.

［58］EGGER P, PFAFFERMAYR M. Distance, Trade and FDI：a Hausman-Taylor SUR approach［J］. Journal of applied econometrics，2004，19（2）：227-246.

［59］NEUMAYER ERIC, SPESS LAURA. Do bilateral investment treaties increase foreign direct investment to developing countries?［J］. World development，2005，03（1）：31-49.

［60］PIETER BEKKER, AKIKO OGAWA. The impact of bilateral investment treaty（BIT）proliferation on demand for investment insurance：Reassessing political risk insurance after the "BIT Bang"［J］. Review foreign investment law journal，2013，28（2）：314-350.

［61］AISBETT, EMMA. Bilateral investment treaties and foreign direct investment：Correlation versus causation［R］. CUDARE working papers 7188, University of California, Berkeley, Department of agricultural and resource economics，2007.

［62］BUSSE M, KÖNIGER J, NUNNENKAMP P. FDI promotion through bilateral investment treaties：more than a bit?［J］. Review of world economics，2010，146（1），147-177.

［63］李玉梅，张琦. 中国签署双边投资协定的引资效应：基于1994-2013年面板数据的实证分析［J］. 亚太经济，2015（4）：132-137.

［64］PETER EGGER, VALERIA MERLO. The impact of bilateral investment treaties on FDI dynamics［J］. The world economy，2007，30（10）：1536-1549.

［65］KERNER ANDREW, LAWRENCE JANE. What's the risk? Bilateral investment treaties, political risk and fixed capital accumulation［J］. British journal of political science，2014，44（1）：107–121.

［66］邓新明，许洋. 双边投资协定对中国对外直接投资的影响：基于制度环境门槛效应的分析［J］. 世界经济研究. 2015（3）：47-55，128.

［67］太平，刘宏兵. 签订双边投资协定对中国吸收FDI影响的实证分析［J］. 国际商务（对外经济贸易大学学报），2014（4）：53-61.

［68］杨振，孟庆强. 双边投资协定（BIT）对中国对外直接投资（OFDI）的影响：基于2005—2014年中国对外直接投资数据的实证检验［J］.

广西财经学院学报. 2016, 29 (6): 39-48.

[69] 董芳, 王林彬. 双边投资协定、区域贸易协定投资条款是否提升了我国 OFDI 成效: 基于投资协定法律化水平视角 [J]. 国际经贸探索. 2021, 37 (8): 68-82.

[70] 李俊江, 朱洁西. "一带一路"沿线国家风险、双边投资协定与中国 OFDI 区位选择: 基于 PLS-PM 与 BP 神经网络模型的实证研究 [J]. 哈尔滨商业大学学报 (社会科学版). 2022 (4): 3-20.

[71] HALLWARD-DRIEMEIER, MARY. Do bilateral investment treaties attract FDI? Only a bit and they could Bite [M]. World bank, DECRG, 2003, 6.

[72] RODNEY FALVEY, NEIL FOSTER-MCGREGOR. Heterogeneous effects of bilateral investment treaties [J]. Review of world economics, 2017, 153 (4): 631-656.

[73] 李平, 孟寒, 黎艳. 双边投资协定对中国对外直接投资的实证分析: 基于制度距离的视角 [J]. 世界经济研究, 2014 (12): 53-58, 85-86.

[74] 余莹. 我国对外基础设施投资模式与政治风险管控: 基于"一带一路"地缘政治的视角 [J]. 经济问题, 2015 (12): 8-14.

[75] 姚战琪. 中国对"一带一路"沿线国家 OFDI 逆向技术溢出的影响因素研究 [J]. 北京工商大学学报 (社会科学版), 2017, 32 (5): 11-24.

[76] 王丽丽, 范志勇. 双边投资协定与"一带一路"沿线国家的市场进入: 来自对外直接投资的微观证据 [J]. 浙江学刊, 2017 (6): 148-156, 2.

[77] 张晓君, 曹云松. "一带一路"建设中双边投资协定的功能发掘与范式构建 [J]. 国际经济评论, 2021 (4): 115-137, 7.

[78] 丁杰. "一带一路"倡议下对外直接投资效应分析 [J]. 西安财经大学学报, 2022, 35 (6): 103-117.

[79] KOJIMA K. Direct foreign investment: A Japanese model of multinational business operations [M]. London: Croom helm, 1978.

[80] MUNDELL, R. International trade and factor mobility [J]. The American economic review, 1957, 47 (3): 321-335.

[81] R. JAMES MARKUSON, LARS SVENSON. Trade in goods and factors with international differences in technology [J]. International economic review, 1985, 26 (1): 175-192.

[82] 蔡锐, 刘泉. 中国的国际直接投资与贸易是互补的吗?: 基于小岛清"边际产业理论"的实证分析 [J]. 世界经济研究, 2004 (8): 64-70.

[83] 林创伟,谭娜,何传添.中国对东盟国家直接投资的贸易效应研究[J].国际经贸探索,2019,35(4):60-79.

[84] 林海华,林海英,张丽艳等."一带一路"倡议下中国对东盟直接投资贸易效应与潜力分析[J].商业经济研究,2020(12):146-149.

[85] 周昕,牛蕊.中国企业对外直接投资及其贸易效应:基于面板引力模型的实证研究[J].国际经贸探索,2012,28(5):69-81,93.

[86] 李晓钟,徐慧娟.中国对"一带一路"沿线国家直接投资贸易效应研究[J].国际经济合作,2018(10):4-9.

[87] 陈立泰,刘雪梅.中国对"一带一路"沿线国家OFDI的出口贸易效应分析[J].统计与决策,2019,35(1):142-146.

[88] 张苑斌,赖伟娟.我国对"一带一路"沿线国家OFDI的贸易效应研究[J].商业经济研究,2021(12):146-149.

[89] 张静,孙乾坤,武拉平.贸易成本能够抑制对外直接投资吗:以"一带一路"沿线国家数据为例[J].国际经贸探索,2018,34(6):93-108.

[90] 任雪梅,陈汉林.中国对"一带一路"沿线国家直接投资贸易效应的实证[J].统计与决策,2020,36(3):97-99.

[91] SUSAN L. Shirk. How China opened its door: The political success of the PRC's foreign trade and investment reforms [M]. Wasjington D. C. brookings institution, 1994.

[92] ALASTAIR IAIN JOHNSTON. Treating international institutions as social environments [J]. International studies quarterly, 2001, 45 (4): 487-515.

[93] JUDITH KELLEY. International actors on the domestic scene: membership conditionality and socialization by international institutions [J]. International organization, 2004, 58 (3): 425-457.

[94] RAFAEL LA PORTA, FLORENCIO LOPEZ-DE-SILANES, ANDREI SHLEIFER, ROBERT W. VISHNY. Legal determinants of external finance [J]. Journal of finance, 1997, 52 (3): 1131-1150.

[95] ROSS LEVINE. Law, endowments and property right [J]. Journal of economic perspectives, 2005, 19 (3): 61-88.

[96] SAMUEL FINER. The history of government volumes [M]. Cambridge: cambridge university press, 1997.

[97] 李雪茹,司训练,李婷.基于ISM的知识产权保护影响因素分析[J].情报杂志,2009,28(6):39-43.

[98] 张立坤编译. 影响知识产权保护的几个因素 [J]. 经济与管理, 2000 (6): 57.

[99] 庄子银, 杜娟. 发展中国家加强知识产权保护的成本-收益分析 [J]. 华东经济与管理, 2003 (1): 32-35.

[100] 张伟, 刘东. 影响知识产权保护的经济因素的定性分析 [J]. 科技进步与对策. 2010, 27 (16): 106-109.

[101] 毕克新, 赵瑞瑞, 冉东生. 基于因子分析的国际科技合作知识产权保护影响因素研究 [J]. 科学学与科学技术管理, 2011, 32 (1): 12-16, 29.

[102] GINARTE J C, PARK W G. Determinants of patent rights: across-national study [J]. Research policy, 1997, 26 (3): 283-301.

[103] 韩玉雄, 李怀祖. 关于中国知识产权保护水平的定量分析 [J]. 科学学研究, 2005 (3): 377-382.

[104] 许春明, 单晓光. 中国知识产权保护强度指标体系的构建及验证 [J]. 科学学研究, 2008, 26 (4): 715-723.

[105] MASKUS K E, MOHAN PENUBARTI. Howtrade-related are intellectual property rights? [J]. Journal of international economics, 1995 (39): 227-248.

[106] SMITH P J. Are weak patent rights a barrier to US exports? [J]. Journal of international economics, 1999, 48 (1): 151-177.

[107] RAFIQUZZAMAN M. The impact of patent rights on international trade: evidence from Canada [J]. Canadian journal of economics, 2002, 35 (2): 307-330.

[108] AWOKUSE, HONG YIN. Intellectual property rights protection and the surge in FDI in China [J]. Journal of comparative economics. 2010, 38 (2): 217-224.

[109] HAMMER A B, JONES L Z, FUKUI E T. ARE U. S. Exports influenced by stronger IPR Protection measures in recipient markets? [J] Business horizons, 2013, 56 (2): 179-188.

[110] 胡方, 曹情. 中国知识产权保护对出口贸易的影响及其地区差异: 基于省级面板数据的实证研究 [J]. 国际商务 (对外经济贸易大学学报). 2016 (5): 66-75.

[111] 林秀梅, 孙海波. 中国制造业出口产品质量升级研究: 基于知识产权保护视角 [J]. 产业经济研究, 2016 (3): 21-32.

[112] 魏浩,李晓庆. 知识产权保护与中国企业进口产品质量 [J]. 世界经济, 2019, 42 (6): 143-168.

[113] 沈国兵,储灿. 知识产权保护对一般贸易出口产品质量的影响：基于中国省级行业面板数据的实证分析 [J]. 浙江学刊. 2019 (5): 54-64.

[114] 魏浩,巫俊. 知识产权保护、进口贸易与创新型领军企业创新 [J]. 金融研究, 2018 (9): 91-106.

[115] 屈军,刘军岭. 自主创新、技术模仿与知识产权保护：基于中国省际面板数据的实证研究 [J]. 金融与经济, 2018 (10): 68-75.

[116] 杨丽君. 技术引进与自主研发对经济增长的影响：基于知识产权保护视角 [J]. 科研管理, 2020, 41 (6): 9-16.

[117] 王桂梅,赵喜仓,程开明. 知识产权保护对高技术产业创新效率的影响效应：基于空间计量模型的实证分析 [J]. 科技管理研究, 2021, 41 (7): 124-131.

[118] 顾晓燕,薛平平,朱玮玮. 知识产权保护的技术创新效应：量变抑或质变 [J]. 中国科技论坛, 2021 (10): 31-39.

[119] DAN PRUD'HOMME, MAX VON ZEDTWITZ. Managing "forced" technology transfer in emerging markets: The case of China [J]. Journal of international management, 2019 (5): 27-41.

[120] XIAOTIAN HU, XIAOPENG YIN. Do stronger intellectual property rights protections raise productivity within the context of trade liberalization? evidence from China [J]. Economic modelling, 2022 (110).

[121] 佟家栋,范龙飞. 知识产权保护、双边政治关系与创新型国家高技术产品出口：基于国家竞争的技术遏制视角 [J]. 世界经济研究. 2022 (7): 3-17, 135.

[122] 单春霞,李倩,丁琳. 知识产权保护、创新驱动与制造业高质量发展：有调节的中介效应分析 [J]. 经济问题, 2023 (2): 51-59.

[123] ANTON BONDAREV. Does stronger intellectual property rights protection foster structural change? Effects of heterogeneity in innovations [J]. Structural change and economic dynamics. 2018 (46): 26-42.

[124] AURIOL EMMANUELLE, BIANCINI SARA, PAILLACAR RODRIGO. Intellectual property rights protection and trade: An empirical analysis [J]. World development, 2023 (162): 1-21.

[125] 王华. 更严厉的知识产权保护制度有利于技术创新吗？[J]. 经济

研究，2011，46（2）：124-135.

［126］康继军，孙彩虹. 知识产权保护的区域技术创新效应与技术获取渠道异质性研究［J］. 科技进步与对策，2016，33（1）：33-37.

［127］李静晶，庄子银. 知识产权保护对我国区域经济增长的影响［J］. 科学学研究，2017，35（4）：557-564.

［128］沈国兵，黄铄珺. 行业生产网络中知识产权保护与中国企业出口技术含量［J］. 世界经济，2019，42（9）：76-100.

［129］高小龙，张志新，程凯等. 知识产权保护、全球价值链嵌入与技术创新的互动效应研究［J］. 宏观经济研究，2023（2）：102-117.

［130］HUDON J, MINEA A. Innovation, intellectual property rights, and economic development: A unified empirical investigation［J］. World development, 2013, 46（2）: 66-78.

［131］江永红，杨春. 政府补贴能否促进技术创新由"量"到"质"转变：知识产权保护的门槛效应［J］. 科技进步与对策，2023，40（20）：122-130.

［132］EDWIN MANSFIELD, JEONG-YEON LEE. The modern university: contributor to industrial innovation and recipient of industrial R&D support［J］. Research policy, 1996, 25（7）: 1047-1058.

［133］LEE BRANSTETTER, RAYMOND FISMAN, C. Fritz foley and kamal saggi. does intellectual property rights reform spur industrial development?［J］. Journal of international economics, 2011, 83（1）: 27-36.

［134］DIMITRIOS KYRKILIS, SOFIA KOBOTI. Intellectual property rights as determinant of foreign direct investment entry mode: The case of greece［J］. Procedia economics and finance, 2015（19）: 3-16.

［135］DAMIEN DUSSAUX, ANTOINE DECHEZLEPRETRE MATTHIEU GLACHANT. The impact of intellectual property rights protection on low-carbon trade and foreign direct investments［J］. Energy policy, 2022（171）: 46-50.

［136］代中强，王安妮，李娜. OLI 框架下知识产权保护对外商直接投资的影响研究：来自全球分行业的证据［J］. 国际贸易问题，2018（9）：95-107.

［137］齐欣，张庆庆. 知识产权保护对中国对外直接投资的影响：基于"一带一路"建设视角的研究［J］. 商业经济与管理，2018（7）：68-75.

［138］唐雨妮，卜伟. 区域贸易协定下知识产权保护对中国对外直接投

资区位选择的影响研究［J］.国际商务（对外经济贸易大学学报），2021（2）：94-110.

［139］FERRANTINO, M. J. The effect of intellectual property rights on international trade and investment［J］. Review of world economics（Weltwirtschaftliches Archiv），1993, 129（2）：300-331.

［140］YANG G, MASKUS, K E. Intellectual property rights, Licensing, and innovation in an endogenous product-cycle model［J］. Journal of international economics, 2001, 53（1）：169-187.

［141］AMY JOCELYN GLASS, KAMAL SAGGI. Intellectual property rights and foreign direct investment［J］. Journal of international economics, 2002, 56（2）：387-410.

［142］郑展鹏，刘海云.体制因素对我国对外直接投资影响的实证研究：基于省际面板的分析［J］.经济学家，2012（6）：65-71.

［143］ETIENNE PFISTER, BRUNO DEFFAINS. Patent protection, strategic FDI and location choices: empirical evidence from French subsidiaries Location choices in emerging economies［J］. Internation journal of the economics of business, 2005, 12（3）：329-346.

［144］JMWATKINS, MZTAYLOR. Intellectual property protection and US foreign direct investment in emerging Economies［J］. Journal of intellectual property rights, 2010, 15（6）：415-418.

［145］韩沈超.地区知识产权创造与保护对企业OFDI的影响：来自中国省级面板数据的经验证据［J］.当代财经，2016（11）：89-96.

［146］张蕴岭.把"第三方市场合作"坐实［J］.世界知识，2019（6）：72.

［147］张颖.中国的国际经济合作新模式：第三方市场合作［J］.现代国际关系，2020（4）：44-51, 61.

［148］周密.第三方市场合作：资源协同整合后的三优选择［J］.国际工程与劳务，2020（6）：18-21.

［149］郑东超.中国开展第三方市场合作的意义、实践及前景［J］.当代世界，2019（11）：76-79.

［150］熊李力."一带一路"倡议下的第三方市场合作：现实与前瞻［J］.人民论坛·学术前沿，2022（21）：56-65, 75.

［151］张春，张紫彤.创新"发展+市场"复合型三方合作的中国实践

[J]．国际经济合作，2022（5）：40-52，94-95．

[152] 刘华芹．中国在欧亚国家拓展第三方市场合作的前景与路径 [J]．欧亚经济，2022（3）：1-20，125．

[153] 何迪，田惠敏．加强第三方市场合作的路径研究：基于发展援助领域三方合作 [J]．海外投资与出口信贷，2023（2）：38-42．

[154] 李慰．发挥互补优势 推进中法第三方市场合作 [J]．中国经贸导刊，2016（10）：54-55．

[155] 许华江．中法企业第三方市场合作分析：以喀麦隆克里比深水港项目为例 [J]．国际工程与劳务，2019（10）：27-30．

[156] 张菲，李洪涛．第三方市场合作："一带一路"倡议下的国际合作新模式：基于中法两国第三方市场合作的分析 [J]．国际经济合作，2020（2）：26-33．

[157] 王雯菲．中法第三方市场合作：过程、特征与启示 [J]．国际观察，2021（4）：72-100．

[158] 刘瑞，高峰．"一带一路"战略的区位路径选择与化解传统产业产能过剩 [J]．社会科学研究，2016（1）：45-56．

[159] 崔健，刘伟岩．"一带一路"框架下中日与第三方市场贸易关系的比较分析 [J]．现代日本经济，2018，37（5）：23-38．

[160] 李天国．"一带一路"框架下中日在越南的第三方市场合作：基于贸易关系的比较研究 [J]．当代经济管理，2021，43（2）：40-47．

[161] 魏景赋，柏玉萱．中日在泰国第三方市场合作的路径探析：基于贸易关系视角 [J]．经济论坛，2022（10）：128-139．

[162] 孔小惠，韩文超．中日第三方市场合作：机遇、挑战与应对方略 [J]．印度洋经济体研究，2021（3）：38-58，152-153．

[163] 徐梅．从"一带一路"看中日第三方市场合作的机遇与前景 [J]．东北亚论坛，2019，28（3）：55-67，127．

[164] 廖萌．"一带一路"框架下中日第三方市场合作研究 [J]．亚太经济，2020（6）：63-69，148．

[165] 王厚双，张霄翔．"一带一路"框架下中日加强在东盟第三方市场合作的对策思考 [J]．日本问题研究，2019，33（2）：23-33．

[166] 吴崇伯，丁梦．中日在越南的第三方市场合作 [J]．现代日本经济，2020（5）：13-23．

[167] 贺平，鄢宇濛．日本在非洲的"第三方市场合作"：模式、特征与

启示［J］.复旦公共行政评论,2021（2）：1-25.

［168］吴崇伯,罗静远.中日在泰国的第三方市场合作分析［J］.创新,2022,16（1）：75-86.

［169］吴浩,叶鑫宇.中日绿色低碳第三方市场合作的动因、前景及路径探析［J］.和平与发展,2023（1）：133-152,157-158.

［170］宫笠俐.中日第三方市场合作：机遇、挑战与应对方略［J］.现代日本经济,2019（5）：44-54.

［171］王竞超.中日第三方市场合作：日本的考量与阻力［J］.国际问题研究,2019（3）：81-93,138.

［172］陈志恒,孙彤彤.中日第三方市场合作的挑战与对策［J］.理论探讨.2020（1）：108-114.

［173］朱炎.第三方市场合作：中日的认识差异及其影响［J］.中国国际战略评论,2020（1）：110-119.

［174］谢斌,王箫轲."一带一路"背景下中日对东盟贸易的竞争、互补分析［J］.东北亚外语研究.2017,5（1）：88-92.

［175］吴崇伯,胡依林."一带一路"倡议下中日推进第三方市场合作的思考［J］.广西财经学院学报,2019,32（4）：11-19.

［176］郭泽华,孙培蕾.后疫情时代加强中日经贸合作的路径探究［J］.商业经济,2021（8）：101-105.

［177］谭亚茹,陈志恒.新冠疫情冲击下中日第三方市场合作的挑战与应对［J］.东北亚经济研究,2022,6（1）：80-92.

［178］尹刚.中日在东盟第三方市场合作的前景分析［J］.国际经济合作,2018（12）：33-36.

［179］王嘉珮.中日第三方市场合作的机遇与前景［J］.经济,2018（23）：58-60.

［180］徐梅.从"一带一路"看中日第三方市场合作的机遇与前景［J］.日本学刊,2020（S1）：176-178.

［181］徐国玲.基于"一带一路"建设的中日第三方市场合作的机遇、挑战及策略［J］.对外经贸实务,2020（1）：20-23.

［182］常思纯.从"中欧班列"看中日第三方市场合作的机遇与前景［J］.东北亚学刊.2021（4）：56-69,148.

［183］金旭,董向荣.推进中韩第三方市场合作［J］.世界知识,2018（15）：34-35.

[184] 季晓勇，华楠．中韩企业第三方市场合作探析［J］．国际工程与劳务，2019（8）：46-48．

[185] 吴崇伯，丁梦．中韩第三方市场合作：进展、阻力与对策［J］．东北亚论坛，2020，29（3）：75-89，128．

[186] 张黎明，王俊生．中韩第三方市场合作：演进、特征与展望［J］．当代韩国，2022（1）：93-103．

[187] 谢风媛．中日韩在东盟地区的第三方市场合作潜力研究［J］．河北企业，2022（10）：25-28．

[188] 吴崇伯，丁梦．中美第三方市场合作的实践、挑战与展望［J］．国际观察，2021（4）：44-71．

[189] 周馥隆．中意加强第三方市场合作 中联重科携手CIFA打造务实合作典范［J］．今日工程机械，2019（2）：52-53．

[190] 陈慧．中意第三方市场合作：挑战、合作重点及推进对策［J］．广西财经学院学报，2022，35（1）：91-99，109．

[191] 吴崇伯，叶好．"一带一路"倡议下中新在东盟开展第三方市场合作的可行性分析［J］．广西财经学院学报，2020，33（5）：56-67．

[192] 陈慧，吴崇伯．中德在非洲开展第三方市场合作的基础条件、挑战及对策思考［J］．国际贸易，2020（11）：45-53．

[193] 丁梦．中国与西班牙第三方市场合作研究［J］．国际论坛，2022，24（2）：100-120，158-159．

[194] 李月．新形势下两岸合作开发第三方市场的机遇与模式：一个共同"走出去"战略的分析框架［J］．亚太经济，2010（2）：135-138．

[195] 顾炜．三方合作的困境与解困之道［J］．东北亚论坛．2020，29（5）：116-126，128．

[196] 门洪华，俞钦文．第三方市场合作：理论建构、历史演进与中国路径［J］．当代亚太，2020（6）：4-40，153-154．

[197] 庞加欣．"一带一路"建设下第三方市场合作理论探索［J］．国际观察，2021（4）：18-43．

[198] 庞加欣．"一带一路"视阈下第三方市场合作的机制性建设研究［J］．学习与探索，2021（12）：43-47．

[199] 赵月任，任昱辉．"一带一路"项目中第三方市场合作机制研究［J］．中国电力企业管理，2022（33）：34-36．

[200] 熊灵，褚晓，朱子婧，王子超．中欧在非洲的第三方市场合作：

机制、潜力与风险应对［J］．国际贸易，2023（5）：29-37．

［201］王竞超．中日第三方市场合作：日本的考量与阻力［J］．国际问题研究，2019（3）：81-93，138．

［202］毕世鸿，屈婕．多边合作视角下中日在东盟国家的第三方市场合作［J］．亚太经济，2020（1）：23-31，149-150．

［203］齐欣，唐卫红．"一带一路"倡议下第三方市场合作的投资效应及模式选择［J］．亚太经济，2021（2）：103-113．

［204］张友谊，罗仪馥．第三方市场合作的融资模式选择及其影响因素：基于中日第三方市场合作实践的分析［J］．南洋问题研究，2021（2）：18-34．

［205］王义桅，崔白露．日本对"一带一路"的认知变化及其参与的可行性［J］．东北亚论坛，2018，27（4）：95-111，128．

［206］卢国学．稳步推进中日第三方市场合作不断深入［J］．中国发展观察，2019（24）：76-78．

［207］刘华芹．加强第三方市场合作的制度建设［J］．中国外汇，2021（16）：33-35．

［208］陈希．"一带一路"建设中第三方市场合作的法律风险及其应对［J］．中州学刊，2019（5）：61-64．

［209］匡斓鸽．"一带一路"建设中第三方市场合作法律问题研究［D］．武汉大学，2020．

［210］邹运，于新宇．从西班牙对外贸易投资看中西第三方市场合作［J］．国际工程与劳务，2018（11）：58-60．

［211］于红丽．新冠疫情下东北亚区域合作的路径分析：基于第三方市场合作视角［J］．黑龙江社会科学，2020（6）：45-49，166．

［212］张颖，陈文祺．中国第三方市场合作：价值理念与发展演进［J］．海外投资与出口信贷，2023（1）：8-13．

［213］孙丽，张慧芳．"一带一路"框架下中日第三方市场合作的可行性与模式选择［J］．日本问题研究，2019，33（2）：13-22．

［214］韩爱勇．第三方市场合作的开展及其对周边外交的启示［J］．太平洋学报，2020，28（7）：28-40．

［215］吴浩．第三方市场合作："一带一路"的新动能［J］．人民论坛·学术前沿，2019（2）：86-91．

［216］彭冲，张子博．"一带一路"倡议下中国与他国第三方市场合作研究［J］．中国管理信息化，2021，24（3）：188-189．

[217] 游楠, 冯理达. 中欧在非合作: 第三方市场合作成功案例 [J]. 世界知识, 2022 (10): 53-55.

[218] Global business bridges Initiative-feasibility study for supporting business complementarities [R]. Economic policy research foundation of turkey, 2017.

[219] 薛丽. "一带一路"建设面临的话语困境及应对策略 [J]. 当代世界, 2021 (4): 74-79.

[220] DUNCAN SNIDAL. International cooperation among relative gains maximizers [J]. International studies quarterly, 1991, 35 (4): 387-402.

[221] 阿诺德·沃尔弗斯著, 于铁军译. 纷争与协作: 国际政治论集 [M]. 北京: 世界知识出版社, 2006: 第24页.

[222] ADDESSI W, E SALTARI. The perverse effect of debt tax benefits on firm investment decisions [J]. Economic notes, 2012, 41 (3): 101-114.

[223] 孙晓华, 张竣喃, 郑辉. "营改增"促进了制造业与服务业融合发展吗? [J]. 中国工业经济, 2020 (8): 5-23.

[224] PETER DRYSDALE. Japan, Australia and New Zealand: the prospects for western integration [J]. The economic record, 1969, 45 (3): 321-342.

[225] 姜逸倩, 申俊喜. 中国ODI在金砖国家的区位选择研究: 基于传统经济因素和制度因素 [J]. 国际商务研究, 2013, 34 (2): 25-33.

[226] HELPMAN E. Imperfect competition and international trade: evidence from fourteen industrial countries [J]. Journal of Japanese and international economies, 1987, 1 (1): 62-81.

[227] GLICK R, ANDREW K R. Contagion and Trade: Why are currency crises regional? [J]. Journal of international money and finance, 1999 (18): 603-617.

[228] 黄宪, 张羽. 转型背景下中国OFDI结构演化分析: 基于企业投资动机和东道国需求结构的双重视角 [J]. 国际贸易问题, 2018 (1): 123-134.